U0519202

ROSE IS A ROSE IS A ROSE IS A ROSE

[美] 格特鲁德·斯泰因 著 张禹九 译

艾丽斯自传

四川文艺出版社

图书在版编目（CIP）数据

艾丽斯自传 / (美) 格特鲁德·斯泰因著；张禹九译. – 成都：四川文艺出版社，2019.7
ISBN 978-7-5411-5334-1

Ⅰ. 艾⋯ Ⅱ. ①格⋯ ②张⋯ Ⅲ. ①传记小说 – 美国 – 现代 Ⅳ. ①I712.45

中国版本图书馆CIP数据核字（2019）第059007号

AILISI ZIZHUAN

艾丽斯自传

（美）格特鲁德·斯泰因　著
张禹九　译

责任编辑	周　轶　李国亮
封面设计	叶　茂
内文设计	史小燕
责任校对	蓝　海
责任印制	唐　茵

出版发行　四川文艺出版社（成都市槐树街2号）
网　址　www.scwys.com
电　话　028-86259287（发行部）　028-86259303（编辑部）
传　真　028-86259306

邮购地址　成都市槐树街2号四川文艺出版社邮购部　610031
印　刷　成都东江印务有限公司
成品尺寸　145mm×210mm　　　开　本　32开
印　张　7.75　　　　　　　　字　数　180千
版　次　2019年7月第一版　　印　次　2019年7月第一次印刷
书　号　ISBN 978-7-5411-5334-1
定　价　48.00元

目录
CONTENTS

第一章

我到巴黎之前

　　我是在加利福尼亚州的旧金山出生的。因而我一直愿在气候温和的地方居住，但在欧洲大陆甚至美国都难找到气候温和的地方住下。我母亲的父亲是拓荒者，1849年到加州，娶了我的祖母。我祖母很喜欢音乐，是克拉拉·舒曼的父亲的学生。我母亲长得文静美丽，名叫艾密丽。

　　我父亲是波兰爱国家族的后裔。他的伯祖父为拿破仑征募了一个团并任该团的上校。他的父亲成亲不久即离开妻子，战斗在巴黎的街垒，但他妻子不给他生活费他便立即回家，过起了保守的富裕地主的生活。

　　我这个人不喜欢激烈活动，一向以操持女红与园艺为乐。我喜爱画、家具、挂帷、住宅与鲜花乃至蔬菜和果树。我喜欢风景，但愿意背朝它坐着。

　　我在童年和青年时期过的是我这个阶层和我这类人过的那种极有教养的生活。在这期间我以我的智力冒过几次险，但都是暗暗干的。我小时候非常钦佩亨利·詹姆斯。我觉得《将近成年的时期》[1]可以改编成非常出色的剧本，于是我写信给亨

1　美国作家亨利·詹姆斯的后期作品，出版于1899年。

利·詹姆斯，表示由我来执笔。为此事他欣然给了我回信。当我感到自己无能为力时不禁替自己脸红，便没有保存此信。或许我当时未曾想到我理应保存此信的，反正没有保存就是。

到了我二十岁那年，我热衷于音乐，勤奋地学刻苦地练，但时间不长，似乎没有长进，我母亲已经去世，虽无不可克服的忧伤，但也实在无心继续学下去。我当时的情形，斯泰因已在《地理与剧本》中讲阿达时交代清楚了。

从那时起大约有六年的时间我都忙得没有空暇。我的生活过得愉快，朋友多，文娱活动多，兴趣多，生活充实得合理适度，我喜欢这种生活，但是我却不大热衷于这种生活。说到这里，我要转而谈谈旧金山的那次大火。斯泰因的哥哥与嫂嫂因这次大火才从巴黎回到旧金山，这下可完全改变了我的生活。

这时我跟我的父亲和兄弟住在一起。我父亲为人沉着，遇事冷静，尽管他心里不安。旧金山大火的头一个可怕的早晨，我叫醒他，告诉他地震把本市震得直摇晃，现在已经着火了。他回答说，那会叫我们东边的人摔得鼻青脸肿，说完翻个身又睡了。我记得有一次我兄弟跟一个同伴去骑马，其中一匹马回到旅馆，却不见骑马的人，同伴的母亲大吵大闹。镇静些，太太，我父亲说，出事的说不定是我的儿子哩。我总记得他的一句格言，要干就要干得漂亮。他还告诉我，女主人绝不可为持家方面的任何失误而赔不是，只要有女主人就只有女主人而不存在什么失误。

我前面说了，我们一起生活得很愉快，我从未有过改变一下的愿望或想法。先是那次大火接着是格特鲁德·斯泰因的兄嫂到来，打乱了我们的日常生活，从而变了样。

斯泰因太太[1]带来三幅马蒂斯[2]的小画，是头一批横渡大西洋来到美国的现代玩意。我就是在这个心情紊乱之时认识她的，她把画拿给我看，还告诉了我许多她生活在巴黎的事情。我对我父亲说，我还是离开旧金山为好。他没有为此而不安，当时走的人来的人毕竟多得很，再说我的许多朋友都走了。不到一年，我也走了，到了巴黎。我到了巴黎便去看望斯泰因太太，她也刚回到巴黎的，我在她家里认识了格特鲁德·斯泰因。她戴的珊瑚色胸针和她的嗓音给我留下了很深的印象。我可以这样说，我一生只有三次见过天才，每次都在我心中激起了反响，每次我都没有看错，我可以这样说，都是在他们身上的天才品位没有得到公认之前。我想说的这三位天才就是格特鲁德·斯泰因，巴勃罗·毕加索和阿弗雷德·怀特海[3]。我遇过许多重要人物，也遇过一些大人物，但是我只了解三位第一流的天才，每次一看见我心中就激起反响。这三个我都没有看错。我的新的丰富生活就这样开始了。

1　指其嫂嫂。
2　亨利·马蒂斯（1869－1954），法国画家。
3　阿弗雷德·怀特海（1861－1947），英国数学家、哲学家。

第二章

我到巴黎

　　这是 1907 年。格特鲁德·斯泰因刚看完自费出版的《三个女人》的校样，正埋头写那部多达千页之作《美国人的成长》。毕加索刚完成他的斯泰因画像。这画像在当时除画像的人和被画的人外，没人喜欢，而如今已是名画了。毕加索已开始他那幅奇怪复杂的三妇人的画；马蒂斯刚画完他的第一幅大型画作《生活之幸福》而获得野兽派或动物派画家的名声。那时正是马克斯·雅可布 [1] 此后所称的立体派的英雄时代。我记得前不久听毕加索和格特鲁德·斯泰因谈起过，说那时发生的事真是各式各样，一个说，那一切不可能都发生在同一年，另一个说，啊，我亲爱的，你忘了，我们当初年轻时在一年内是要做很多事情的呢。

　　要说的事实在多得很，有当时的也有以前的，由以前的渐渐引到当时，但我现在要说的是我来时的见闻。

　　花园街 27 号这个寓所，当年跟如今一样，是一幢两层楼的小楼阁，有小房四间，带厨房和浴室，与一间宽敞的画室相毗连。如今画室有一条小小的过道通往楼阁，加修于 1914

1　马克斯·雅可布（1876-1944），法国诗人。

年，不过画室在当年是有门的，可以拉楼阁的门铃也可以敲画室的门，许多人是两者都用，但更多的人是敲画室的门。拉门铃和敲门都是许可的。星期六晚上我常被邀来吃饭，这个晚上大家都来，大家也确实都来了。我来吃了晚饭。是埃莱娜做的晚饭。我要略微谈谈埃莱娜。

埃莱娜已跟格特鲁德·斯泰因和斯泰因的哥哥相处了两年。她是个极能干的女仆，换句话说，样样都能干，是把好手，是位全心为主人的福利也为自己的福利打算的厨娘，坚信凡是能买到的东西都太贵。只要问起，她总是答一句，啊，贵啊。她从不糟蹋东西，规定一天的家用为八法郎，她甚至认为来了客人，也是这个数目，这是她的一大优点。当然也难为了她，因为她为了顾全自己的家又要使雇主满意，总得让大家够吃才行。她是个相当出色的厨娘，蛋奶酥做得非常好。当年，大多数来访者的生活并不十分安定，挨饿的倒是没有，总有人相助，然而他们的生活大多不富裕。时隔大约四年之后他们都已有了名气，布拉克[1]叹口气又笑笑说，生活大为改观了，我们如今有会做蛋奶酥的厨娘啦。

埃莱娜很有主见，比如，她就不喜欢马蒂斯。她说法国人不该突然留下来吃饭，事先问仆人晚饭吃什么就越发不该。她说外国人完全可以这样做，但法国人不可以，而马蒂斯便做过一次。所以当斯泰因小姐告诉她，马蒂斯先生今晚在这儿吃晚饭，她就说，那我就不摊蛋卷只煎几个鸡蛋了。鸡蛋并没有减少，黄油还是那么多，敬重之意却少了，他是会明白的。

埃莱娜在斯泰因家一直待到1913年年底。那时她已结婚，有个男孩，后来她丈夫便不让她再替别人干活。她依依不舍地

---

1 乔治·布拉克（1882-1963），法国立体派画家。

离去，后来常说在自己家里不如过去在花园街过得那样带劲。又过了一段时期，大约就在三年前，适逢他们夫妇俩的日子过得很苦，又死了孩子，她又回来干了一年。她跟以前一样愉快，兴致勃勃。她说，真了不起啊，当年认识的无名小卒如今常上报，前不久的晚上广播里还播了毕加索先生的大名。布拉克先生力气最大，所以过去总是由他抬着画往墙上挂，让勤杂工钉钉子，就连他也上了报呢，人们还准备把胆小得连门都不敢敲的可怜巴巴的卢梭[1]先生的画放进卢浮宫，想想吧，是卢浮宫啊。她对卢梭先生及其妻子和孩子特别经心，替他们做最拿手的晚饭，但她说现在变了，是啊，她说，这大概也很自然吧，他都有个可爱的儿子了。我们心想她回来一定是为了顺便看望一下年幼的一代。她有几分这样的意思，不过她对年幼的一代没有兴趣。她说他们没有给她留下什么印象，这使他们都不高兴。一年之后，家境又好转，她丈夫挣的钱多了，她又留在了家里。我且回过去接着说1907年。

在我谈到来访者之前，我要说说我的见闻。前面说到请我来吃晚饭。我摇摇小楼阁的门铃，引我走进小小的过道，便到了放满书籍的餐室。尽管只有几扇门是空地方，可门上也用圆头钉钉着几幅毕加索和马蒂斯的画。别的客人还没来，斯泰因小姐便引我去参观画室。巴黎常下雨，穿着晚礼服在雨里从小楼阁走到画室门口很不方便，不过你对此不用在意，因为主人和大多数来访者都不在意。用一把弹簧锁的钥匙开了门，我们进了画室，当时这条街只有这一把弹簧锁。钥匙倒不一定是为安全着想，因为绘画作品在当年并不值钱，而是因为钥匙小便于放在小钱包里，不像法国钥匙又笨又大。靠墙放着几件意大

---

1 亨利·卢梭（1844-1910），法国画家，原始派代表人物。

利文艺复兴时期式样的大家具，室中央放着一张文艺复兴时期式样的大桌子，桌上摆着精致的墨水台，笔记本整整齐齐地码在桌子的一端，是法国儿童用的那种笔记本，封面是地震和探险之类的图画。四面墙上，一直到天花板，都是画。画室的一端有一个特大的铸铁火炉，埃莱娜进来总不禁要对它喋喋不休地说一阵。屋角有一张大桌子，上面放着马蹄钉、卵石和小烟斗的烟嘴，大家都好奇地看看，从不去碰它们，后来才知道这些东西都是毕加索和格特鲁德·斯泰因自己掏腰包积攒起来的。还是回到画的本题吧。那些画都很怪，起初都本能地看别的东西不去看画。我看了当时在画室里拍的几张照片才勾起了回忆。画室里的椅子也是意大利文艺复兴时期的式样，腿不长的人坐在上面不很舒服，大家都习惯站着。斯泰因小姐坐在炉边的一张雅致的高靠背椅上，安然悬着两腿，这已成习惯，只要众多的来访者中有人向她提出问题，她便起身离开椅子，通常用法语回答说现在不行。来访者通常是想看点什么，想看看已经收存起来的画呀什么的，其中一幅上面曾被某个德国人溅过墨水，要不就是提出的要求无法给予满足。还是回到画的本题吧。我说过，他们在四面墙上挂满了画，一直挂到高高的天花板。这时室内是用大容量煤气装置照明。这是发展的第二阶段。刚装好不久。在此之前只有煤气灯，由身高力壮的来访者提着灯给其余的人照着。煤气刚装上，一位很有独创性的美国画家叫塞扬，他的头一个孩子出世他都没放在心上却创制了一种自动设备，可使大容量煤气装置自行点亮。房东老太太保守之至，凡是她的房产一律不准用电，拖到 1914 年才用，那时房东老太太已是一大把年纪，也弄不清用电与不用电有何不同，是她的房产经纪人准许用电的。这回我真要谈谈那些画了。如今人们事事都习以为常了，这头一回看见满墙这么多画而产生的不自在心情用三言两语是很难说清楚的。那时，各式各样的画都有，只挂塞尚[1]、雷诺阿[2]、马蒂斯和毕加索的画的时候还没到，也不像后来只挂塞尚和毕加索的画。那时候，马蒂斯、毕加索、雷诺阿和塞尚的画是很多，但别人的也多。有两幅高更[3]的，几幅芒甘[4]的，有瓦洛东[5]画的大幅裸体画，看上去反正不像马奈[6]画的《婢妾》，还有一幅图鲁兹－洛特里克[7]的画。当时有一回毕加索瞧着图鲁兹的这幅画十分大胆地说，还是我比他画得好。图鲁兹－洛特里克早期的影响曾经非常之大。我后来买了毕加索那时的一幅极小的画。有一幅瓦洛东为格特鲁德·斯泰因画的画像，本来也许可以成为一幅："大卫"像，却未成。有一幅莫里斯·德尼[8]的画，一幅杜米埃[9]的小画，塞尚的水彩画多幅，总之应有尽有，甚至还有一小幅德拉克罗瓦[10]的画和一幅格雷科[11]的画。毕加索五花八门时期[12]的画作很多，马蒂斯的画有两排，有一幅塞尚的巨幅女人画以及塞尚的某些小幅画，这些画都是有来历的，我稍后再谈。现在我看糊涂了，我看呀看呀，人都看糊涂了。格特鲁德·斯泰因和她哥哥对来客的这种心境早已司空见惯，所以根本不理会。后来有人使劲敲画室的门。格特鲁德·斯

---

1 保罗·塞尚（1839-1906），法国画家。
2 皮埃·雷诺阿（1841-1919），法国印象派画家。
3 保罗·高更（1848-1903），法国后印象派画家。
4 亨利－夏尔·芒甘（1874-1949），法国画家。
5 费利克斯·瓦洛东（1865-1925），出生于瑞士的法国画家。
6 爱德华·马奈（1832-1883），法国画家。
7 亨利·图鲁兹－洛特里克（1864-1901），通称图鲁兹，法国画家。
8 莫里斯·德尼（1870-1943），法国画家，纳比画派创始人。
9 奥诺雷·杜米埃（1808-1879），法国画家。
10 欧仁·德拉克罗瓦（1798-1863），法国画家。
11 埃尔·格雷科（约1541-1614），出生于希腊的西班牙画家。
12 估计指毕加索在蓝色时期和粉红色时期（1900-1906）与立体主义时期（1907-1916）之间的那段时期。

泰因开了门，走进一位黑黑的矮小精悍的人，他的头发、眼睛、面孔、两手和两脚都生气勃勃。她说，喂，阿尔菲，这位是艾丽斯·托克拉斯小姐。这人一本正经地说，您好，托克拉斯小姐。这位阿尔菲·莫勒是这里的常客。过去这里还没有这些画而只有些日本版画的时候，他就常来，常擦火柴照亮塞尚的画作的人当中就有他。你们当然能断定这幅已经完成，他过去对来这看画而半信半疑的其他美国画家常常这样说，你们能断定是因为它被装在画框里了，现在谁听说过有人还没画完就把一块画布嵌进框里的。他一向持这种看法，态度总很谦逊真诚，几年后诚心诚意、满怀热情为著名的巴恩斯[1]的收藏挑选第一批画作的就是他。后来巴恩斯来此挥动手里的支票簿时，又是他说，我敢向天发誓，我可没带他来啊。另一个晚上，有股暴躁脾气的格特鲁德·斯泰因进来时，她哥哥、阿尔菲以及一位陌生人在屋里。她不喜欢那陌生人的相貌。她问阿尔菲，那人是谁。阿尔菲说，我可没带他来啊。格特鲁德·斯泰因说那人像个犹太人；阿尔菲说，比犹太人还糟呢。还是回头谈那头一个晚上吧。阿尔菲来过不久，又有人使劲敲门，是埃莱娜，表示开晚饭了。大家都说，真奇怪，毕加索一家还没来，我们就不等了，至少埃莱娜是不想等的。于是我们穿过天井走进楼阁到餐室就餐。斯泰因小姐说，真奇怪，巴勃罗[2]一向准时，不早不晚，自夸严守时间是上等人的礼貌，甚至叫费南德[3]守时。当然，他嘴上称是而并不打算实行也是常有的事，他的词汇里没有不这个字，你得了解他到底是正面的意思还是反面的意思，不过当他说的确实是正面意思，就像今晚这样，那么他总是守时的。那时候还没

---

1 阿伯特·巴恩斯（1873-1951），美国医生、艺术收藏家。
2 全名是巴勃罗·毕加索。
3 书中说费南德是毕加索的妻子，实则并未正式结婚。

有汽车，没人担心出事故。我们刚吃完第一道菜，天井里响起急促的嗒嗒脚步声，门铃还没响，埃莱娜就赶去开了门。巴勃罗和费南德，当时大家都是这么称呼他们的，走了进来。他个子小，动作快却不是动个不停。那一对眼睛的本领奇特，能睁得很大并能把他想要看的一切都饱看一番。他有股孤傲的神情，脑袋的动作跟入场时走在排头的斗牛士一样。费南德个子高，容貌美，戴顶漂亮的宽边大帽子，身上的衣服一看就知道是新的，他们二人都很烦躁。巴勃罗说，我真狼狈，不过，格特鲁德，你很清楚，我是从不迟到的，可费南德为明天的美术预展定做了一套衣服，结果衣服没送来。斯泰因小姐说，到底还是来了嘛，既然是你，埃莱娜就不会在意。大家都入席。我坐在毕加索旁边。他一声不吭，后来渐渐平静下来。阿尔菲向费南德问好，她很快也心平气和了。过了片刻，我低声对毕加索说我喜欢他给格特鲁德•斯泰因画的像。他说，是啊，人人都说画得不像她，但这不要紧，会像的。交谈立即活跃起来，都谈起独立沙龙[1]开幕的日子，这是当年的一件大事。大家对可能引起种种诋毁或不会引起诋毁都感兴趣。毕加索不展出作品，但因他的追随者都展出作品并且有关各个追随者的传闻极多，所以他寄予的希望大心里的顾虑也大。

我们正在喝咖啡，听见天井里有脚步声，是好些人的脚步声，斯泰因小姐站起来说，别急，我得让他们进来。她离席而去。

我们走进画室，里面已有好些人，三三两两的，单个的，成对的，都在观看。格特鲁德•斯泰因坐在火炉旁说着听着，时而起身开门，时而到众人跟前说说听听。有人敲门时通常是她去开门，惯用的一句话是，De la part de qui venez-vous? 即哪

1　独立沙龙是展出新派艺术家作品的展览会。

一位介绍您来的。这意思是任何人都可以来，但要讲个形式而且是在巴黎，套话是不可少的，人人似乎都能说出某个介绍他前来的人的名字。只是个形式而已，其实人人都可以进来，因为这些画在当时并不值钱，认识那里的某位也不表明有任何社会特权，只有真正感兴趣的人才来。我是说，任何人都可以进来，但要用那么一句套话。有一次，斯泰因小姐开了门，照例问到您应何人之邀前来时，我们听见回答的人抱屈不已地说，应您之邀啊，夫人。这是位年轻人，是格特鲁德·斯泰因以前在某处认识的，曾热诚地邀请过他而她事后竟很快就忘记了。

屋里很快就挤满了人，都来了。是几群匈牙利画家和作家，只因某个匈牙利人曾经偶然被带来过一次，此人将此消息传遍了全匈牙利，任何村子里有抱负的年轻人只要听说过花园街27号，生平只求来花园街27号一趟，果然有许多人来过。他们不断地来，各种身材的，各种模样的，各富有阶层的和各贫穷阶层的，有的非常可爱，有的粗鲁至极，时时也有非常漂亮的年轻农民。后来是大批的德国人，不太受欢迎，因为他们总要看看已经收存起来的画，动不动就打破东西，而格特鲁德·斯泰因喜爱易破物品成癖，极其厌恶只收藏不易破碎物品的人。后来是不少美国人，密尔德里德·阿德里奇[1]带来一群人或带来那位电气技师塞扬或某位画家，偶尔也有个学建筑的学生意外而至，再就是那些常客了，其中有玛斯小姐和司贵斯小姐，格特鲁德·斯泰因后来使她们在《福尔小姐与斯金小姐》[2]里名声不衰。就在那头一个晚上，玛斯小姐和我谈的问题在当时全然是新问题：怎样化面妆。她对类型感兴趣，她知道有端庄女妆、室内

1　密尔德里德·阿德里奇（1854-1928），美国女记者，侨居法国，是斯泰因的好友。

2　《地理与剧本》（1922）中的一篇短文。

女妆和浓艳女妆三类，费南德·毕加索无疑是端庄女妆，那么马蒂斯太太是什么妆呢，我说是室内女妆，她很满意。时时听到毕加索那高昂的西班牙式的嘶嘶大笑声和格特鲁德·斯泰因那浑厚女低音的阵阵笑声，人来人往，进进出出。斯泰因小姐叫我跟费南德坐在一起。费南德总是很美却索然无味。我坐下，我第一次同一位天才的妻子坐在一起。

我决定写我跟格特鲁德·斯泰因相处二十五年的这本书之前，我经常说要写写曾跟我坐在一起的天才们的妻子们。跟我坐一起的实在太多。我跟名副其实的天才们不成其为妻子的妻子们一起坐过。我跟并非真正天才们的名副其实的妻子们一起坐过。我跟天才们、近似天才的天才们，自命为天才们的妻子们一起坐过，简而言之，我经常而长期地跟许多妻子和许多天才的妻子一起坐过。

我已说过费南德当时跟毕加索同居已久，换言之，他们都是二十四岁却已一起生活了很久；费南德是跟我一起坐过的第一位天才的妻子而且她索然无味。我们谈帽子。费南德有两大话题：帽子和香水。第一天我们谈的是帽子。她喜欢帽子，对帽子确有真正法国人的感受，如果一顶帽子引不起大街上某男子口出妙语，这帽子便算不上成功。后来有一次我和她在蒙马特[1]同行。她戴一顶很大的黄帽子，我戴的是一顶小得多的蓝帽子。我们正走着，一个工匠停步大声惊呼，真是日头和月亮交相辉映啦。费南德满脸微笑地对我说，瞧，我们的帽子好成功啊。

斯泰因小姐叫我去接待马蒂斯。她在跟一位中等个子、淡红胡子、戴眼镜的男子谈话。此人显得十分警觉，尽管脸上略带难色，而且斯泰因小姐和他谈话似乎充满言外之意。我走上

---

1 巴黎北部地势较高的地区。

前时听见她说："啊，是啊，不过现在要举办就难了。"她说，"我们刚才在谈我们去年在这里举办的一次午餐会。我们把所有的画都挂好也请来了所有的画家。你是了解画家的，我的意思是要让他们高兴高兴，所以安排每位画家坐在他本人的画作对面。他们很高兴，高兴得我们不得不多上两次面包，你了解法国所以也能明白这样做表明他们高兴是因为他们要吃要喝就得有面包，而我们多上两次面包所以他们就高兴。除了马蒂斯别人没注意到我的这个巧安排，马蒂斯也是在临走时才注意到，还说这证明我点子多。"马蒂斯大笑说："对，我知道，格特鲁德小姐，世界就是为你准备的一个剧场，剧场多得很，你听我说话如此专心致志而我说的你连一个字也没听见，我确实是说你点子多。"[1]然后他们二人开始谈到人人都在谈论的独立画展的预展，这预展之事我当然一无所知。但我逐渐有所了解，至于画作、画家、画家的追随者们以及这次的谈话是何意思，我以后再述。

后来，我走近毕加索，我正若有所思地站着。"你说我是不是，"他说，"确实长得像你们的林肯总统。"那天晚上我想过好些事唯独没想过这件事。他接着说，"你瞧，格特鲁德，（他常以她的名相称，她常称他巴勃罗，都充满质朴的友爱与信任，但愿我能将其传达几分。这一点从未改变，尽管他们长期的友谊中时有麻烦与纠纷。）格特鲁德给我看过林肯的相片，我一直想把我的头发弄成他的发式，我想我的前额是像他的前额的。"我不知道他的话是真是假，但我表示同情。我当时还不了解格特鲁德·斯泰因究竟是怎么个地道美国人。后来我常逗她，管

她叫将军，内战双方的将军。她有一套内战的照片，相当精彩的照片，她和毕加索常常仔细研究。他会突然想起西班牙战争而变得非常西班牙式非常厉害，分别代表西班牙和美国的这两位会以非常刻薄的语言讥讽对方的国家。但这是我来此的第一个晚上，对这一切完全不知因而我彬彬有礼，情况就是这样。

这个夜晚即将结束。大家打算离去，大家仍在谈论独立画展的预展。我带着一份预展请柬也离去。于是我一生中最重要的夜晚之一就此结束。

给我的那份请柬准许两人入场，我带我的一位朋友去参观预展。我们去得很早。别人告诉我要早点去。要不然什么也看不到也没地方坐，而我的这位朋友是喜欢坐的。我们来到为举办这次沙龙而刚盖好的房子。在法国常常为了某一节日或为了用几天就盖，过后再拆。格特鲁德·斯泰因的哥哥常说法国之所以能不断提供职业或者说失业极为少见，其奥妙就在于有那么一些人愿意为盖临时房屋和拆临时房屋卖力。人性在法国是持久不变的，可以任意而无常地处置他们的房屋而且也花费得起。我们来到年年为独立画展盖的长而矮、确实很长很长的临时房子。是战后还是战前不久我已不记得，大宫这一展览大厅内为独立画展辟有长期使用的展区，在那时独立画展引不起人们多大兴趣。总之，那算是一场冒险。巴黎的灯光把这长长的房子照得通亮，格外好看。

在更早的时候，在修拉[1]的年月，独立画展是在一栋漏雨的房子里举办，可怜的修拉因在雨中挂画而患重感冒。现在没有雨水碍事，是个晴天，我们非常开心。我们进入场内便知道我们确实来得早，几乎是最先到达的。我们从一个展览间走到

1　乔治·修拉（1859-1891），法国新印象派创造人。

另一个展览间，哪一幅画在这星期日夜晚的众人眼里是艺术品，哪些画是那些在不必工作的那天、一星期只画一次画、在法国通称星期日画家、工人、理发师、兽医和幻想家的人所做的尝试，老实说我们是不了解的。我说我们不了解，但说不定我们还真了解呢。不过了解的不是卢梭的画，他的那幅大画是展览会上的丑闻，画的是共和国的几名官员，此画现由毕加索收藏着，我们无从知道它将成为杰作之一，正如埃莱娜所说，它将被送进卢浮宫呢。如果我没记错，还有一幅古怪的画，也是这位跟关税有缘的卢梭[1]所作，可说是对纪尧姆·阿波利奈尔[2]的礼赞，在他身后是已上年纪宛如缪斯的玛丽·洛朗森[3]。我也看不出这幅画是严肃的艺术品。我当时对玛丽·洛朗森和纪尧姆·阿波利奈尔当然一无所知，但是关于他们我在后面要谈的还多得很。我们继续参观，看见一幅马蒂斯的画。啊，我们这下可感到安适自在了。马蒂斯的画我们一看就知道，立刻就知道，很是喜欢，知道这是一幅杰作，美得很。这幅画很大，画的是一个横卧在几棵仙人掌中的女人，画展之后就放在花园街了。在花园街，勤杂工的五岁小儿子常来找格特鲁德·斯泰因，格特鲁德·斯泰因很喜欢他。有一天她正站在画室开着的门边回过头来看这幅画，小家伙一下跳到她怀里，兴高采烈地叫起来，啊呀，好美的女人的身体呀。每有不速之客看着这幅画而以不速之客的见解说长道短，斯泰因小姐便总是讲这段逸话并问此段逸话意味着什么。

在同一展室里是同一幅画的匈牙利版，跟马蒂斯的画一样也用一个隔板隔开，出自某个叫佐贝尔的人之手，我记得我在

1　在关税处当过门房，有"关税员"之外号。
2　纪尧姆·阿波利奈尔（1880-1918），法国诗人。
3　玛丽·洛朗森（1885-1956），法国艺术家。

花园街曾见过此人，把狂热的追随者放在狂热但不见得是狂热师傅的对面，真可谓巧妙的独立不羁的方式。

我们继续参观，大展室很多，展室里的画也很多，最后来到正中的一间展室，有一把庭园座椅，有人进来，进来的还不少，我们便坐下休息。

我们歇着，打量每一个人，真是波希米亚人的生活，跟在歌剧里见到的一样，打量这些人很有意思。正在这时身后有人用手拍我们的肩，突然大笑。是格特鲁德·斯泰因。她说，你们坐在这儿真令人羡慕。我们问，为什么。她说，因为一切就近在你们眼前。我们瞧瞧，什么也没瞧见，只看见两大幅画，很相像但又不完全相像。格特鲁德·斯泰因解释说，一幅是布拉克的一幅是德兰[1]的。两幅画都很怪，人物都像是木刻的，形状奇特，如果我没记错，一幅可以说是画的一男数女，另一幅是三个女人。她说声喂，怎么啦，仍然大笑。我们莫名其妙，见过的怪画多了，不知这两幅还能怪到哪儿去。她很快消失在激动和嘴巴说个不停的人群里了。我们认得巴勃罗·毕加索和费南德，还认得更多的人，固然人人似乎都对我们这个角落感兴趣而且我们也没走开，但我们不明白这些人的兴趣为何如此之大。隔了一会儿，格特鲁德·斯泰因又回来，这次显然更加激动乐得更起劲。她低头一本正经地问我们想不想上法文课。我们拿不定主意，是啊，我们可以上法文课。那好，费南德给你们上法文课，去找她，就说你们一心想上法文课。我们问，她为什么给我们上法文课呢。因为，呃，因为她和巴勃罗决定永远分居。我想分居的事以前有过，但自我认识他们以后他们就没分居。你知道巴勃罗常说，如果你爱一个女人就给她钱。

---

1 安德列·德兰（1880-1954），法国野兽派创始人之一。

现在你要离开一个女人就得等到你有足够的钱给她才行。沃拉德[1]刚买下他的画室，所以把钱给她一半就能跟她分手了。她要一人独居一室教法文，所以你们就可以去啊。我的那位老是好奇的朋友问道，这跟那两幅画有什么关系呀。格特鲁德·斯泰因说，毫不相干，说完一阵大笑就走了。

我要把我日后了解的全部经过写出来，可是眼下我得去找费南德，向她提出请她教法文。

我四处走走，打量人群，从来没想到各式各样画画的和看画的人有这么多。在美国旧金山看画的有女人也有男人，这我已习以为常，可是这里，男人，男人，男人，时而有男有女，不过更常见的是有三四个男人才有一个女人，有时有五六个男人才有两个女人。后来我逐渐习惯了这种比例。在这些五六男比二女的人群中我看见毕加索夫妇，也就是说我看见费南德和她那特有的手势，一只戴着戒指的食指直指空中。我后来发现她的食指是拿破仑式的食指，如果不比中指稍长也跟中指差不多长，她心情振奋时这食指便直指空中，因她总是闲闲散散故而精神振奋是不很经常的。我等着，她站在这群人的一头毕加索站在另一头，是引人注目的中心人物，我不愿闯入，但最后鼓起勇气走上前去引起她的注意，把我的愿望告诉了她。她亲切地说，啊，是啊，你们的愿望格特鲁德对我说起过，给你们，你和你的朋友上法文课使我万分高兴，近几天我很忙，要安置我的新居。格特鲁德这个周末要来找我，如果你和你的朋友跟她一起来，我们就可以做好一切安排。费南德的法文讲得很是流利，当然有些蒙马特的口音而且很难懂，但她受过当教师的教育，嗓音好听，肤色极好而且漂亮之至。她个子高，但总是

1　安布罗德·沃拉德（1865-1939），法国画商、出版商，拥护先锋派艺术。

闲闲散散的，细而圆的两臂透着所有法国女人特有的美，因而不显得太高。很可惜短裙还不流行，因为那时人们没去想一般法国女人健壮的大腿，只想到细细圆圆的手臂。我答应费南德的要求，然后离去。

我往回朝我朋友坐的地方走时，我更感到习惯的倒不一定是这些画而是这些人。我开始认识到是某种一式的类型。过了多年亦即几年前，我们都非常喜爱的胡安·格里斯[1]去世（格特鲁德·斯泰因最亲密的朋友，除巴勃罗·毕加索外就是他），举行葬礼时她和布拉克站在一起，我听见她对布拉克说，这些人是谁，这么多这么面熟，可我一个也不认识。布拉克回答说，哦，都是你以前在独立预展和秋季沙龙上常遇见的人，他们的面孔你一年里要见两次，年复一年，所以他们才都这么面熟啊。

大约过了十天，格特鲁德和我去蒙马特，我是第一次去。我一向喜爱这地方。我们常去，我每次去总怀着我初去时的那种温柔的期待之情。在那里你总是站着有时等着，不是等着发生什么事，只是站着而已。蒙马特的人不大坐，通常是站，恰似椅子，法国人餐室里的椅子，不会使人想到坐的。于是我去蒙马特，开始了我学站的阶段。我们先去拜访毕加索然后才去拜访费南德。毕加索现在不愿去蒙马特，不愿想它更不愿谈它。即使对格特鲁德·斯泰因他说起蒙马特也是吞吞吐吐，当时有些事深深地刺痛了他那西班牙式的自尊心，他在蒙马特的生活以悲哀和幻灭告终，没有比西班牙式的幻灭更令人悲哀的了。

不过他这时还在蒙马特，住在拉维昂街。

我们去奥顿[2]，在那里乘车，就是说坐上一辆车的顶座，就

1　胡安·格里斯（1887-1927），西班牙画家，绘画理论家。
2　巴黎一处剧院。

是马拉的那种漂亮的老式车，跑得快而稳，横穿巴黎上山到了布朗歇街。我们下车沿着一条很陡的街往上爬，街两边都是卖食品的铺子，叫莱比街，然后拐弯，爬得更陡，路几乎是陡峭的，到了拉维昂街，现在叫埃来利－戈都街，街名改了，其他一切未变，通向小小的平坦广场的几级台阶，广场边是少而幼小的树，一个人在广场的角落做木活，前不久我来时也有一个人在广场的角落做木活，你踏上台阶之前，那里还是他们过去常去吃东西的那家小咖啡店，左边那栋有几间画室的矮矮的木头房子仍在那里。

我们走完那几级台阶穿过开着的门，一间画室出现在我们左边，后来胡安·格里斯便住在这里直到殉难，但当时住的是某个叫凡朗的不三不四的画家，此人在为卢梭举办著名的宴会时愿将他的画室用作女化妆室出借。然后我们经过一段陡楼梯，走下去便是不久后的马克斯·雅可布的画室。我们经过又一段很窄的楼梯，它通往一间画室，不久前有个年轻人在这画室里自杀了，毕加索在这里画了他早期最精彩的画朋友们聚集在棺木周围的画作之一。我们经过这些之后便来到一扇大一些的门前，格特鲁德·斯泰因敲门，毕加索开了门，我们进了屋。

他身穿法国人所谓的猿服或猴服，即蓝色或棕色斜纹布工作服,我想他的是蓝色。称作猿服或猴服,因为这衣服是一整块,有一腰带,如果不系紧腰带,通常是不系紧腰带的,衣服披散在身后形同一只猴。他的两眼比我记得的更加令人惊奇,那么纯正那么阴郁,他的双手那么黑、纤细,灵敏。我们再往里走。角落里放一张躺椅,一个做饭和取暖用的很小的火炉放在另一个角落,几把椅子,那把给格特鲁德·斯泰因画像时她坐过的已经坏了的大椅子,到处是狗的气味和颜料的气味,屋里有一只狗,毕加索把它搬来移去,真像件大家具。他请我们坐下,可是所有的椅子上都放满了东西，我们都站着，一直站到离开。这是我第一次领略站的滋味，不过后来我发现他们都那样，一站就是几个钟头。墙上有一幅大画，我只能说很怪，是许许多多清一色的明暗两种色调，旁边的一幅是深棕色，画的三个女人，身体结实，故作姿态，都很吓人。毕加索和格特鲁德·斯泰因站在一起交谈。我靠后站着，瞧。我不能说我有所悟。但我感到这里的气氛是痛苦与美好兼而有之，不像坐牢却也压抑。我听格特鲁德·斯泰因问，我的东西呢。于是毕加索立刻拿出一幅小些的画，是件无法画完的尚未完成的作品，清淡得近乎无色，画的两个人，画是画了，但没画完也无从画完。毕加索说他决不承认它。格特鲁德·斯泰因说，是的，我知道，毕竟只有这幅是画了内容的。他回答说，对，我知道，两人都不说话了。接着两人低声继续交谈，斯泰因小姐说，我们得走了，要去跟费南德一起喝茶。毕加索回答说，对，我知道。她说，你多久去看她一次，他满脸通红，十分羞怯。他愤恨地说，我没去过她那儿。她嘻嘻直笑说，那我们得去她那儿啦，托克拉斯小姐要去上法文课。他说，哦是的，这位托克拉斯小姐，脚像西班牙女人的脚一样小，耳环像吉普赛人的耳环，父亲是跟波尼阿托斯基一样的波兰大地主[1]，她当然要上课啊。我们大笑，朝门走去。门边站着一个非常漂亮的男子，毕加索说，哦，阿吉罗，你是认识这两位小姐的。我用英语说，他真像一幅格雷科的画。毕加索听到我提格雷科的名字便说，是幅假格雷科画。格特鲁德·斯泰因说，忘了给你这个，说着将一包报纸递给毕加索，说这些报纸会使你宽慰的。毕加索打开，是些美国报纸

---

[1] 她父亲费迪南·托克拉斯于1865年（年仅二十岁）从波兰到美国。

的星期天增刊，是惊险连环漫画[1]。他说，哦，好，好，脸上露出满意的表情，merci，谢谢你格特鲁德。我们走了。

于是我们就走了，继续往山上爬。对你所见有何感想，斯泰因小姐问。对，我是有所见。她说，你当然有所见。你在预展上那两幅画前坐了那么久，你刚才所见跟那两幅画必然相关，你看出来了没有。只看出毕加索的画很吓人而别人的画不吓人。她说，的确，有一次巴勃罗说过，当你制作一件东西，制作起来非常复杂，这件东西必定难看，可是模仿你的人制作起来就不必担心了，能把它制作得好看，所以只要是他人所作，则人人喜爱。

我们往前走，下坡来到一条小街，那里另有一幢小屋。我们说要见巴法利小姐，便把我们引进一个小过道，我们敲了门然后走进一个不大不小的房间，房里放着一张很大的床，一架钢琴，一张小茶桌，还有费南德和另外两个人。

其中一位是爱丽丝·普林塞特。长得颇像画像里的圣母，一对漂亮的大眼睛，一头秀发。费南德后来解释说她是个工人的女儿，拇指粗大，当然具有工人的特色。费南德说，爱丽丝跟受政府雇用的普林塞特已相处七年，她照蒙马特风气一直对他忠贞不渝，就是说不论是顺境还是逆境她都对他不变心，但她也以此自娱。他们即将结婚。普林塞特已是他那个政府机关小部门的主管人，请其他部门的主管人到他家来很有必要，使他和她的关系合法化也是理所当然。实际上他们在数月内就要结婚，说到这件事，马克斯·雅可布作过有名的评论：思慕一个女人达七年之久而终于得到了她，真是妙哉。毕加索的评论更重实效：何必单为离婚而结婚呢。不幸而言中。

1　指连环漫画《打闹不休的小子们》。

他们刚结婚，爱丽丝·普林塞特就认识了德兰而德兰也认识了她。真是法国人所谓的 Un coup de foudre，即一见钟情。两人打得火热。普林塞特竭力容忍，但他们结了婚情况就不同了。而且他是生平第一次发怒，一怒之下撕碎了爱丽丝的结婚礼物，就是她的第一件毛短大衣。这下倒解决了问题。婚后不到半年，爱丽丝离开普林塞特永未回去。她和德兰双双离去，此后从未分离。我一直很喜欢爱丽丝·德兰。她那股野性或许跟她的粗大拇指有关，或许跟她那张圣母似的脸庞也是奇妙相称的。

另外那个女人是格梅因·皮丘特，完全是不同的类型。她文静严肃，西班牙派头，西班牙女人那种宽宽的肩，西班牙女人那种凝视而毫不在意的眼睛。她非常温厚。她嫁给了一位名叫皮丘特的西班牙画家，此人颇为奇特，个子又高又瘦，像西班牙教堂里的那种老式的基督像，他跳西班牙舞总是认真得令人敬畏，他后来在为卢梭举办的著名宴会上跳过西班牙舞。

费南德说，格梅因是许多奇闻的女主角，有个年轻人在一家音乐厅的一次争吵中受了伤，他的同伙丢下他不管，是她把他送到医院的。她守在旁边照看他自不待言。她有好多姊妹，她和她们都生在蒙马特长在蒙马特，都不是一父所生而各有各的父亲，都嫁给了不同国籍的男人，甚至有土耳其人和亚美尼亚人。很久以后，格梅因患重病多年，周围总有一群忠实的同伴陪着她。他们常让她坐在扶手椅里把她抬到离得最近的电影院去，陪着坐在扶手椅里的她把电影看完，定期每周去一次。我想现在依然如此吧。

在费南德处围茶桌而坐的交谈并不活跃，谁都没话说。大家相聚很愉快甚至很荣幸，也就仅此而已。费南德埋怨了几句，说她的勤杂女工打扫得不够清洁，茶具漂洗得不够干净，又说分期付款买床买钢琴总感到有些煞风景。除此之外，我们谁也实在没什么可多谈的。

最后，她和我安排上法文课的事，我按每小时五角付费，她过两天跟我碰头再开始上课。拜访即将结束时她们两人便显得更自然一些了，费南德问斯泰因小姐登连环漫画的报纸增刊还有没有剩余的，格特鲁德·斯泰因说刚才都给巴勃罗了。

费南德噌地一下跳了起来像母狮要保护幼崽一样。她说，简直蛮不讲理，我决饶不了他，我在街上碰见他，他手里拿一份连环画增刊，我叫他给我好让我散散心，他无理拒绝，这么狠心我决饶不了。我请你，格特鲁德，把你下次收到的几期报纸给我。格特鲁德说，当然可以啦。

我们到了外面，她对我说但愿登连环漫画《打闹不休的小子们》的下几期增刊出版之前，他俩已和好如初，因为我要是不给巴勃罗，巴勃罗会心烦，我要是给，费南德会大吵大闹，嗯，还是丢失而收不到的好，或者让我哥哥拿去给巴勃罗，就当是错给了。

费南德准时守约，开始上课。上法文课当然要会话，费南德有三大话题，帽子，对帽子我们已无更多的话可说；香水，对香水我们是有话可谈的。香水真是费南德的一大挥霍，她成了蒙马特的笑柄，因为她买过一瓶斯摩克牌香水，花去八十法郎，在当时相当于十六美元，没有香味而颜色跟真正瓶装香水一样漂亮。她的第三个话题是毛皮的种类。毛皮有三类，第一类是黑貂皮，第二类是银鼠皮和南美粟鼠皮，第三类是欧洲马丁狐皮和松鼠皮。这是我在巴黎听说的最令人不可思议的事。我大为吃惊。南美粟鼠皮列第二，把松鼠皮也叫毛皮却没说海豹皮。

我们唯一的另一话题就是狗的种类和名称，这在当时十分时髦。这个话题归我谈，我谈过之后她总是支支吾吾若有所悟地说啊是啊，你说的是一种长得结实的比利时种小狗叫作格里芬的呀。

就是这样，她很美，可有点单调乏味，于是我提出在外面会面，可以去茶室也可以在蒙马特走走。果然好多了。她开始告诉我一些事情。我遇到马克斯·雅可布。费南德和雅可布碰到一起时十分有趣好笑。他们把自己当作第一帝国的一对宫廷男女，他充当 Le vieux marquis [1]，吻她的手向她致意，她充当约瑟芬皇后接见他。这是滑稽可笑的模仿然而模仿得十分精彩。她对我说起一位神秘讨厌的女人叫玛丽·洛朗森，叫叫嚷嚷像只动物闹得毕加索不得安宁，在我的想象中她是个讨厌的老婆子，当我见到的玛丽年轻貌美得像克卢埃 [2] 的画中人我又愉快之至。马克斯·雅可布算过我的星相真是一大荣幸，因为他把我的星相记下了。我当时并不了解，但后来尤其是最近才明白，所有年轻的上流人士如今都对马克斯佩服得五体投地，马克斯从不记下这些人的星相而只随便说说，竟然记下我的星相，使这些人大为吃惊感触很深。反正我有了星相而且记下了。

她又给我讲了许多冯·东根 [3] 和他的那位荷兰妻子以及他的荷兰小女孩的事。他因给费南德画的那幅画像而声名狼藉。他画此像时创造了后来非常时兴的杏眼眼型。不过费南德的那双杏眼是天然的，好也罢歹也罢，在费南德身上一切都是天然的。冯·东根当然没承认这幅画是费南德的画像，尽管画此画时是她当的模特儿，结果造成不少烦恼。当年的冯·东根很穷，他的荷兰妻子是位素食者，二人便以菠菜为主食。冯·东根时常逃避菠菜而到蒙马特的一家低级馆子吃一顿喝几杯，女招待给

---

1 法语：老侯爵。
2 弗朗索瓦·克卢埃（1515-1572），法国画家。
3 冯·东根（1877-1968），法籍荷兰画家、雕塑家。

他付账。

冯·东根的孩子只有四岁，人小鬼大。冯·东根常跟她玩杂技，抓住她的一只腿转。她非常喜欢毕加索，搂住他时几乎总搂得他够呛，他可怕她啦。

还有好些关于格梅因·皮丘特和马戏场的传闻，她就是在马戏场找到情夫的，也有蒙马特所有过去和现在生活的传闻。费南德本人有一个理想的榜样，即当代的女豪杰伊芙琳·索。费南德崇拜她就像晚辈崇拜玛丽·皮克福[1]。伊芙琳·索的头发颜色那么金黄，皮肤那么白皙，那么无与伦比，费南德发出深深的赞叹。

我再次碰见格特鲁德·斯泰因时，她突然问我费南德戴没戴耳环。我说我不知道。她说，那就注意一下。我又碰见格特鲁德·斯泰因时便说，对，费南德戴着耳环的。她说，哦，那就没法子，难办，因为画室里没人，巴勃罗当然不在。不出一个星期我汇报说费南德没戴耳环。格特鲁德·斯泰因说这就对了，费南德分文不剩，事情全都过去了。是全都过去了。一星期后我便跟费南德和巴勃罗一起在花园街吃饭了。

我送费南德一件从旧金山带来的中式旗袍，巴勃罗送我一幅动人的画。

现在我给你们讲两个美国人怎么偶然处于当时外界完全不知的一场艺术运动的中心的。

---

1 玛丽·皮克福（1893-1979），美国电影女明星。

第三章

格特鲁德·斯泰因在巴黎

1903－1907

　　在 1900 年到 1903 年格特鲁德·斯泰因就读于巴尔的摩约翰·霍普金斯医学院的这最后两年期间, 她的二哥住在佛罗伦萨。他在佛罗伦萨听说过名叫塞尚的画家并且看过查尔斯·勒泽尔收藏的塞尚画作。第二年[1]兄妹二人迁居巴黎, 便去唯一的出售塞尚画作的画商沃拉德处看画。

　　沃拉德是个黑乎乎的大个子, 说话有点口齿不清。他的画店在拉斐特街, 离大道不远。沿着这条小街往前走是迪朗－吕埃勒, 再往前快到圣贤教堂的地方就是往日演丑角的萨戈的住处。有位韦伊小姐住在蒙马特高地的维克多－马塞街, 她既卖画也兼卖书和古董, 在全然是巴黎另一个区的圣奥诺雷镇的街上住着从前开咖啡店和照相馆的德鲁埃。拉斐特街上还有富凯开的糖果店, 品尝一下那里的美味可口的蜂蜜饼和果仁糖实在是一乐事, 偶尔也可以不买画而买一点盛在玻璃盘里的草莓果酱。

　　第一次拜访沃拉德给格特鲁德·斯泰因留下了难忘的印象。那地方真是令人难忘。完全不像画店。一小堆大小不一的油画

1　指 1902 年。

放在墙角，一幅摞一幅乱七八糟；屋当中站着个黑乎乎的大个子，满脸愁容。这是高兴时的沃拉德。他到真不高兴的时候便以他那高大的身躯靠着朝街的那扇玻璃门，两只胳膊举过头顶，两手各把住大门上方的一个门角，望着大街愁眉苦脸。这时谁也不想进店里去。

二人表示想看看塞尚的画，他便不像刚才那样愁眉苦脸而显得十分客气。他们后来才了解在沃拉德的一生当中塞尚是一部了不起的浪漫史。塞尚这名字对他具有奇异的魔力。他最先是从画家毕沙罗[1]那里听说塞尚的。所有塞尚的早期爱好者确实都是从毕沙罗那里听说塞尚的。那时塞尚住在埃克斯－普罗旺斯，穷愁潦倒。毕沙罗给沃拉德讲塞尚的情况，给佛罗伦萨人法布里讲塞尚的情况，法布里又给勒泽尔讲塞尚的情况，给皮卡比亚[2]讲塞尚的情况，事实上有关塞尚的情况都是毕沙罗告诉当时所有听说过塞尚的人的。

沃拉德店里是有些塞尚的画，后来格特鲁德·斯泰因写过一首题为《沃拉德与塞尚》的诗，亨利·麦克布赖德将它发表在《纽约太阳报》上。这是格特鲁德·斯泰因的第一首发表在报上的即兴诗作，她和沃拉德为之都非常高兴。后来沃拉德写了一本介绍塞尚的书，按格特鲁德·斯泰因的建议送了一本给亨利·麦克布赖德。她告诉沃拉德纽约的一家大报将用一整版的篇幅介绍此书。他认为这不大可能，在巴黎就从来没人碰上这种事。这回真碰上了，他深受感动，说不出的满意。还是回到本题谈谈那第一次拜访。

兄妹二人对沃拉德先生说他们想看看塞尚的风景画，这些

---

1 卡米耶·毕沙罗（1830-1903），法国印象派画家。
2 弗朗西斯·皮卡比亚（1879-1953），法国画家。

风景画是佛罗伦萨的勒泽尔先生叫人给沃拉德送来的。沃拉德说，哦，知道，显得十分高兴，在屋里走来走去，最后消失在后屋的隔板后面，传来沉重的上楼声。过了好一会儿他才下楼，手里拿着一幅有一只苹果的小小的油画，大部分画布是空白。三人都对此画细看一番，然后兄妹二人说，不错，可我们想看的是风景画呀。沃拉德叹声说，哦，是的，显得更加高兴，转眼间又不见了，这次拿来一幅人体的后背画，画无疑是很美的，不过兄妹俩这时还不能完全欣赏塞尚的裸体画，于是又说明来意。他们想看的是风景画。这次等得更久了。他拿来一幅很大的油画，风景的画面却小得很。二人说这回拿对了，是风景画。不过他们是要一幅小一些的画，风景要画满画面。他俩说他们要看的就是这样的一幅画。这时巴黎初冬的黄昏降临，恰好在这时一个年纪很大的女工从后屋的楼梯下楼来，咕咕噜噜说 Bonsoir, monsieur et madame [1]，悄悄出了大门；过了一会儿又一个年老的女工从同一楼梯下来叽叽咕咕说 Bonsoir, monsieur et madame，悄悄走出店门。格特鲁德·斯泰因哈哈大笑，对哥哥说全是胡扯，根本就没有塞尚的画。是沃拉德上楼去布置这两个老太婆画的，他不明白我们的要求她们也不明白他的要求，过了一会儿又一个年老的女工从同一个楼梯下来，叽叽咕咕说她们随便画点什么，他拿下楼来就算是塞尚的画啦。他们都禁不住大笑起来。笑过之后他们又解释一番说他们想看风景画。他们说想看那种阳光普照和黄颜色都非常之美的埃克斯风景画。这类作品勒泽尔那里是有几幅的。沃拉德又去拿，这回拿来了一幅很小很美的绿色风景画。很可爱，画面也画得满，价钱也不贵，他们买下了。后来沃拉德逢人便说来过两个古里古怪的美国人一个劲儿地笑，

1　法语：晚安，先生和女士。

弄得他很烦，但慢慢才明白他们笑得越发起劲就越会买他的画，当然巴不得他们哈哈大笑啦。

自那以后，他们常去沃拉德的画店。他们很快就受到优待，在油画堆里翻，从中找他们喜欢的画。他们买了一幅杜米埃的小画，是个老妇人的头像。他们开始对塞尚的裸体画产生兴趣，总算买了两小幅裸体群像油画。他们在福兰¹的画后面发现一幅马奈的非常之小的黑白画，他们买下了；他们发现两幅很小的雷诺阿的画作。他们一买就是两幅，因为这个喜欢这幅那个喜欢那幅。一年就这样慢慢过去。春天，沃拉德宣布举办一次高更画展，他们才第一次看到高更的几幅作品。这些画很难看，但他们还是喜欢并买了两幅。格特鲁德·斯泰因喜欢他画的向日葵不喜欢他画的人物，而她哥哥却喜欢人像。现在听起来似乎觉得要花很多钱，而在当时这些玩意其实并不贵。冬天就这样过去。

沃拉德画店里来来往往的人不很多，格特鲁德·斯泰因有一次在那里听到的一番交谈却使她觉得十分有味。迪雷在巴黎是有名的人物。现在已上年纪但很英俊。他曾是惠斯勒²的朋友，惠斯勒给他画过像，一身晚礼服，胳膊上搭一件去歌剧院穿的白色大氅。他正在沃拉德画店对一群年轻一些的人讲话，其中那个鲁塞尔属于维亚尔³和博纳⁴等后印象派一伙，他叫屈说他和他的朋友们得不到公认，连在沙龙开画展都不准。迪雷和蔼地望着他说，年轻的朋友，切不可忘记艺术有两种，一种叫艺术另一种叫官方艺术。我年轻的穷朋友，你的艺术怎么能指望

---

1 让－路易·福兰（1852-1931），法国画家。
2 詹姆斯·惠斯勒（1834-1903），美国油画家。
3 爱德华·维亚尔（1863-1940），法国画家。
4 皮埃尔·博纳（1867-1947），法国画家。

成为官方艺术呢。你不妨看看你自己。假如某个大人物到法国来想见见有代表性的一些画家，并且要给他画像，我亲爱的年轻朋友，你这模样，他瞧你一眼就把他吓坏了。你是个正派的年轻人，有教养又聪明，可在那位大人物眼里你就不会是这样的人了，你会显得很可怕。不行，他们需要的有代表性的画家必须是中等身材，微微有点发胖，衣着不过分讲究可穿得要合乎他那个阶层的时尚，不能秃顶并且头发要梳得溜光，还要打个蝴蝶领带以示恭敬。你会知道你是不行的。所以什么官方承认之类的话就一个字也别再提了。假如你要提那就照照镜子想想那些大人物。不，我亲爱的年轻朋友，有艺术也有官方艺术，历来如此而且永远如此。

冬天还没过去，格特鲁德·斯泰因和她的哥哥已经有些画了，决定再买些，于是决定买一幅塞尚的大画之后便不再买。在这之后他们会适可而止的。他俩说服大哥这最后一笔花费必不可少，其必要性不久即可知晓。兄妹俩告诉沃拉德他们要买一幅塞尚的肖像画。当年其实没有出售过任何塞尚的肖像画。这种肖像画沃拉德几乎全有。这决定使他喜出望外。于是带他们到隔板后面上楼，走进格特鲁德·斯泰因曾认定某个年老的女工画那幅所谓的塞尚之作的房间，为决定该买哪一幅，二人在这里花了好几天工夫。大约有几幅画供挑选，难作决定。他们只好不时去富凯小店吃点蜂蜜饼提提精神。最后他们总算把选择范围缩小到两幅，一幅男子的肖像一幅女子的肖像，不过这次要买两幅就买不起了，最后选了那幅女子肖像。

沃拉德说女子肖像画通常当然比男子肖像画贵些，不过呢，他端详着那幅画说，是塞尚的画我就不分二价了。他们把画放进出租马车连人带画回家了。阿尔菲·莫勒常说的已完成的画，说的就是这一幅，说它完成了是因为它有画框。

买此画很是重要，因为格特鲁德·斯泰因就是在用心观赏仔细揣摩此画的同时写出了《三个女人》的。

她在前不久已着手翻译福楼拜的《三故事》作为文学练笔，而后买了塞尚的这幅画，仔细揣摩，受到启迪而写出了《三个女人》。

紧接着的一件事发生在秋天。那是秋季沙龙的第一年，是在巴黎举办的首届秋季沙龙，兄妹二人非常盼望非常兴奋，前往参观。他们在那里看到了马蒂斯那幅后来才知道名为《戴帽子的女人》的画。

这次首届秋季沙龙是官方承认非法独立沙龙画家的一个步骤。独立沙龙成员的画作将在小宫展出，小宫对面的大宫则是举办隆重的春季沙龙所在，也就是说那些非法画家将参展，如获成功，画即可在各大画店出售。这些人便跟一些叛离老沙龙的人共同创办了独立沙龙。

画展的清新气氛很浓，并不令人感到可怕。画展上惹人喜爱的作品有一些但不惹人喜爱的也有那么一幅。它激怒了观众，观众要求取消它的参展资格。

格特鲁德·斯泰因喜欢此画，画的是个长脸盘的女人手拿一把扇子。色彩和人体解剖都非常奇特。她说她想买。她哥哥也同时发现一幅白衣女人在绿草地上的画，也说要买。照往常一样决定两幅都买，便去沙龙的秘书办公室问清价钱。他们从没进过沙龙的秘书那个小办公室，倒也十分兴奋。秘书查看价目表。格特鲁德·斯泰因已忘记白衣女人和狗在绿草地上那画是多少钱甚至是谁画的，不过那幅马蒂斯的画是五百法郎。秘书解释说当然不是画家要什么价买主就得给什么价，买主也可以给个价。他们便问应当给个什么价。他问他们愿意出什么价。他们说不知道。他表示他们可出四百法郎并说他会通知他们的。

他们同意就离去了。

第二天他们接到秘书的通知说马蒂斯先生不同意此价，问他们有何打算。他们决定再去沙龙看看此画。他们去了。人们在画前哄然大笑，伸手去抓。格特鲁德·斯泰因不明白这是为什么，她觉得这画非常自然。以前塞尚的画是显得不自然，费了她不少工夫才感受到它的自然，不过马蒂斯的这幅画却是非常自然的，她不明白它何以惹怒了众人。她哥哥没她那么喜欢这幅画但还是依她而决定买下。后来她再去看这幅画，见大家都嘲笑它时心里非常不安。这使她心烦也使她生气，只因她不明白是何缘由也因为她认为这幅画没啥不好，正像后来她不明白人们何以嘲笑她的作品人们也被她的作品所激怒一样，因为她认为她的作品写得非常清楚非常自然。

这就是两位买主买《戴帽子的女人》的前前后后，现在从卖主方面说说数月后马蒂斯先生和太太所说的经过。买下该画不久买卖双方都要求会会面。是马蒂斯写信要求会见还是兄妹二人写信要求会面，格特鲁德·斯泰因已不记得。总之双方不久就相识而且彼此很是熟悉。

马蒂斯一家住在离圣米歇尔大道不远的码头。他们住在顶层的三居室小套间里，能看到巴黎圣母院和塞纳河的美丽景象。这景象马蒂斯在冬天画过。你沿着楼梯往上走就是。那年月嘛。你不是从楼下上楼就是从楼上下楼。弄得人苦不堪言的是密尔德里德·阿德里奇在六楼扯着嗓子对下面的人说再见的时候钥匙老是掉到楼梯的梯井里，如果有电梯便是装电梯的那地方，然后你或她就得下楼上楼上楼下楼。她呢，当然老是扯着嗓子说没事儿，我把门撞开得啦。只有美国人才这么干。钥匙太重，不是忘了就是掉了下去。塞扬在巴黎过完夏天之后有人祝贺他气色好，像晒过日光浴一样，他说那可不，多亏上上下下爬楼梯呗。

　　马蒂斯太太是位理家好手。住处虽小却一尘不染。她把屋里整理得井然有序，饭菜做得好，家里人丰衣美食，马蒂斯画所有的作品都是她当模特儿。《戴帽子的女人》中的女人就是她。她开过一家小小的女帽店维持夫妇二人在最贫困时的生活。她很整齐，皮肤微黑，长长的脸上一张坚定的马嘴般的大嘴。她满头浓密的黑发。格特鲁德·斯泰因一向喜欢马蒂斯太太把帽子别在头上的那副打扮，因而马蒂斯为他妻子这般独具特色的打扮作素描一幅送给了格特鲁德·斯泰因。她总是穿黑色衣服。她总是将一枚黑色大帽针端端正正放在帽子正中和头顶正中，然后将帽针往下一插，姿势大度而坚定。马蒂斯有个女儿跟他们一起住，在他婚前就有的女儿，患过白喉动过手术，多年来不得不在脖子上围一条有颗银扣的黑丝带。马蒂斯在许多作品里画过她这样子。这女儿长得跟父亲一模一样，马蒂斯太太有一次以她富于情节剧的方式直率解释过，她对这孩子远远不只是尽责，因为她年轻时看过的一本小说里的女主角就是这么做的从而毕生受人爱戴，所以她决定照着做。她本人已有两个男孩，可当时都不跟他们夫妇一起住。老二皮埃尔跟马蒂斯太太的双亲住在与西班牙接壤的法国南部，老大让跟马蒂斯先生的双亲住在与比利时交界的法国北部。

　　马蒂斯那种惊人的男子气魄常给多时未见他的人带来极大的愉快。再次跟他见面比初次相见更加使人愉快。他跟谁在一起谁就会始终感到这种男子气魄所带来的愉快。然而这种男子气魄之中没有多少对生活的感受。马蒂斯太太就不大一样，对所有认识她的人都具有深切的生活感受。

　　这时马蒂斯有一小幅塞尚的作品和一小幅高更的绘画，他说这两幅画不能少。塞尚的画是用妻子的嫁妆买的，高更的画是用戒指买的，这戒指是她一生唯一的首饰。他们很愉快因为这两幅画他都不能少。那幅塞尚的画画的是些沐浴者和一个帐篷，高更的画是一个男孩的头像。后来马蒂斯很富了就不断买些绘画作品。他说他识画对画有信心，对别的一窍不通。一来为使自己高兴二来给他的孩子们留下最珍贵的遗产。于是收购塞尚的画。毕加索后来有了钱也收购绘画作品，不过买的都是他自己的作品。他也对画有信心，要把最珍贵的遗产留给他的儿子，所以他既保存也购买他自己的画作。

马蒂斯夫妇过过一段苦日子。马蒂斯年轻时来巴黎是学药学的。他家里的人是法国北部的粮食零售商。他喜爱绘画，在卢浮宫开始临摹普桑[1]的画，完全未经家里同意就干画画这一行，而家里照常按他求学时一样每月给他一点钱。他的女儿在这时出世，生活更加艰难。最初他的成就相当不错。他结了婚。他在普桑和夏尔丹[2]的绘画的影响下所作的静物画在两大春季沙龙之一的"三月之田野"沙龙上获得相当的成功。后受塞尚的影响，接受黑人雕塑艺术。这一切造就了《戴帽子的女人》时期的马蒂斯。在那次春季沙龙上取得很大成功的第二年他花了一个冬季画一巨幅画，画的是一个女人布置桌子，桌上放一大盘水果。为买这些水果耗尽了马蒂斯家的钱财，当年巴黎的水果贵得吓人，就连普通水果也很贵，想一想这种不同寻常的水果会贵到何种程度吧，还要把水果保存到画作大功告成，而此画又要画很久很久。为使水果保鲜的时间尽可能长些，他们只好让房间里尽可能冷些，这在巴黎的冬天在室内是不难办的，马蒂斯穿着大衣戴着手套作画，画了一个冬季。最终完成，送到一年前

1　尼古拉·普桑（1594-1665），法国画家。
2　让·夏尔丹（1699-1779），法国风俗画家。

曾给他带来很大成功的沙龙，结果遭到拒绝。这下马蒂斯大难临头了，他的女儿患重病，他因这幅作品而内心矛盾痛苦不已，他已失去展出任何画作的所有希望。他改在画室而不在家里作画。这样花费就少得多。他每天上午作画每天下午学雕塑每天傍晚去素描讲习班画裸体素描每天晚上拉小提琴。日子过得很不得意，他很绝望。他妻子开个小小的女帽店，二人好容易得以维持生活。把两个孩子送去乡下他们各人的老家，一直住在那里。他得到的唯一鼓舞是在画室里，在那里工作，在那里有一批年轻人开始聚集在他周围并受到他的影响。当时其中最有名的是芒甘，如今最有名的是德兰。当年的德兰还很年轻，非常钦佩马蒂斯，跟大家一起去乡下到佩皮尼扬附近的科利乌勒，给大伙儿带去了极大的安慰。他的风景画开始用红色画树的轮廓，他有自己独特的距离观念，这种距离观念首次表现在一幅风景画里，是一辆大车在路上行驶，路边的树的轮廓是用红色画的。他的画作后来在自办画展上很是有名。

马蒂斯天天干日日干，拼命地干。一次沃拉德来看望他。这件事马蒂斯老爱讲。我常听他说这件事。沃拉德来，说要看看那幅遭到拒绝的大幅画。马蒂斯把画拿给他看。他没看它一眼。他跟马蒂斯太太谈天，主要是谈烹调，他喜欢烹调也喜欢吃，法国人嘛，都这样，马蒂斯太太也一样。马蒂斯和马蒂斯太太都很紧张，尽管他们没有表露出来。沃拉德满怀兴趣地问马蒂斯，那扇门通哪儿，通天井还是通楼梯。马蒂斯说通天井。沃拉德说，啊，对。说完就走了。

一连几天马蒂斯夫妇都在议论沃拉德问的问题是暗示还是仅仅出于好奇的闲心。沃拉德从无好奇的闲心，他总想知道别人对各种事的想法，因为这样一来他便得出了他自己的想法。这是大家都知道的，所以马蒂斯夫妇互相问也问遍他们的所有朋友沃拉德为何问起那扇门的事。不管怎么说，他当年就把那幅画买去了，价钱很便宜，买是买了，却收存起来，没人见过，这事就这么了啦。

此后，马蒂斯的境况既无好转也未恶化，他既失意也积极。第一届秋季沙龙开幕，邀他参展，他把《戴帽子的女人》送去，结果展出了。虽然遭到嘲笑攻击，但它卖出去了。

这时马蒂斯大约三十五岁，消沉得很。沙龙开幕那天他去了，听到观众怎么批评他的画，看到观众怎么对待他的画，他再也没去过沙龙。他的妻子一个人去。他待在家里闷闷不乐。这件事的经过，马蒂斯太太就是这么说的。

后来沙龙的秘书给他一个便笺，说有人出四百法郎买他的画。马蒂斯正在画马蒂斯太太，她手抱吉他，吉卜赛人打扮。这把吉他是有来历。马蒂斯太太非常喜欢谈这件事。她要做的事很多又要当模特儿，虽很健康但也困乏。有一天她正摆好姿势他在作画时，她开始打瞌睡，一打瞌睡吉他就哐啷直响。马蒂斯说，别打瞌睡，醒一醒。她醒了，他继续作画，她又打瞌睡，吉他又哐啷直响，马蒂斯说，别打瞌睡，醒一醒。她醒了，过了一会儿又打瞌睡，吉他的响声更大。马蒂斯火了，抓起吉他就砸。马蒂斯太太伤心地接着说，那时我们手头很紧，只好拿去修，好让他继续作画。秋季沙龙秘书的便笺送来时她拿的就是这同一把修过的吉他在当模特儿。马蒂斯高兴极了，说，我当然同意。马蒂斯太太说，不行，要是这些人有足够的兴趣出价那就应当有足够的兴趣按你的价付钱，她又接着说，多卖点钱可以给玛格[1]置冬装呢。马蒂斯犹豫不决，最后还是被说服，回信说要按他出的价。杳无音信，马蒂斯心中不安，一再责备，

---

1 玛格丽特的爱称，是马蒂斯的女儿。

过了两天马蒂斯太太又手抱吉他摆好姿势马蒂斯又在作画时玛格给他们一封小小的蓝色电报[1]。马蒂斯扯开电报,做了个苦脸。马蒂斯太太吓坏了,以为闯了大祸。吉他掉到地上了。她问怎么回事。他说他们买了。她说那你为什么愁眉苦脸的,吓我一跳,没准儿把吉他摔坏了。他说,我对你使眼色就是告诉你啊,因为我激动得说不出话啦。

于是马蒂斯太太谈这段经过谈到结束时总是得意扬扬地说,瞧,多亏我,我坚持原价做对了,格特鲁德小姐一定要买,事情就成啦。

跟马蒂斯夫妇的友谊进展迅速。马蒂斯那时正着手创作他的第一幅巨幅装饰画《生活之幸福》。为此他先画小幅习作继而画大幅习作再画很大幅的习作。就是在这幅画里他第一次明确地实现了扭曲人体的意图以协调并加强仅与白色混合的所有原色的色调的重要性。他用扭曲的画法犹如乐曲里用不和谐音犹如烹调时用醋或柠檬犹如煮咖啡时放蛋壳,是为了明晰易懂。我以厨房打比方自然难免,因为我喜欢食物和烹调,也懂一点行。不过也确实是这么个意思。塞尚这时已到他的未完成性和必要的扭曲阶段,而马蒂斯这么做却是有意的。

逐渐有人到花园街来看望马蒂斯夫妇和塞尚夫妇,马蒂斯带人来,大家都带人来,随时都来,成了一件麻烦事,就这么开始了星期六之夜。格特鲁德·斯泰因养成在晚上写东西的习惯也是在这个时期。只有在十一点钟以后她才敢肯定不会有人来敲门。她那时正计划写巨著《美国人的成长》,在句子上煞费匠心,长句一定要写得非常确切。格特鲁德·斯泰因的毕生爱好一向是句子不单是词语而是句子并且始终是句子。那时

---

1 急电或快电。

她就有晚上写作的习惯，一直持续到一战，战争破坏了人们许多习惯，而她当时习惯是在夜间十一点钟开始工作一直工作到拂晓。她说她总是想趁晨光不过于明亮鸟儿不过于活跃之前便搁笔，因为过了那个时辰去睡觉实在不是滋味。那时高墙后面的许多树上有鸟而现在鸟少了。可是鸟儿和黎明常使她着迷，她便站在天井里适应适应然后去睡觉。那时她的习惯是睡到中午，人们把炉边地毯拿到天井里拍打的刺耳声使她最为恼火，因为当时人人都在天井里拍拍打打，甚至她的女仆也这么干。

就这样开始了星期六之夜。

格特鲁德·斯泰因和她哥哥常去马蒂斯家做客，马蒂斯夫妇也常来他们兄妹二人那里玩玩。马蒂斯太太偶尔请他们吃顿午饭，若有某位亲戚送马蒂斯夫妇一只野兔，吃顿午饭就是常有的事了。马蒂斯太太做的佩皮尼扬式野兔肉与众不同。他们也有上等好酒，有点烈但味美。他们还有一种龙齐奥的马德拉岛产的白葡萄酒也非常好喝。雕塑家马约尔[1]跟马蒂斯太太是同乡，我多年后在乔·戴维森[2]那里遇到他时他对我说起过这些酒。他当时告诉我他在巴黎做学生的时候一月五十法郎，日子过得如何如何优裕。自然啰，他说，家里每星期给我寄来自己做的面包，我来的时候也顺便带来一些酒，足够喝一年的，我每个月都把衣服寄回去洗。

德兰在起初那些日子来吃过一次午餐。他和格特鲁德·斯泰因的争论很激烈。他们在讨论哲学问题，他的概念均以他服兵役时读过的《浮士德》法译本第二部分为依据。他们始终没有成为朋友。格特鲁德·斯泰因对他的作品从无兴趣。他有空

1　阿里斯泰·马约尔（1861-1944），法国雕塑家、画家。
2　乔·戴维森（1883-1952），美国雕塑家。

间感但她认为他的绘画既无生活也无深度也不扎实。以后两人便很少见面。德兰在当时常去马蒂斯夫妇家而且在马蒂斯的所有朋友当中他最讨马蒂斯太太喜欢。

大约就在这时格特鲁德·斯泰因的哥哥有一天无意中发现萨戈的画店，在拉斐特街的北头，萨戈以前在马戏班当过小丑。格特鲁德·斯泰因的哥哥在那里发现了两个西班牙青年的画作，一个的名字大家都已忘记另一个叫毕加索。这两个人的画作都引起他的兴趣并买了名字已为人们忘记的那个人的一幅水彩画，画的是一家咖啡店。萨戈还要他去一家小家具店，那里正展出毕加索的一些绘画。格特鲁德·斯泰因的哥哥很感兴趣，想买一幅，一问价才知道几乎跟塞尚的画一样贵。他回去告诉了萨戈。萨戈笑笑。他说这没什么，过几天再上我这儿来，我有一幅大的。没过几天他果然有一幅大画而且价钱很便宜。格特鲁德·斯泰因和毕加索讲述当年时对过去的一些事总是各有各的说法，不过我认为这一次他们的说法是一致的，问的价是一百五十法郎。此画就是现在著名的一幅，画的是一位裸女手提一篮红花。

格特鲁德·斯泰因不喜欢此画，觉得两腿和两脚画得有些叫人害怕有些使她反感使她震惊。兄妹俩几乎为此画争吵起来。他要买回家她不肯。萨戈听说他们有争议，说这没什么，要是你不喜腿和脚，好办，砍下只留头。大家异口同声说，不，那不行，结果没有做出决定。

格特鲁德和她哥哥对这件事仍有意见分歧，互相有气。最后才谈妥，既然他当哥哥的非要买此画不可他们就买，于是第一幅毕加索的画就这样进了花园街。

大约正在这时伊莎多拉[1]的哥哥雷蒙·邓肯在花园街租了

1　伊莎多拉·邓肯（1878-1927），美国舞蹈家。

一间画室。雷蒙是第一次去希腊，刚从希腊回来，带回一位希腊姑娘和一些希腊服装。雷蒙在旧金山就已认识格特鲁德·斯泰因的哥哥和嫂嫂。当时雷蒙是给埃玛·纳瓦达当先遣宣传员，跟纳瓦达一起工作的还有当时尚默默无闻的大提琴手巴勃罗·卡萨尔斯[1]。

邓肯一家当时还处在奥玛开阳[2]阶段尚未希腊化。在那之后他们经历了意大利文艺复兴阶段，而现在雷蒙已经全然希腊化了，这包括一位希腊姑娘在内。伊莎多拉对他失去了兴趣并觉得那姑娘过于现代化。总之雷蒙这时身无分文而他的妻子佩内洛普又有身孕。格特鲁德·斯泰因给他一些煤和一把椅子让佩内洛普坐，其余的人坐行李捆。还有一个接济他们的朋友是凯瑟琳·布鲁斯，长得很美，是个运动员似的英国姑娘，可以说是个女雕塑家，后来嫁给发现南极的斯科特[3]而成为斯科特的遗孀。她当时也没钱，每天晚上把自己的晚餐分一半带给佩内洛普。后来佩内洛普生一男孩取名雷蒙，因为格特鲁德·斯泰因的哥哥和雷蒙去登记时没想好名字。现在小家伙也由不了自己，改名梅纳尔卡斯，如果他知道他叫雷蒙是合法的他也许会高兴得很。不过这是另外一件事了。

凯瑟琳·布鲁斯是女雕塑家，在学制作儿童塑像，想给格特鲁德·斯泰因的侄子塑一座像。格特鲁德·斯泰因跟她侄子便去凯瑟琳·布鲁斯的工作室。一天下午他们在那里遇到 H.P. 罗歇。在巴黎总能找到罗歇这样的人。他是一位很认真很高尚很忠实很可靠很热情的总介绍人。什么人他都认识，确确实实认识，他能把任何人介绍给任何人。他想将来成为作家。他高大

1　巴勃罗·卡萨尔斯（1876-1973），西班牙大提琴家。
2　奥玛开阳（1085-1133），波斯诗人。
3　罗伯特·斯科特（1868-1912），英国的南极探险家，1912 年到达南极。

的个子一头红发，一开口总是好，好，好极啦，他跟他的母亲和祖母一起住。他干过很多工作，跟奥地利人一起去过奥地利山区跟德国人一起去过德国跟匈牙利人一起去过匈牙利跟英国人一起去过英国。他没去过俄国，尽管他在巴黎跟俄国人相处过。毕加索老说罗歇非常忠实但不过是个中介而已。

后来他跟各种国籍的人一起常来花园街，格特鲁德·斯泰因很喜欢他。她总是说他非常可靠，人们或许不必再见到罗歇但是人们心里却明白他无论在何处都是可靠的。他们刚认识的那段时间他确实使她感到愉快。当时格特鲁德·斯泰因正在写她的第一部著作《三个女人》，给懂英文的罗歇的印象很深。有一天格特鲁德·斯泰因谈起自己，罗歇便说好好好，好极啦，这对你的传记很重要。她深受感动，是她第一次真正体会到她将来会有传记。虽说她多年没见他，但罗歇无论在何处大概都是完全可靠的。

回到正题且说凯瑟琳·布鲁斯的画室。他们谈天说地，格特鲁德·斯泰因提到他们刚从萨戈那里买到名叫毕加索的西班牙青年的一幅画。罗歇说好好，好极啦，是个很有趣的小伙子，我认识他。格特鲁德·斯泰因说哦，是吗，好得很，熟到可以带人去找找他吗。罗歇说当然可以。格特鲁德·斯泰因说好极了，我知道我哥哥很想认识他。在当时就约好了时间。不久后罗歇和格特鲁德·斯泰因的哥哥便去找毕加索。

在此事之后不久毕加索便开始给格特鲁德·斯泰因画肖像，此像现已广为人知，但究其由来，大家都记得不很清楚。我曾听毕加索和格特鲁德·斯泰因谈起此事但两人都说记不起来了。毕加索第一次来花园街吃饭格特鲁德·斯泰因在拉维昂街第一次为自己的画像当模特儿他们都记得，而其间的一段却是空白。究竟是怎么个由来他们都不知道。毕加索自十六岁以来没有任何人替他当过模特儿，那时他是二十四岁而格特鲁德·斯泰因从未想过会有人画她的肖像，所以两人都不知道事情的由来。不管怎么说是有由来的，何况她为他作画当过九十次模特儿，这期间是发生了许多事。且回过去谈谈那一次又一次的开始。

毕加索和费南德来吃饭，借用我的一位好友兼同学内莉·杰柯特的说法，当年的毕加索是个英俊的擦鞋匠。又瘦又黑，两个大眼眶很有生气，举止激烈然而并不粗鲁。吃饭时他坐在格特鲁德·斯泰因旁边，她拿起一片面包，毕加索一把将面包抢了过去，说这块面包是我的。她大笑，他一脸羞怯。这是他们亲密无间的开始。

那天晚上格特鲁德·斯泰因的哥哥把一辑一辑的日本版画代表作拿出来给毕加索看，格特鲁德·斯泰因的哥哥喜欢日本版画。毕加索严肃而顺从地看了一幅又一幅，细听讲解。他小声对格特鲁德·斯泰因说，你哥哥他有修养，但跟所有的美国人一样，像哈维兰，拿日本版画给人看。Moi, je n'aime pas ça，即，不，我不喜欢看。依我看格特鲁德·斯泰因和毕加索立即就相互心照不宣了。

接着便是那第一次去端坐当模特儿。毕加索的画室我已描述过。当年他的画室更乱，来来去去的人更多，炉火更旺，烧饭更忙，干扰更多。有一把破旧的大扶手椅，格特鲁德·斯泰因坐在椅里当模特儿。有一把躺椅供大家用，可以坐也可以睡。有一把厨房用的小餐椅，毕加索坐在这椅上作画，有一个大画架还有许多大块画布。当时正值所谓毕加索五花八门时期行将结束的高潮，画布大画像也大，时兴画群像。

屋里有一只有点闹病的猎狐小狗，病过也送到兽医那里看过，现在又要送去看病。任何法国男人和法国女人不管多穷多粗心多贪心都不可能不也不会不送他们的宠物去兽医院看病的。

费南德一如既往，非常高大，非常美丽，非常雅致。格特鲁德·斯泰因端坐椅上，费南德主动朗读拉封丹的寓言给她助兴。格特鲁德·斯泰因摆好姿势，毕加索稳稳当当坐在椅上，靠画布很近，很小的调色板上是清一色的褐灰颜料，与之调在一起的同样是褐灰色，就开始画起来。这是当八九十次模特儿的第一次。

下午即将过去，格特鲁德·斯泰因的两个哥哥和她嫂嫂以及安德鲁·格林前来。他们都为素描之美所激动，安德鲁·格林一再请求就这么着不要再画了。但是毕加索摇摇头说不行。

太可惜，当时没人想到给此画拍张照片，当时见过此画的人当然都没毕加索和格特鲁德·斯泰因记得那样清楚。

这位安德鲁·格林，他们都不知道是怎么结识的这位安德鲁·格林是号称大纽约之父的安德鲁·格林的侄孙。他生在芝加哥长在芝加哥却是个典型的新英格兰瘦高个儿，白肤金发蓝眼睛，文质彬彬。他的记性特好，弥尔顿的《失乐园》，格特鲁德·斯泰因非常喜爱的中国诗词的所有译文，他都能倒背如流。他去过中国，从他那位喜爱弥尔顿的《失乐园》的叔公那里继承了相当一笔遗产之后便长期住在南太平洋群岛。他酷爱东方的文物。据他说他非常喜爱单一的中心和连续的图案。他喜欢美术馆里的画而不喜欢一切现代的玩意儿。有一次他家里人外出，他便在花园街住了一个月，期间他要天天给他换床单要用开司米围巾把所有的画都罩起来，使埃莱娜十分不快。他说那些画给人很悠闲的感觉，这一点他无法否认，不过他却受不了。他说住了一个月之后当然未改初衷仍然不喜欢那些新式画，可最糟糕的是不喜欢新式画的结果是对老式画的爱好也荡然无存，从此再不去任何美术馆再不看任何画了。费南德的美貌使他深有感触。他确实被征服了。他对格特鲁德·斯泰因说，如果我会说法语，我就，我就向她求爱，把她带走，离开那位矮小的毕加索。格特鲁德·斯泰因大笑，问他，你用言辞恋爱吗。我来巴黎之前他已走了，他过了十八年再来时已显得沉闷无趣了。

这一年过得比较平静。马蒂斯夫妇整个冬季都住在法国南部马蒂斯太太的老家，在地中海海岸的科利乌勒，离佩皮尼扬不远。佩内洛普的妹妹是小演员，远不是希腊打扮倒几乎是个巴黎小妇人，自从她第一次来到雷蒙·邓肯家以后，这家人便无踪影了。同这位小演员一起来的还有个又高又黑的希腊表亲。这位表亲来看望格特鲁德·斯泰因，四处看看后便声称，我是希腊人，这等于说我的审美力分毫不差，这些画我都没放在眼里。不久后花园街 27 号的天井外便不见雷蒙、雷蒙的妻子和孩子、他的内妹以及那位希腊表亲的踪影了。取而代之的是一位德国女士。

这位德国女士是某德国陆军元帅的侄女和教女，她的哥哥在德国海军当上尉。她的母亲是英国人，她本人曾在巴伐利亚宫廷演奏过竖琴。她很有趣，结交的朋友都很怪，有英国人也有法国人。她是个女雕塑家，给女门房的儿子小罗杰塑过一个典型德国式塑像。她给罗杰塑了三个头，一个在笑一个在哭一个在伸舌头，三个头都塑在一个底座上。她把这件作品卖给了波茨坦的皇家美术馆。战争期间，女门房想起她的罗杰被塑成像放在波茨坦的美术馆里就常常流泪。她发明的衣服可以翻过来穿，可以分成几块，可加长也可缩短，见人就拿出来给人看，得意极了。她请了一名模样奇怪的法国人给她当绘画教师，此人长得跟哈克伯利·芬的父亲一模一样。她说她雇佣他是出于仁慈之心，他年轻时在沙龙上获过一枚金牌，自那以后便一事无成。她还说她从不雇佣仆人等级的仆人。她说败落了的大户人家的妇女更合心意更有本领，她总是雇佣军官或官员的遗孀给她做针线活或给她当模特儿。有段时期她雇佣过一名奥地利女仆，这女仆的奥地利油酥点心做得非常可口，不过她没雇佣这女仆多久。总之，她很有趣，常跟格特鲁德·斯泰因一起在天井里聊天。她总想知道格特鲁德·斯泰因对来来往往的人的看法。她想知道她是靠推论、观察、想象还是靠分析来断定事情的。她很有趣，可后来也没影了，谁也没去想她，直到战争爆发大家才想到这位德国女人住在巴黎是否绝无恶意。

格特鲁德·斯泰因几乎每天下午都去蒙马特，当完模特儿便信步下山，常常步行穿过巴黎回到花园街。她当时养成了漫步巴黎的习惯，从未改掉，哪怕是独自一人，如今则有狗做伴了。每到星期六晚上，毕加索夫妇便陪她走回家，吃饭，星期六之夜就此开始。

格特鲁德·斯泰因在当模特儿和步行的漫长时间里深思细想，遣词造句。《三个女人》里第二个写黑人姑娘梅兰克莎·赫伯特的故事已完成一半，她写入梅兰克莎生活中那令人心酸的事往往就是她从拉维昂街走下山时所见所闻的一些事。

正是在这段时期一些匈牙利人开始纷纷来花园街朝圣。接着是一批又一批的陌生美国人，毕加索对这些青年男女的纯洁品质还不习惯，常说他们 Ils ne sont pas des hommes, ils ne sont pas des femmes, ils sont des Américains，即，他们不是男人，他们不是女人，他们是美国人。一次来了个布林·莫尔女子学院的女子，是某著名肖像画家之妻，个子很高，人很漂亮，因头部受过伤而显出很奇怪的茫然若有所失的神情。毕加索就赞许她，常称她女皇。有一种学艺术的美国学生，男学生，常弄得他苦恼不已，他总是说，不，造就美国未来光荣的不会是这种人。他看到第一张摩天大楼照片的反应真是独具特色。他说，天啦，当他心爱的人一层一层爬到顶层的画室去，请想想他又着急又担心该多痛苦呀。

在此时期，收藏中又添了一幅莫里斯·德尼的绘画，一幅图鲁兹－洛特里克的绘画和多幅毕加索的大型画。开始跟瓦洛东夫妇相识并建立友谊，也是此时期。

沃拉德曾说有人向他问起某画家的画作时，他便说 Oh ça, c'est un Cézanne pour les pauvres，即，哦那是穷人的塞尚。如此说来瓦洛东就是穷人的马奈了。他的大幅裸体画极富于力度和静态，却全无马奈的奥林匹斯山神祇的气质，他的人物画枯燥无味，没有大卫的那种典雅。更不幸的是他娶了某位大画商的妹妹为妻。跟太太相处很是幸福，太太是个妖媚女子，然而她家里的人每周必聚，她手里又有财产，他的几个继子举止无礼。他为人温厚，头脑敏捷，胸怀大志，但深感无从施展才能，乃是当了画商的妹夫所致。不过在一段时期里他的画也颇有趣。他请格特鲁德·斯泰因给他当模特儿。第二年她就当了。她已喜欢当模特儿，漫长而静静的几个钟头过去后接着便是夜色中的漫长散步，强化了她对遣词造句的专心致志。那位法国评论家马塞尔·布里翁写道，这些句子精确，简洁，不讲光与色的变化，也不用潜意识等特色，在格特鲁德·斯泰因笔下获得了两种匀称美，跟巴赫的赋格曲的匀称美有异曲同工之妙。

她常常讲述瓦洛东作画的方法给她带来的那种奇特感觉。他身为画家在当时已不算年轻，作为画家他在1900年的巴黎展览会上已得到广泛承认。他作画时先用蜡笔勾出草图，再从画布顶端顺着往下画。格特鲁德·斯泰因说简直像慢拉窗帘，慢得像瑞士冰川在移动。他慢慢地把这扇窗帘往下拉，当他画到画布的底端，你的像就完成了。全部活动大约需要两个星期，然后便将画布送给你。不过他首先还是将它送去秋季沙龙展出，受到广泛注意，大家满意。

大家至少每周在梅德拉诺马戏场看一场马戏，而且大家都在同一个晚上去。丑角们穿上不合身的服装而不是古典的戏装，后因查利·卓别林穿过而使之闻名于世，深受毕加索和他在蒙马特所有朋友的喜爱。还有英国赛马骑师，他们的服装成了全蒙马特人仿效的款式。不久前有人说起如今的年轻画家穿得如何讲究，钱都花在穿着上如何可惜。毕加索大笑。我非常肯定，他说，他们现在买时髦套装日常服装花的钱没有我们过去买普通粗料衣服花的钱多。你们根本不知道当年要买又粗又一般的英国花呢或法国仿造品有多难有多贵。反正没错，那时的画家是花了很多钱，把手头的钱都花光，因为那时日子好过，除了煤和奢侈品之外，买油彩买画布交房租上饭馆，几乎样样都可以赊上几年账。

冬季一天天过去。《三个女人》完稿。格特鲁德·斯泰因把她的嫂嫂请来看看稿子。她看后深受感动。这使格特鲁德·斯泰因非常高兴。她没想到她写的东西竟然有人看得下去而且产生兴趣。当年她从不问别人对她的作品有何看法，只问别人是否有足够的兴趣看一看。现在她却说只要有人使自己真看得下去就会有兴趣。

她大哥的妻子在她的一生中始终很重要，而那天下午却显得尤其重要。然后是用打字机打文稿。格特鲁德·斯泰因当时有一部破旧不堪的手提式小打字机，她从没用过。她在当时和以后多年总是用铅笔写在纸片上，再用钢笔转抄到法国学校用的笔记簿上，通常用钢笔再抄一遍。她的哥哥对这各式各样的小纸片发过一次议论，说我不知道格特鲁德·斯泰因是不是比你们其余的人更有天分，这我一无所知，但有一点我已注意到了，你们其余的人画呀写呀，不满意就扔掉或撕掉。她从不说她满意还是不满意，经常誊抄，凡是她写上了字的任何一张纸她可是从来不扔掉的。

格特鲁德·斯泰因用打字机打《三个女人》的稿子，但是不成，她很紧张，于是埃塔·柯恩前来相助。巴勃罗管这位埃塔·柯恩及其姐姐叫埃塔·柯恩姐妹。埃塔·柯恩是格特鲁德·斯泰因在巴尔的摩的亲戚，正在巴黎过冬。她很是寂寞因而对打字有兴趣。

埃塔·柯恩觉得毕加索夫妇使人惊愕却又浪漫不羁。每逢大家无力给毕加索家提供资助，格特鲁德·斯泰因便把埃塔·柯恩拉到毕加索家，要她花上一百法郎买画。当年一百法郎毕竟是二十美元啦。她很热衷于这种浪漫的慈善业。不用说，这些画在很久以后成了她的收藏精品。

埃塔·柯恩表示愿意打《三个女人》的文稿，然后便动手。巴尔的摩是以其居民通情达理和认真负责而著称的。格特鲁德·斯泰因忽然记起她没告诉埃塔·柯恩要打过之后，才能看稿子。她去一看，柯恩果然忠忠实实、一个字母一个字母地打文稿，以免稍一不慎而明白稿中之意。交代过允许看文稿之后，打字便继续进行。

春天到来，这个坐着当模特儿的工作即将结束。突然有一天，毕加索涂去了整个头部。他急躁地说，我现在望着你却看不到你。画就此搁下了。

连续当模特儿多时后弄成这种结局，究竟是失望之至还是生气不已，没人记得。春季独立沙龙举办过了，然后格特鲁德·斯泰因和她哥哥跟往常一样将去意大利。巴勃罗和费南德即将去西班牙，她是第一次去，要买衣服、帽子、香水，要买个做饭用的炉子。那时的法国女人到国外去都带个法国煤油炉以便做饭。也许她们现在仍然这样。不论她们去哪儿，煤油炉是一定要带的。所有的法国女人出外旅行总要付一大笔超重行李费。马蒂斯夫妇回来，得跟毕加索夫妇见见互表热情，但互相不怎么喜欢。在他们之后是德兰与毕加索相识，跟他一起来的还有布拉克。

现在大家可能觉得很奇怪，马蒂斯在这之前从来没听说过毕加索而毕加索也从未听说过马蒂斯。不过当时各人有各人的小圈子，对别人的事几乎一无所知。住在圣米歇尔码头和在独立沙龙活动的马蒂斯根本不知道毕加索、蒙马特和萨戈。在蒙马特开古玩店的韦伊小姐很早就把他们两人的画一幅一幅买去，又因不管谁的画她都买，不管谁送画去都可以不一定由画家送去，所以这个画家不大可能在她那里看到那个画家的作品，除非碰上难得的机会。他们后来都很感激她，因为后来成了名的画家都曾把自己的初出茅庐之作卖给她。

我刚才说过当模特儿的事已告结束，独立沙龙的预展也已展完，大家纷纷离去。

这是个成果甚丰的冬季。毕加索在长期给格特鲁德·斯泰因画像的努力过程中，从所谓的五花八门时期，也就是富于魅力的早期意大利阶段转而进行专心一意的努力，结果形成了立体主义。格特鲁德·斯泰因已写完《三个女人》中的第二个故事，即黑人姑娘梅兰克莎的故事，它确实是文学走出19世纪进入20世纪的第一步。马蒂斯已完成《生活之幸福》，开创了新的色彩画派，其影响很快将扩大。大家都离去了。那年夏天马蒂斯夫妇去了意大利。马蒂斯倒不很想去，他更喜欢法国和摩洛哥，但马蒂斯太太感触极深。少女时的梦想得以实现了。她时刻对自己说是在意大利呀。我也时刻对亨利[1]这

1　马蒂斯是姓，亨利是名。

样说，他也好意称是，但说在意大利又怎么。

毕加索夫妇在西班牙，费南德写来一封又一封长信描述西班牙人描述西班牙描述地震。

在佛罗伦萨除马蒂斯夫妇和阿尔菲·莫勒短暂来访，夏日的生活跟巴黎生活是一点关系也没有了。格特鲁德·斯泰因和她哥哥租了一幢别墅度夏，在佛罗伦萨附近的菲耶索莱的小山顶上，好几年都是在这里度夏的。我来巴黎的那年跟我的朋友租过这幢别墅，那次格特鲁德·斯泰因和她哥哥在菲耶索莱的另一头租了一幢更大的别墅，跟他们的哥哥嫂嫂和孩子一起住。那个小些的别墅叫里齐别墅，十分讨人喜欢，是个住人的好地方。还多亏了一位苏格兰妇女，出生在长老会教友家庭却成为虔诚的天主教徒，带着她的信奉长老会的老母亲去过一个修道院又一个修道院。最后二人在里齐别墅住下，她在那里为自己盖了个小礼拜堂，她的母亲是在那里去世的。后来她离开此处迁往另一处大些的别墅并把这幢大些的别墅改作退休教士的休养所，格特鲁德·斯泰因和她哥哥便从她那里租到了里齐别墅。格特鲁德·斯泰因很喜欢女房东，她那样子恰似玛丽·斯图亚特[1]的宫廷女侍，拖着一身黑长袍，在每个天主教的标志前屈膝行礼，继而爬上陡直的梯子，打开屋顶上的小窗观望星星。旧教徒的热忱和新教徒的热忱兼而有之，可谓奇特。

法国女仆埃莱娜没来菲耶索莱。那时她已结婚。夏季里她替丈夫做饭，她用袜板替格特鲁德·斯泰因和她哥哥补袜子。她还做果酱。在意大利有玛达莲娜，她在意大利就跟埃莱娜在巴黎一样重要，不过是否也同样欣赏名人我就怀疑了。名人和名人的后代，意大利真是见得太多了。埃德温·多吉就此议论过，

---

1 玛丽·斯图亚特（1516-1558），英国女王，信奉天主教。

说伟大的身世时常提醒我们切不可在身后留下后代。

格特鲁德·斯泰因非常喜欢炎暑和阳光，尽管她总是说巴黎冬天的气候宜人。当时她专在中午散步，尽管我现在和过去都不喜欢夏日的太阳却也常陪她去。稍后到了西班牙，我坐在树下哀叹抹眼泪她在阳光下却毫无倦意。她甚至躺在阳光下。瞪眼望着夏日正午的太阳，她说太阳可以使她的眼睛和脑子得到休息。

在佛罗伦萨不乏颇有趣的人物。有贝伦森[1]夫妇和当时跟他们一起住的格莱迪斯·迪肯这位世界有名的美人，不过在蒙马特住过一个冬天之后格特鲁德·斯泰因发现她太易于激动因而无趣。然后是首次光临的一些俄国人，冯·海罗斯和他的妻子，他妻子后来又嫁过四个丈夫，有一次她津津有味地说她跟所有的丈夫始终是好朋友。海罗斯傻里傻气却有吸引力，爱讲些老一套的俄国故事。接着是索罗德一家以及其他许多人。更重要的是有家非常之好的公共图书馆可借到英文书，有各种奇奇怪怪的传记，是格特鲁德·斯泰因无尽欢乐的来源。有一次她对我说她年轻时读过很多书，从伊丽莎白时代的作者到现代的作者都读过，因而不安，唯恐有朝一日会无书可读。这种忧虑萦回她的脑际多年，可她照样读了又读，似乎总是有书可读。她哥哥过去时常埋怨，他每天从佛罗伦萨带过来的书是尽可能地多，可是带回去的书同样也很多。

格特鲁德·斯泰因正是在这个夏天开始写她的巨著《美国人的成长》。

此书的开头是她在拉德克利夫学院[2]时就已写的日常老

1　伯纳德（或伯恩哈德）·贝伦森（1865-1959），立陶宛籍美国艺术评论家、史学家。
2　哈佛大学的女子学院。

话题。

"从前有个气冲冲的人拉着他的父亲一路穿过他自己的果树园。'停下!'直哼哼的老人终于叫喊起来,'停下!我当初也只把我的父亲拉到这棵树这儿为止啊。'"

"靠以后的行为是难以改掉与生俱来的性情的。我们的开始都很完美。因为我们在青年时代所无法容忍的莫过于发现自身的过失在别人身上更加明显,并且内心里跟过失拼命地斗。老了就明白我们的这些过失在一切过失中是真正无害的,不仅如此,这些过失甚至赋予人一种魅力,于是我们跟它们的斗争也就消失。"它将是一个家族的历史。在我来巴黎之前它是一部家史,后来它逐渐成了所有人的历史,包括死去或活着或将来会活着的人。

格特鲁德·斯泰因有生以来感到高兴的事莫过于伯纳德·费[1]和塞耶女士目前正进行此书的翻译工作。她跟伯纳德·费刚讨论过译文,说此书的英文本极好法译本也极好。当时在《过渡》月刊[2]任编辑的艾略特·保罗曾说他确信格特鲁德·斯泰因在法国会成为畅销作者。看来他的预言很可能应验。

且回头说在里齐别墅的那些往日,最开始写长句的那些往日,正是这些长句改变了许多人的文学观念。格特鲁德·斯泰因为《美国人的成长》的开头部分全力以赴,回到巴黎时仍一心想着她正从事的创作。正是在这段时期她每晚伏案常工作到黎明。她回到的是充满激奋的巴黎。首先,她回来后看到她的画像已经完成。毕加索从西班牙回来的当天还没再见着格特鲁德·斯泰因便坐下,按照自己的印象和想象便把画像的头部给

1　法国克莱蒙费朗大学的美洲史教授。
2　巴黎一本杂志(1927—1938),1938年后改为季刊,其编辑艾略特·保罗主张以新词和新语法来体现人的内心状态。

补画好了。她看到画像时二人都很满意。奇怪的是，毕加索当时涂掉头部时他们二人竟然都不记得是什么发式。关于这幅画像还有一段有趣的故事。

格特鲁德·斯泰因在几年前才把头发剪短，在那之前她一直把头发梳成发冠盘在头顶上，毕加索是照此画的像；她剪成短发后一两天，碰巧走进一个房间。毕加索在离她不远的另一个房间里。她戴着帽子。他是在两扇门之外看见她的，赶忙向她走去，喊道，格特鲁德·斯泰因，怎么回事，怎么回事。她说，什么怎么回事，巴勃罗。他说，让我看看。她就让他看看。他板起面孔说，我画的像呢。又和颜悦色地接着说，Mais, quand même tout y est, 即，不过，头发还在，头发还在。

马蒂斯回来，气氛令人兴奋。德兰，还有跟德兰一起的布拉克，都已去过蒙马特。布拉克是个青年画家，他跟玛丽·洛朗森在大学里学艺术时就已相识，还互相为对方画过像。后来布拉克作过近似地形的画，是些圆形小山，颇受马蒂斯独立画派的着色影响。他结识了德兰，我不能肯定他们俩服兵役时就已相识，现在他们又认识了毕加索。那真是令人兴奋的时刻。

他们开始在那里共度时光，总在对面一家小饭馆里一起用餐，毕加索越发像格特鲁德·斯泰因所说的小矮个子斗牛士，身后跟着四人小团体，也如她后来描绘他时所说，他是拿破仑，身后跟着四名魁梧卫兵。德兰和布拉克都是大个子，纪尧姆也身体强壮，萨蒙个子也不小。毕加索俨然是位首领。到这里该说说萨蒙和纪尧姆了，虽然格特鲁德·斯泰因在发生这一切之前就已认识他们两人和玛丽·洛朗森。

那时萨蒙和纪尧姆都住在蒙马特高地。萨蒙很灵敏活泼，格特鲁德并不觉得他特别有趣，不过喜欢他就是了。纪尧姆·阿波利奈尔不大一样，非常出色。

那时，也就是格特鲁德·斯泰因跟阿波利奈尔首次相识时，恰逢他要跟一位作家决斗，引起轩然大波。费南德和巴勃罗讲起决斗情形总是兴奋不已笑声不断，还满口蒙马特的俚语，只因那时她跟阿波利奈尔是初交所以她不太清楚究竟是怎么回事。其要点是纪尧姆向那人提出挑战，马克斯·雅可布替纪尧姆当决斗助手和证人。纪尧姆和对手各自成天坐在自己爱去的咖啡店里守候着，由双方的助手周旋其间。结果究竟如何格特鲁德·斯泰因一概不晓，只知道并没有谁决斗，但最叫人兴奋不已的是双方助手兼证人交给决斗人的账单。他们喝了几杯咖啡都是有账的，每次跟这位决斗人在这家咖啡店或跟那位决斗人在那家咖啡店一坐下来当然少不了咖啡，两名助手坐到一块儿也少不了咖啡。问题还牵涉到他们在什么情况下要了咖啡再要白兰地才必不可少；如果他们不是助手，喝一杯咖啡会喝多长时间。于是乎不断会面不断商讨也不断提出附加条款，为时数日或许几周数月，最后有人得到报酬没有甚至付账给咖啡店老板没有，都没人知道。众所周知的是，要阿波利奈尔破费分文都是天大的难事。真是有趣。

　　阿波利奈尔这个人很有吸引力也极为有趣。长着个古罗马皇帝的头。他有个兄弟，别人听说过却从未见过。他兄弟在银行做事，自当衣着讲究。蒙马特的一些人出门必按惯例穿着，如看望亲戚或办理要事时总是穿着原本属于纪尧姆的兄弟的套装。

　　纪尧姆才气过人，不论谈什么话题也不论他对话题是否了解，他能敏捷地领会事情的全部含意，以其才智与想象详加阐述与发挥的能力为了解此事的人所不及，怪还怪在往往正确无误。

　　几年之后有一回我们在毕加索家用餐，交谈间我占了纪尧姆的上风。我十分得意，不过埃娃（毕加索跟费南德已经分手）说那是因为纪尧姆醉得厉害，不然不会败在我手下。只有在这种情况下别人才得以反诘他几句。可怜的纪尧姆。我们最后一次见到他是他从前线回到巴黎。他头部受重伤。开刀摘去一块颅骨。一身蓝军装，头上缠着绷带，却依然非常神气。他跟我们一起吃午饭，大家谈了好一阵子。他很疲倦，头重得摇摇晃晃。他认真得几乎是严肃。当时我们正为美国援法伤员基金会工作，饭后我们便离开，以后再没有见到他。后来毕加索的妻子奥尔加·毕加索告诉我们，纪尧姆·阿波利奈尔在宣布停战的当晚去世，当晚毕加索夫妇整晚陪伴着他，天气暖和，窗子开着，过往人群高呼，Abats Guillaume [1]，打倒威廉，因为大家总以纪尧姆来称呼纪尧姆·阿波利奈尔，连他在临终痛苦之际这个称呼也不让他安宁。

　　他确实很英勇。他是外国人，母亲是波兰人，父亲是意大利人，所以他大可不必自告奋勇上战场。他的癖好广泛，对文化生活与美酒佳肴习以为常，他却置之不顾而毅然从军。他先是当炮兵。大家都劝他当炮兵。因为当炮兵不像当步兵那样危险也好当些。没过多久他便觉得这种半保护状态不堪忍受，改当步兵，在一次冲锋中负伤。他住院很久稍有康复，我们见到他就是在此期间，最终在停战那天去世。纪尧姆·阿波利奈尔在这时去世不仅使朋友们悲痛也给朋友们带来极大的变化。战后正是很多事情发生变化之际，大家也自然疏远。纪尧姆在世时是联结的纽带，一向有使大家分不开的能力，而如今他不在人世，大家便不再是朋友了。不过这是很久以后的事，现在还是再回头讲第一次遇见纪尧姆·阿波利奈尔和玛丽·洛朗森的当初。

　　大家都称格特鲁德·斯泰因为斯泰因，充其量是称斯泰因

1　法语：打倒纪尧姆。

小姐，大家都管毕加索叫巴勃罗管费南德叫费南德，都管纪尧姆·阿波利奈尔叫纪尧姆，管马克斯·雅可布叫雅可布，可是对玛丽·洛朗森大家还是称玛丽·洛朗森。

格特鲁德·斯泰因见到玛丽·洛朗森是在纪尧姆·阿波利奈尔带她去花园街的那一次，不是星期六晚上而是另一个晚上。她十分有趣。两人真是不同一般。玛丽近视得厉害，当然是从不戴眼镜的，那时候法国女子都不戴眼镜法国男子戴眼镜的也很少。她用长柄眼镜。

每幅画她都细看，也就是说只要画挂的高低便于她看，她便把眼睛凑得很近，手拿长柄眼镜一点一点地看完整幅画。超出视线的画她就只好作罢。最后便说，我本人更喜欢肖像画当然是很自然的事，因为我本人就是个克卢埃。这话对极了，她是个克卢埃。她的身材笔直瘦削，恰似法国原始派画幅中的中世纪法国妇女。她说起话来嗓音高而有抑有扬，入耳动听。她坐在格特鲁德·斯泰因旁边的长沙发上细述她的经历，说她那生性不喜欢男子的母亲多年来一直是某大人物的情妇，生下了她，玛丽·洛朗森。她又说，我一直没敢让她认识纪尧姆·阿波利奈尔，尽管他叫人称心得很，她没法不喜欢他，可还是不认识为妙。你以后会见到她的。

后来格特鲁德·斯泰因是见到了她的母亲，那时我正好在巴黎，所以也在场。

玛丽·洛朗森的母亲非常文静非常可亲又非常有威严，玛丽·洛朗森跟她一起住，过着奇特的生活创作奇特的艺术，两人好似生活在修道院里。小小的寓所里到处摆的是针线活，都是母亲照着女儿画的图样缝制的。母女相处如同一位年老修女与一位年轻修女相处。可谓稀奇。后来母亲病故于战争前夕。那时母亲已跟纪尧姆·阿波利奈尔见过面而且确实喜欢他。

母亲去世后玛丽·洛朗森的稳定感丧失殆尽。她和纪尧姆·阿波利奈尔二人不再见面。这层关系在母亲生前一无所知时一直保持着，待到母亲见过并且喜欢纪尧姆·阿波利奈尔待到母亲去世之后这层关系反倒无法继续下去了。玛丽不听所有朋友的忠告而毅然嫁给了一个德国人。朋友们劝她，她却说，只有他是能使我感受到我母亲的男人。

婚后六周战火起，玛丽因嫁的是德国人而被迫离开法国。战争期间她在西班牙见到我时对我说，官员们当然不至于找她的麻烦，因为她的护照表明没人知道她的父亲是何人，他们心里当然也没谱，因为她父亲没准就是法兰西共和国的总统呢。

打仗的那几年玛丽过得很不顺心。她名为德国人而实为地道的法国人。她见到你时会说，我给你介绍我的德国佬丈夫，我不记得他的名字，在西班牙跟她和她丈夫偶有接触的法国官方也搞得她极不愉快，总称德国为她的国家。另一方面，跟她有通信联系的纪尧姆给她的信又满腔爱国热情。玛丽·洛朗森在这段时间过得很是不幸。

后来普瓦雷的姐姐格鲁夫人到西班牙设法帮她摆脱了烦恼。她总算跟丈夫离婚，停战后回到巴黎，在这世上又悠然自在了。日后便又来花园街，跟她一起来的是埃里克·萨蒂[1]。他们两人都是诺曼底人[2]并引以为荣引以为幸。

玛丽·洛朗森早年绘过一幅画很是奇特，画里有纪尧姆、毕加索、费南德，以及她本人。费南德告诉过格特鲁德·斯泰因有这么一幅画。格特鲁德·斯泰因把画买下，玛丽·洛朗桑高兴之至。这是她第一幅被人买走的画。

1　埃里克·萨蒂（1866-1925），法国作曲家。
2　指诺曼底法兰西人。

在格特鲁德·斯泰因知道拉维昂街之前，纪尧姆·阿波利奈尔就已找到他的第一个有薪金的工作，编辑一本体育小册子。毕加索那些精彩的漫画就是为这小册子画的，其中有一张画的是纪尧姆，以他为体育功效的范例。

现在再回头说他们旅行归来说毕加索如何成为后来被称作立体主义运动的主将。我不知道是谁最先称这运动为立体主义的，但很可能是阿波利奈尔。至少是他写了这第一本谈及他们全体的小书。

格特鲁德·斯泰因第一次带我拜访纪尧姆·阿波利奈尔的情形我记得非常清楚。那是先烈街上一个单身小套间。难为情的年轻绅士多得挤满一屋子，我问费南德这些年轻人是什么人。费南德回答说是诗人。我深有所感。我以前没见到这么多的诗人，一个诗人倒是见过可没见过诗人成群。也是在那个晚上毕加索有点醉意，硬要我坐在他旁边硬要在一本西班牙影集里找他的确切出生地给我看，结果费南德大为不满。我离开时对他的出生地印象仍然十分模糊。

毕加索通过格特鲁德·斯泰因和她哥哥认识马蒂斯，大约半年后德兰和布拉克成了毕加索的追随者。与此同时马蒂斯向毕加索介绍了黑人雕塑。

那时候古玩收藏家早已熟知黑人雕塑，但艺术家对其还不甚了然。最先看出它对现代艺术家的潜在价值的是何人，我确实不得而知。也许是来自佩皮尼扬地区、在南方时就已认识马蒂斯并让马蒂斯注意黑人雕塑的那位马约尔。传统看法认为是德兰。也很可能就是马蒂斯本人，因为有个古玩商在驯鹿街开业多年，橱窗里的这类艺术品多得很，马蒂斯又常去驯鹿街给速写班讲课。

总之马蒂斯最先受到非洲雕像的影响，主要在他的雕塑而绘画倒还其次。毕加索画完格特鲁德·斯泰因的肖像后不久让毕加索注意非洲雕像的也是马蒂斯。

这种非洲艺术对马蒂斯和毕加索的影响全然不同。对马蒂斯的影响多在创造力不在想象力而对毕加索则多在想象力不在创造力。说来也怪，迟至晚年这种影响才对毕加索的创造力产生作用，这可能是由于他通过佳吉列夫[1]和俄国芭蕾接触到俄国的东方风格从而促进了非洲艺术对他的影响。

在他首创立体主义的早期，非洲艺术对他的影响纯粹在想象力和形式方面，他的创造力依然是纯粹西班牙式的。那种西班牙宗教仪式与抽象的特征实因替格特鲁德·斯泰因画肖像而引发。她当时对基本抽象概念的反应是极为明晰的。她对非洲雕塑从无兴趣。她常说她倒也喜欢非洲雕塑，但非洲雕塑跟欧洲人毫不相干，说非洲雕塑缺乏天真，过于古老，过于狭隘，过于微妙，源于埃及雕塑却无埃及雕塑的那种雅致。她说她是美国人，喜欢更有野性的原始事物。

经格特鲁德·斯泰因和她哥哥的介绍，马蒂斯跟毕加索相识成了朋友但也成了敌人。现在他们既非朋友也非敌人。那时候他们既是朋友也是敌人。

他们按照当时的习惯相互交换画作。画家挑选对方的作品总是挑大体上自己最感兴趣的作品。马蒂斯和毕加索则挑选无疑是对方所作的使人最不感兴趣的作品。后来两人都以自己所挑之画为证来揭对方的短。双方所挑之画都显示不出作者之长是显而易见的。

毕加索派与马蒂斯派之间互有恶感。你知道不，我就这样去了独立沙龙跟我的朋友一起坐那两幅画下面而根本不知道就是这

1　谢·佳吉列夫（1872-1929），俄国艺术活动家，曾在巴黎组建俄国芭蕾舞团。

两幅画首次公开表明了德兰和布拉克已成为毕加索派而绝非马蒂斯派了。

在此期间发生的事当然多得很。

每次秋季沙龙和独立沙龙马蒂斯都有作品参展。他开始拥有相当多的追随者。毕加索正相反，一生之中从未参展过任何沙龙。当时他的画作只有在花园街 27 号才能见到。或许可以说他是在全然受其近作影响的德兰和布拉克展出他们的作品之时他才参加公展。此后他也拥有许多追随者了。

毕加索与格特鲁德·斯泰因的友情日增使马蒂斯不快。他解释说格特鲁德小姐喜欢地方色彩和戏剧性。像她那种性格的人跟毕加索这样的人是不可能保持真诚友谊的。马蒂斯仍常来花园街，但他们交往已无坦诚可言。大约就在这时格特鲁德·斯泰因和她哥哥请所有画家前来吃午餐，把他们的画都挂在墙上。当然不包括已去世的年纪太大的。我已说过，正是在这次午餐上格特鲁德·斯泰因让他们面对各自的画作而坐，使他们个个满意，午餐大为成功。谁都没注意。只是自然而然地高兴，直到都要离开时马蒂斯背对门站着朝屋里看看才恍然大悟原来是巧作安排的。

马蒂斯暗暗表示格特鲁德·斯泰因对他的作品已失去兴趣。她回答他，你不跟自己作对，却一直本能地跟别人作对从而激起你的抨击。现在别人也照此行事了。

这是谈话的结束却是《美国人的成长》中一个重要部分的开头。格特鲁德·斯泰因的某些人物类型最持久的个性便以此见解为基础。

马蒂斯的教课活动大约就开始于此时。他离开婚后一直居住的圣米歇尔码头迁至荣军院大街。由于法国实行政教分离，法国政府便拥有许多修道院和其他宗教财产。又由于修道院不复存在，当时许多这类的建筑物都空着。荣军院大街上便有一幢相当好的这种建筑物。

这些房子正以十分低廉的价格出租，不签租约，因为政府一旦决定如何永久地加以使用便将下令住户搬迁而不必事先通知。有花园房间又大，因而成为艺术家们的理想去处，家务管理方面诸多不便他们也觉得在其次了。于是马蒂斯一家搬了进去，马蒂斯的工作室由狭小一变为宽敞，两个孩子也住回来，一家人兴高采烈。随后一些成为他的追随者的人问，如果他们在他当时住的房子里办个班，他是否愿意教他们。他同意，马蒂斯画室就此开班了。

申请来学的人国籍各异。马蒂斯在开班之初颇因人数与差异而感到惊讶。他谈起时总觉得又惊又喜的事是，他问坐在前排的小个子姑娘对自己的画作有何特别的想法问她在寻求什么，她回答说，Monsieur, je cherche le neuf [1]。他当时常觉奇怪他们那些人是如何设法学法语的，而他本人一种外语也不懂。有人掌握了这方面的一些情况，在一家法文周刊上对他的学校大开玩笑。此事严重伤害了马蒂斯的感情。文章写道那些人来自何处，答曰来自马萨诸塞州。马蒂斯很不愉快。

尽管如此，尽管纷争甚多，学校倒很兴旺，困难也不少。有个匈牙利学生要给全班当模特儿赖以谋生，自己则在休息时作画，他作画时由别人当模特儿。有几个年轻女学生提出抗议说模特儿台上的裸体模特儿是一回事而把同学当作模特儿就是另一回事了。还发现有个匈牙利学生把其他学生留在画板上用来涂抹蜡笔笔迹的面包给吃了，这显然说明极端的贫困和不讲卫生，对美国人的情感产生了可怕的影响。班上还有好些美国

---

1 法语：先生，我寻求新事物。

人。其中一个以穷为由而学费全免，却发现他给自己买了一小幅马蒂斯和一小幅毕加索和一小幅修拉的画作。这可不仅是不公平，因为别的许多学生也想有一幅老师的画却没钱买，要付学费，而他还买了毕加索的画，所以也是背叛。时时还有人用极其蹩脚的法语跟马蒂斯说话，听起来根本就不是那回事，使马蒂斯非常恼火，这个倒霉家伙倒该学会怎样得体地赔不是才对。学生们在此紧张状态下学艺便时常引发纷争。这个告那个对老师耍威胁手段，随之复杂场面持续很久，最后总得有人赔不是。他们是自行组织的，所以事情颇难办。

这种种纷争使格特鲁德·斯泰因感到欣慰之极。马蒂斯好闲言闲语，她也一样，他们这时便爱说对方的闲言闲语。

她这时开始总是称马蒂斯为 C·M 或 cher maître[1]。她给他讲爱听的西部故事，各位，切不可出流血惨案啊。马蒂斯可没少来花园街，埃莱娜给他煎鸡蛋而不摊蛋饼正是在这一阵子。

《三个女人》的打字稿已完成，下一步是交给出版社。有人把纽约一个代理商的名字告诉格特鲁德·斯泰因，于是她联系一试。没有回音。她便直接跟几个出版社联系。只有巴勃－梅里尔一家表示有兴趣，但说无力出版。设法找出版社颇花费了一些时日，其实她并不泄气，决定自己出版。这想法并无异常之处，因为在巴黎人们常常这样做。有人向她提起纽约的格拉夫顿出版社，这是一家很有名气的公司，出版人们想出版的真实性专稿。一切安排妥当。《三个女人》即将付印，校样即将送来。

一天有人敲门，一个很可爱很美国式的年轻人问能否跟斯泰因一谈。她说，当然，进来吧。他说，我奉格拉夫顿出版社

1　C·M 是 cher Matisse 的缩写: 亲爱的马蒂斯; cher maître（也可缩写为 C·M ）: 亲爱的大师。

之命前来。是吗，她说，您瞧，他有点迟疑地说，我们社长的印象也许是关于您的英语知识。可我是美国人，格特鲁德·斯泰因愤慨地说。是，是，我现在明白了，他说，不过您或许没有多少写作经验。我料想，她笑着说，你们的印象是我没受过良好的教育。他的脸红了，哦不，他说，或许您没有多少写作经验。哦是的，她说，哦是的，这没什么。我给社长写信而你也可以转告他，稿中所写都是照写作意图写的，他只需付印就行，责任由我承担。那年轻人鞠躬告退。

后来此书为一些感兴趣的作家和记者所评介，这时格拉夫顿出版社社长致格特鲁德·斯泰因一封短信承认此书受到注意使他惊讶，但要补充一句，既然他已见此结果他便想说他很高兴此书已由他的出版社出版。最后这件事发生于我来到巴黎之后。

第四章

格特鲁德·斯泰因来巴黎之前

我再次来巴黎并且成为花园街的常客之一。格特鲁德·斯泰因在写《美国人的成长》并刚开始修改《三个女人》的校样。我帮助她修改校样。

格特鲁德·斯泰因出生于宾夕法尼亚州的阿勒格尼。我是个热心的加利福尼亚人而她年轻时在加州住过，所以我常求她答应是出生在加州的，但她一直坚持出生在宾州的阿勒格尼。她半岁时离开阿勒格尼，此后就没再见过它，它现在已不复存在只剩匹茨堡[1]了。她喜欢说自己出生于宾夕法尼亚的阿勒格尼，而当时是战争期间，我们的工作与战争有关，常草拟文件而且文件是要立即了解某人的出生地点的。她当时总是说如果她真像我要求的那样出生于加州，她便无幸看到诸多法国官员写宾夕法尼亚，阿勒格尼时那副吃力的样子了。

我在巴黎刚认识格特鲁德·斯泰因时感到十分惊奇，从未见她的桌上有过一本法文书，英文书倒是很多，连法文报纸都没有。难道你从不看法文，我和其他许多人问她。从不，她回答说，你知道我用眼睛去感知所以不论我听何种语言对我来说

1　匹茨堡，宾州西南部城市，位于阿勒格尼河与孟农加希拉河的汇合处。

并无区别。我不是听语言而是听声音的音调与节奏，而我用眼睛所感知到的则是字和句，对我来说只有一种语言，那就是英语。这些年来我很喜欢的事之一便是我周围全是不懂英语的人。这一直使我不受干扰而更加认真对待我的眼睛和我的英语。我不知道在其他条件下英语是否可能全然如此。我写的别人一个字也看不懂，甚至别人不知道我确实写作过。从不，我喜欢跟许许多多人相处也喜欢独自一人跟英语和我自己相处。

她的《美国人的成长》中有一章是这样开头的：我为自己也为陌生人而写。

她出生在宾夕法尼亚州，阿勒格尼一个颇有名望的中产阶级家庭。她总是说为自己庆幸不是知识分子家庭出身，说她厌恶她所谓的知识人。颇为可笑的是，对人世友善又能了解人世也能为人世所了解的她竟然总受到知识精英的称赞。但她常说总有一天他们，所有人，会发现她和她的作品是有趣的。她常安慰自己说报纸很表关切。她说，报纸常说我的写作很吸引人并常加引用，而且引用得恰当，口头说很钦佩的报纸却不加引用。在她最感痛苦之时这一直是一大安慰。她常这样说，我的句子确实能抓住人的心，只不过人们不知道它们能抓住人的心。

她出生在宾夕法尼亚州，阿勒格尼的一个住宅，是两个配对的住宅之一。她的家住一幢她父亲的兄弟的家住另一幢。这两家人就是《美国人的成长》里写的那家人。格特鲁德·斯泰因出世时，他们已在这两幢住宅住了八年。她出世的一年前，一向相处不和的妯娌便已交恶。

格特鲁德·斯泰因的母亲按《美国人的成长》中所述是一位文静可爱的小个子女人，急性子，断然不愿再见她的嫂嫂。我不知道究竟为何但事出有因。总之，合伙经商一直顺利的两兄弟[1]散了伙,一个去了纽约,他一家子随后也搬去了纽约而致富,格特鲁德·斯泰因他们家去了欧洲。先到维也纳一直住到格特鲁德·斯泰因大约三岁左右。她记得有一回允许她跟她哥哥一起听课时她哥哥的家庭教师讲述过老虎的吼叫,使她又喜又怕。她的一个哥哥常给她看的一本图画书里有尤利西斯[2]的漫游故事,兄妹坐时总坐在餐室的弯木椅上。她还记得他们常去公园里玩,老凯塞·弗朗西斯·约瑟夫[3]常在公园里散步,有时乐队还奏起奥地利国歌,她很喜欢这支国歌。她多年以为凯塞,是弗朗西斯·约瑟夫的真名,从没想过别的。

他们在维也纳住了三年,父亲在此期间因商务已回美国,他们便迁居巴黎。在巴黎格特鲁德·斯泰因记得的事情更为生动。她记得她和她姐姐在一个小小的学校上学,校园角落里有个小姑娘,别的小姑娘叫她不要靠近那个小姑娘,那小姑娘用指甲抓人。她还记得早餐是一碗汤和法式面包也记得她们的午餐是羊肉和菠菜,她爱吃菠菜不爱吃羊肉,就用羊肉换坐在对面那个小姑娘的菠菜。她还记得她的三个哥哥来学校看她,而且是骑马来的,她也记得有只黑猫从她们在巴赛的房子的天花板跳下来把她母亲吓坏了,是个不认识的人救了她。

一家人在巴黎住了一年,后来回美国。格特鲁德·斯泰因的哥哥把在巴黎的最后几天描述得十分有趣,他和他母亲去买东西,买的样样东西都合他们的心意,海豹皮衣,海豹皮帽,海豹皮手笼,从母亲到小妹格特鲁德·斯泰因人人都有,还有许多双手套,漂亮的帽子,骑装,最后还买了一架显微镜和一整套著名的法国动

1 指斯泰因的父亲和她父亲的兄弟。
2 即希腊神话中的奥德修斯,也是荷马史诗《奥德赛》的主人公。
3 弗朗西斯·约瑟夫(1830-1916),奥地利皇帝(1848-1916在位)。凯塞(德文:Kaiser,皇帝)并非名字。

物学历史。然后他们便乘船回美国。

这次侨居巴黎给格特鲁德·斯泰因留下了极其美好的印象。战争起始她和我在英国，战争突发使我们进退两难，拖到十月才回到巴黎，我们第一天外出格特鲁德·斯泰因就说，真怪，巴黎是如此不同却如此熟悉。然后沉思地说，我明白是怎么回事了，这里什么人也没有只有法国人（还没有士兵或协约国），你能看到穿黑裙的孩童，你能看见街道因为街上没人，跟我三岁时所记得的巴黎一模一样。车道充满昔日的气息（又开始使用马匹），是我非常熟悉的法国街道和法国公园的气息。

他们回到美国去了纽约，在纽约的那家子想让格特鲁德·斯泰因的母亲跟她嫂嫂言归于好，但她母亲非常固执。

这使我想起替格特鲁德·斯泰因打《三个女人》文稿的远亲埃塔·柯恩小姐。我在佛罗伦萨与她初识时她向我表露她能谅解但不能忘却。我补充说我能忘却而不能谅解。既是这样，格特鲁德·斯泰因的母亲显然是既不能谅解也不会忘却了。

他们一家在巴尔的摩她祖父家里短住后便去了西部的加州，她在《美国人的成长》中所描写的那位虔诚老人就是她的祖父，住在巴尔的摩的老屋子里，跟他一起住的是为数甚多的快快活活的后辈，即她的叔叔们和婶婶们。

格特鲁德·斯泰因一向感激她的母亲既没忘却也没谅解。请想想，她曾对我说，如果我母亲忘却她嫂嫂而我父亲跟我伯父继续合伙经商而我们在纽约生在纽约长，请想想，她说，那多可怕呀。那我们就会富有而不会相当地穷，但请想想在纽约长大该有多可怕呀。

我作为加州人深有同感。

于是他们搭火车去加州。在这次旅行中格特鲁德·斯泰因只记得她和她姐姐都有装饰着漂亮鸵鸟羽毛的奥地利式红色大毡帽，火车开了一段她的姐姐把身子探出窗外帽子被吹跑了。她的父亲敲响紧急铃，火车停下，找回帽子，使乘客们和乘务长又敬畏又惊讶。她唯一记得的另外一件事是巴尔的摩的婶婶们送给他们一篮子美食，里面有一只美味的火鸡。后来篮子里的食物越剩越少，一路上只要停站，又买了好些，始终是令人兴奋的。车开到沙漠地带他们看见一些红印第安人，在沙漠另一处有人给他们一些很奇特而美味的桃子吃。

他们到了加州便去一个小橘林但她不记得橘子只记得非常之好的橙子装满她父亲的几个雪茄烟纸箱。

他们乘几段驿站慢车到了旧金山在奥克兰住下。她记得那里的桉树又高又细又野那里的动物生态保持着非常自然的状态。这一切的一切，当初的野生鸟兽，她在《美国人的成长》里她一家的生活中都有描述。现在该说的重要事情就是她的教育了。

把孩子们带去欧洲好让他们受益于欧洲的父亲，现在坚持要他们忘记他们的法语和德语，这样他们的美国英语才会更加纯正。格特鲁德·斯泰因学会了说简单的德语后来学会了说简单的法语但在她识英文字之前是不识德文字和法文字的。如她所说她认为眼睛比耳朵更重要，英语在当时是而且一直是她的唯一语言。

她好读书的生活始于此时。只要是印就的只要她手头有的她都看而且她手头有的还真多。家里零零落落有几本小说几本游记，她母亲的装订精致的礼品书，有华兹华斯、斯考特以及其他诗人的诗作，班扬的《天路历程》，一套有注解的莎士比亚剧作，彭斯，国会议事录，百科全书等等。这些书她已读过多遍。她和她的几个哥哥还能获得另外一些书。当地有个免费图书馆后来在旧金山又有工商界办的图书馆，藏有很丰富的 18 世纪和

19世纪著作者的集子。从她八岁专心读莎士比亚的作品到十五岁读《克拉丽莎·哈洛》[1]、菲尔丁以及斯摩莱特[2]等作家们的作品她一直跟英语生活在一起并且唯恐再过几年就把书读尽而再无未读的书可读了。她读过大量的历史,她常常大笑并说,除《查尔斯·格兰迪森》[3]和华兹华斯的一些长些的诗作之外,她那一代人当中很少有人把卡莱尔的《伟人弗雷德里克》和莱基[4]的《英国立宪史》的每一行都读的,而她就是这少数几个之一。总之她过去一直读书现在也仍然一直读书。她什么都读,甚至到现在仍不愿受到打扰,尤其重要的是一本书不论她如何经常地读也不论此书可能写得如何荒谬,谁也不得取笑它或告诉她此书是胡说一气。对她来说此书现在仍是真实的过去也是真实的。

她一向不怎么爱好戏剧。她说戏剧进行得太快,眼耳兼用使她烦扰而且感情跟不上。对音乐她到少女时才产生爱好。她发觉音乐很难,音乐抓不住她的注意力。这当然显得有些奇怪。因为人们常说正是她的作品对耳朵和潜意识具有吸引力。实际上她的眼睛与智力才是灵敏而重要的并且与喜爱有关。

格特鲁德·斯泰因大约到十七岁时,在加州的生活便告一段落。最后那几年很是寂寞,也度过了她少女时期的苦闷。她的母亲和父亲先后去世之后她便跟她的姐姐和一个哥哥离开加州去了东部。他们到巴尔的摩跟她母亲家的人一起住。她在那里摆脱了寂寞。她常对我说她摆脱最后那几年十分无望的精神生活而跟她的婶婶伯伯们一起过愉快的生活该是多么不可思议啊。后来她去拉德克利夫学院读书时把这一经历写进了她的第

---

1 塞缪尔·理查森(1689-1761),英国小说家,该书为其创作的一部小说。
2 托比阿斯·斯摩莱特(1721-1771),英国小说家。
3 理查森的小说。
4 威廉·莱基(1838-1903),爱尔兰史学家。

一部作品。说是她的第一部作品也不很恰当。她记得以前已写过两次。一次是在她大约八岁时,想写一部莎士比亚风格的戏剧,已写到舞台说明这一步,朝臣们妙语连珠。但随后她因再想不出任何妙语便作罢了。

她记得唯一的另外一次努力也是在八岁左右。人们要公立学校的学生写记叙文。她记得她是记叙太阳渐被云层遮盖的晚霞。反正是学校挑选出来准备往漂亮的假羊皮纸上誊写的六篇中的一篇。她已努力誊写过两遍但字越誊越糟而只好让别人替她誊写。她的老师认为这做法很不光彩。现在她不记得她当时是不是认为这有什么不光彩的。

其实她的笔迹一向难认而且她不会认的我往往会认。她不会也不愿热衷此类技巧。一件事不到做完她是弄不清会是个什么样子的,如布置房间,设计花园、衣服或别的什么。她什么都不会画。她感觉不到物体与画纸之间有何联系。她上医学院时要她画解剖图她就不会画凹面或凸面。她记得很小的时候就要她学画还让她去上课。老师叫孩子们在家里画茶杯和茶碟,画得最好的将获得打有印记的皮奖章以资鼓励,到下个星期再把此奖章奖给另一最佳画作。格特鲁德·斯泰因回家告诉她的几个哥哥,几个哥哥把精致的茶杯和茶碟放她面前,分别教她怎么画。什么也没画出来。最后还是她的一个哥哥替她画了。她把画拿到班上得了个皮奖章。她在回家的路上只顾玩结果把皮奖章给丢了。学画之事就此结束。

她说有些事使你觉得有趣而你却不知其所以然,这是件大好事。你应有一种使你集中注意力的消遣,至于生活中的其他事情你只需仔细考虑其种种效果便其乐无穷了。这样一来你对它们的感受必定胜过那些对其所以然有所知的人。

她热衷于法国人所说的 métier [1]，并坚信人只能有一种 métier，正如人只能有一种语言。她的 métier 是写作她的语言是英语。

观察和构想造就想象力，也就是说使人具有想象力，这乃是她对许多年轻作家的告诫。一次海明威在他的一篇文中说格特鲁德·斯泰因对一幅塞尚的画好在哪里是了如指掌，她望着他说，海明威，评论不是文学。

年轻人把能了解的都了解之后常常责怪她过于傲慢。她说一点不错。她明白在她那时的英国文学界只有她如此。这一点她一直是明白的而现在她说出来了。

她深谙创作的基准因而她的忠告和批评对她的所有朋友都很宝贵。每当她跟毕加索谈到他的画作继而力图举例解释时，我总听到毕加索对她说，Racontez-moi cela，即给我说说我的画吧。时至今日这两个人仍单独在一起长谈。他们坐在他套间的画室里两把矮椅子上促膝交谈，毕加索说，Expliquez-moi cela [2]。他们相互讲解。他们无事不谈，谈画，谈狗，谈死，谈不幸。因为毕加索是西班牙人而且生活悲惨、辛苦、不幸。格特鲁德·斯泰因常下来对我说："巴勃罗老想让我相信我跟他一样不幸。他硬说我不幸而且说得振振有词。"我问："你不幸吗。""我看不吧，"她大笑。"巴勃罗说我看上去不像不幸是因为我更有勇气，不过我不认为我不幸，"她说，"不，我不认为我不幸。" [3]

于是格特鲁德·斯泰因在巴尔的摩过了一冬而更通人情更像个成年人也不那么寂寞了，尔后就上拉德克利夫学院了。她在那里过得很愉快。

1　法语：职业或行当。
2　法语：给我讲解讲解吧。
3　引号为译者所加，以免引起误解。"我问"的"我"，指叙述者。

她是一组哈佛男生和拉德克利夫女生中的成员，大家相处很是亲切也很有意思。其中有个搞哲学和数学的年轻人进行心理学方面的研究，对她的生活确有影响。她和他同在蒙斯特伯格[1]的指导下进行一系列无意识写作方面的实验。她写出了自己的实验结果，并在《哈佛心理学评论》上刊载，成了她的第一篇文章。读此文颇发人思考，因为日后发展为《三个女人》和《美国人的成长》中的那种写作方法在此文中已见端倪。

　　格特鲁德·斯泰因在拉德克利夫的生活中的重要人物是威廉·詹姆斯。她享受生活之乐也过得愉快。她是哲学社的干事，跟各式各样的人接触觉得很有意思。她爱取笑提问题的人，也爱回答问题。两者她都喜欢。但对她在拉德克利夫的生活产生真正永不磨灭印象的是威廉·詹姆斯。

　　说来也怪，当时她对亨利·詹姆斯的作品毫无兴趣而如今对他钦佩不已并且十分明确地把他看作自己的先行者，是唯一的身为美国人而感知20世纪写作手法的19世纪作家。格特鲁德·斯泰因常说美国现在是世上最老的国家因为美国以内战方式和随之而来的商业概念而创造了20世纪，所有别的国家现在不是正经历就是刚开始经历一种20世纪的生活，在19世纪60年代就已经开始创造20世纪的美国如今是世上最老的国家。

　　同样，她也坚持认为在文学上亨利·詹姆斯是找到通往20世纪文学手法之路的第一人。但奇怪的是在她整个成长期她都不读他的作品也对他不感兴趣。但如她所说，人总是跟自己的父母敌对而对自己的祖父有好感。父母太亲，他们阻挠你，你没法不孤独。格特鲁德·斯泰因之所以迟至最近才读亨利·詹姆斯的作品，其原因或许就在此。

1　雨果·蒙斯特伯格（1863-1916），美国心理学家。

威廉·詹姆斯使她过得很快活。他的品格他的教学他以自己跟学生打成一片为乐的作风都使她快乐。不要抱成见，詹姆斯教授常说，有人不同意他这话而认为自己对，詹姆斯便说，是啊，对得十分糟糕。

格特鲁德·斯泰因没有潜意识反应，搞无意识写作她也不是成功的人选。格特鲁德·斯泰因虽是大学本科生但应威廉·詹姆斯特邀进了心理学研究小组，组里的一名学生就潜意识的提出进行一系列实验。当他宣读有关实验结果的论文时，一开始就说明组内有人根本没有提供结果因而大大降低了标准并使他的实验结果不准确，希望允许他删去此段记录。是谁记录的，詹姆斯问。是斯泰因小姐，那学生说。啊，詹姆斯说，如果斯泰因小姐不作回答我则认为不回答跟回答一样正常，因而无疑不应将其删去。

春日十分宜人，格特鲁德·斯泰因每晚去看歌剧下午也去，一心忙于他事，又正值期终考试阶段而且威廉·詹姆斯的课是要考试的。她坐下，面前放着考卷可就是没法做。亲爱的詹姆斯教授，她在考卷最上端写道。我十分抱歉但确实不想做今天的哲学考卷，然后离去。

第二天她收到威廉·詹姆斯的明信片，上面写道亲爱的斯泰因小姐，我完全理解你的感受如何，我自己也常有此感受。下面说他给她的是他这门课的最高分。

格特鲁德·斯泰因在拉德克利夫的最后一年行将结束时，一天威廉·詹姆斯问她有何打算。她说她不知道。呃，他说，总该不是哲学就是心理学吧。说到哲学你得修高等数学而我不认为它使你发生兴趣。说到心理学你得受医学教育，正如奥立佛·温德尔·霍姆斯[1]告诉我的那样我现在告诉你，医学教育能打开所有的门。格特鲁德·斯泰因一向喜欢生物学和化学，所以上医学院不会有困难。

困难是没有只不过格特鲁德·斯泰因投考拉德克利夫从未达到入学考试要求的一半[2]从没想过拿学位。经过多方努力和足够的辅导，格特鲁德·斯泰因考入约翰·霍普金斯医学院。

几年后格特鲁德·斯泰因和她哥哥刚认识马蒂斯和毕加索时，威廉·詹姆斯来到巴黎，他们见了面。她去他住的旅馆看望了他。他对她的所为非常感兴趣，对她的写作以及她向他谈起的画都感兴趣。他随她前来她家看画。他参观后气吁吁地说，我对你说过，我常对你说，不要抱成见。

大约仅两年前出过一件怪事。格特鲁德·斯泰因收到波士顿某人给她的信。看笺头便知写信人是某律师事务所的人。信里说他前不久在哈佛图书馆看书时发现威廉·詹姆斯的藏书已捐给哈佛图书馆。其中有一本是格特鲁德·斯泰因献给詹姆斯的《三个女人》。书页空白处的注解显然是威廉·詹姆斯读时所作。那人接着说格特鲁德·斯泰因很可能对这些注解很感兴趣，如果他愿意他打算为她把注解誊抄出来。因为书已归他所用，换句话说书已在他手上自可看作是他的书。我们不知道怎么办才好。最后写一张短笺说格特鲁德·斯泰因很希望有威廉·詹姆斯注解的抄本。回信寄来了那人本人的抄本并希望格特鲁德·斯泰因把她对此抄本的看法告诉他。格特鲁德·斯泰因不知如何是好，未作表示。

她考取后住在巴尔的摩，上医学院。她有个叫列娜的女仆，

1　奥立佛·温德尔·霍姆斯（1809-1894），美国医生、作家。
2　有传记家说是拉丁文不及格，是"特招"入学的。

格特鲁德·斯泰因后来写的《三个女人》中第一个故事就是写的列娜。

在医学院的头两年过得挺不错。全是实验课，格特鲁德·斯泰因在卢埃林·巴克的指导下很快致力于研究工作。她开始对全部脑束做研究，这是一门比较研究的开端。这些后来都收录在卢埃林·巴克的著作中了。她很喜欢指导她工作的莫尔博士，解剖学教授。每有学生为自己辩护她便引用莫尔博士的回答。他会沉思沉思说，是啊，真像我们的厨娘。厨娘从不把食物热腾腾地端上桌。夏天当然不行因为天太热，冬天当然也不行因为天太冷，是啊，总有理。莫尔博士认为人人都是靠自己开发技术的。他还说没有谁教会谁什么，刚开始个个学生的解剖刀都不快后来个个学生的解剖刀都锋利了，没有谁教会谁什么。

格特鲁德·斯泰因相当喜欢在医学院的这头两年。她常结识许多人喜欢参与许多事，对自己所干的工作并不非常感兴趣但也不觉太厌烦，再说她在巴尔的摩有好些友善的亲戚。在医学院的最后两年她便厌烦了，公开而坦然地厌烦了。学生中捣鬼的努力的都不少，她对这感兴趣，可是医学实践与理论根本引不起她的兴趣。她的所有老师都知道她已厌烦，但她头两年的科研工作已为她博得名声，个个教授都给了她必要的学分，最后的一年就这样即将结束。正是这时轮到她做接生实习。正是这时她看到她后来用于《三个女人》第二个故事的一些黑人与家庭，这第二个故事写的是梅兰克莎·赫伯特，格特鲁德·斯泰因这部带有变革性的作品便始于这个故事。

她常说她的惰性很大，一发便不可收拾。

毕业考试临近时，她的几位教授动怒了。像霍尔斯泰德[1],

---

[1]　威廉·霍尔斯泰德（1852-1922），美国外科医生。

奥斯勒[1]等名人知道她因科研有创见便只把医科考试看作形式就让她通过了。但别的教授就不这么好说话。格特鲁德·斯泰因总是大笑，这是叫人很难堪的。他们要向她提问，尽管她常对朋友们说有那么多人极欲回答问题，教授们向她提问实在可笑。然而教授仍时时向她提问，她说她还能怎么着，她答不出，可教授们不相信她是不知答案而认为她不回答是因为她觉得教授们的问题不值一答。正如她所说，处境十分尴尬，不可能向他们道歉向他们解释她确实过于厌烦而连最笨的医科学生都肯定不会忘记的那些东西她也记不住。有位教授说尽管所有的名人都准备让她及格，他却想教训教训她并且拒不给她及格的分数这样她就拿不到学位。医学院里掀起轩然大波。她很亲密的朋友玛里昂·沃克恳求她说，格特鲁德·斯泰因，记住妇女的事业啊，但格特鲁德·斯泰因说，你根本不知道厌烦是什么滋味。

没给她及格的那位教授要她前去见他。她去了，他说，当然啰，斯泰因小姐你只需今夏修一门课到秋季自然就能拿到学位。用不着，格特鲁德·斯泰因说，你不知道我多么感激你呢。我的惰性强主动性差，要不是你不让我拿学位我很可能，唔，很可能不会参加医疗实习，但无论如何是不会学病理心理学的，你不知道我对病理心理学多么不感兴趣而医科又如何使我厌烦之极。这位教授吓了一跳，格特鲁德·斯泰因学医就此结束。

她常说她不喜欢变态的人，一看便知。她说正常的人就显得复杂有趣得多。

仅在几年前格特鲁德·斯泰因的老友玛里昂·沃克来我们

1　威廉·奥斯勒爵士（1849-1919），加拿大籍英国内科医生、教育家。

那年度夏的地方比利宁看望过格特鲁德·斯泰因。她和格特鲁德·斯泰因多年来没见过面也没通过信但是相互喜欢得深对妇女事业所持的异议也大。正如格特鲁德·斯泰因向玛里昂·沃克所解释，并非她不关心妇女事业或别的什么事业而是因为这偏巧不是她的事。

她在拉德克利夫和约翰·霍普金斯的那几年常去欧洲度夏。最后两年她哥哥已在佛罗伦萨定居，既然学医诸事无望她便跟哥哥住在佛罗伦萨，后来两人又住在伦敦过了那年的冬季。

他们在伦敦住公寓，不可谓不愉快舒适。他们通过贝伦森夫妇，贝特兰·罗素[1]，赞格威尔[2]夫妇，随后是威拉德[3]认识了一些人。威拉德写过《跟流浪者一起流浪》，伦敦的家家酒馆他都知道，格特鲁德·斯泰因却不很快活。她成天在大英博物馆里大读伊丽莎白一世时期作家的作品。她恢复了早年对莎士比亚和伊丽莎白一世时期作家的喜爱，专心一意读伊丽莎白时期的散文，特别是格林[4]的散文。几本小笔记本里记满用语使她高兴不已，正像它们在她年幼时曾使她高兴不已。其余的时间她在伦敦街上漫步但觉街道沉闷凄凉。她没有真正抹去对伦敦的这一记忆也没想再去伦敦，可在1912年她去会出版人约翰·兰时过得十分愉快还拜访了一些非常快活有趣的人以致忘了原先的记忆而很喜欢伦敦。

她常说这第一次到伦敦使它显得跟狄更斯一样而狄更斯一向使她害怕。她说如果有什么能叫她害怕，那一定是显得跟狄

1　贝特兰·罗素（1872-1970），英国数学家、哲学家。
2　伊兹瑞尔·赞格威尔（1864-1926），英国作家。
3　全名是约赛亚·弗林特·威拉德（1869-1907），美国人，在柏林大学学过政治学。厌于安定的大学生活而愿四处流浪。与伦敦文艺界接触甚多。主张以修建铁路解决流浪者问题，故著有《跟流浪者一起流浪》一书（1899）。
4　罗伯特·格林（1558-1592），英国作家。

更斯一样的伦敦了。

有失必有得，有格林的散文而且就是在此时她发现了安东尼·特罗洛普[1]，认为特罗洛普是维多利亚女王时代最伟大的作家。她收集了他的全集，有的难以收集到而只有陶赫尼茨版[2]，罗伯特·寇特斯[3]在谈及格特鲁德·斯泰因借书给年轻作家时说的就是这个集子。她还买了一些18世纪的传记作品，其中有《克里维文集》[4]和瓦尔波尔[5]的作品。布拉维格·因布斯创作那部她认为是查特顿[6]的美妙一生时，她借给因布斯的就是这些作品。她读书但对书却不挑剔，对版本和版面都不在乎，只要印刷不太差而且她也不很为此伤脑筋。也是在此时她说她不担心将来无书可读了，她说她感到总能找到点什么读一读。

然而伦敦的沉闷、醉醺醺的妇女和孩童以及那阴郁与凄凉勾起了她少女时的忧郁而有一天她说她要回美国便离开了。她于是在美国度过了那年冬季剩下的时间。这时她哥哥已离开伦敦去巴黎，随后她也去巴黎跟她哥哥在一起。她立即开始写东西。她写了一个短篇小说。

怪有趣的是，这个短篇小说她竟然多年来已忘得一干二净。她记得不久后便开始写《三个女人》而把这第一篇作品给忘发了，她没对我提起过它，我刚认识她时她也没对我提起过。一定是她当时就把它忘了。这年春天在我们启程去法国的两天前，她要把《美国人的成长》的原稿找出来给伯纳德·费看，却无

1　安东尼·特罗洛普（1815-1882），英国小说家，以其《自传》和长篇小说闻名。
2　出版英语书籍的德国出版社。
3　罗伯特·寇特斯（1897-1973），1919年从耶鲁毕业后侨居巴黎，写过超现实主义小说。
4　英国下院议员托马斯·克里维（1768-1838）的著作。
5　霍拉斯·瓦尔波尔（1717-1797），英国作家。
6　托马斯·查特顿（1752-1770），英国诗人。

意中发现这篇全被忘记、她精心写成的第一篇作品的两份文稿。她很羞怯犹豫，并不真想读它。那天晚上路易斯·布隆菲尔德[1]在她的住处，她便把稿子递给他，对他说，你读读吧。

---

1 路易斯·布隆菲尔德（1896-1956），长期在法国工作的美国记者，写过小说。

第五章

1907–1914

在巴黎的生活于是就这样开始，条条大路通巴黎，现在我们都在巴黎，我可以开始讲述我在巴黎时的种种事情了。

我初来巴黎时有个朋友和我住在圣米歇尔大道的一家小旅馆。后来在校场圣母院街租了一套小公寓，后来我的朋友回了加州我便跟格特鲁德·斯泰因住在花园街。

每逢星期六晚我都在花园街，其他时间也多在花园街。我帮格特鲁德·斯泰因看《三个女人》的清样后来开始用打字机打《美国人的成长》。用这架质量很差的法国手提小打字机来打这部巨著实在不够坚固所以我们买了一台十分气派的司密斯·普莱米尔大打字机，初看觉得它在画室里显得很不相称但不久我们也就看顺眼了，一直用到我在战后不久有一台美国手提打字机为止。

我说过费南德是第一位我与之坐在一起的一位天才的妻子。天才们前来跟格特鲁德·斯泰因交谈而他们的妻子则跟我坐在一起。一年又一年一个接一个出现，简直像没完没了的走马灯。我最开始是跟费南德后来是马蒂斯太太，玛塞尔·布拉克[1]，约

1　布拉克的妻子。

塞特·格里斯[1]，埃娃·毕加索，布里吉特·吉布和玛乔丽·吉布，哈德利·海明威和波琳·海明威[2]，舍伍德太太，布拉维格·因布斯太太，福特·麦道克斯·福特[3]太太以及其他说不完道不尽的人，天才，准天才和可能的天才，他们都有妻子，我跟所有这些做妻子的在一起坐过跟她们谈过，后来，啊，后来一样，我跟所有这些做妻子的在一起坐过跟她们谈过。但最开头我是跟费南德。

我还跟格特鲁德·斯泰因和她哥哥去过菲耶索莱的里齐别墅。跟他们一起过的头一个夏天我记忆犹新。我们过得很称心。格特鲁德·斯泰因和我乘上菲耶索莱的一辆马车，我想大概仅此一辆了吧，所以才乘这辆旧马车一路去锡耶纳。有一次格特鲁德·斯泰因是跟一个朋友走去锡耶纳的但意大利的夏天太热我宁愿乘马车去。这次旅行很有趣。还有一次我们去了罗马之后带回一个华丽的文艺复兴时期风格的黑盘子。一天早晨那个意大利老厨娘玛达莲娜到格特鲁德·斯泰因的睡房来打水给她洗澡。格特鲁德·斯泰因直打呃。太太你就不能不打呃吗，玛达莲娜焦急地说。止不住啊，格特鲁德·斯泰因趁不打呃时说。玛达莲娜很不高兴把头一摇就走了。过了一会儿只听"砰"的一声。玛达莲娜跑上楼，哎呀太太，她说，太太直打呃弄得我心里一乱就把太太小小心心从罗马带回来的那个黑盘子打碎了。格特鲁德·斯泰因开始诅咒，她的大可指责的习惯是只要有意外之事她就诅咒而且总对我说这习惯是她年轻时在加州养成的，而我是地道的加州人自当不好说什么。她一诅咒就不打呃了。玛达莲娜笑容满面。啊太太，她说，太太她不打呃了。哦，我

---

1 胡安·格里斯的妻子。
2 海明威的两任妻子。
3 福特·麦道克斯·福特（1873-1939），英国作家。

没有打碎那个华丽的盘子，我只弄出打碎的声音然后说我把它打碎了，好让太太止住打呃。

格特鲁德·斯泰因对打碎哪怕是她最心爱的东西一向不生气的，说来抱歉，经常打碎她最心爱的东西的倒是我。既不是她，也不是女仆，亦不是狗。这些东西女仆连碰都不碰，而是我给它们掸土而不幸偶然打碎的。我告诉她打碎的是哪件东西之前总是要她允许我去找个内行把它修好，她总是回答说一经修过就不会给她带来乐趣了，修就修吧，修了也就放到一边没人要了。她喜爱易碎物品，廉价的贵重的都一样，从杂货店买的小鸡或在集市上买的鸽子，今天早晨就刚打碎一件，这次可不是我打碎的，这些东西她都喜爱也都记得但她知道这些东西迟早会打碎而且她说这跟书一样总会再有的。对我来说这可不是什么安慰。她说她喜欢她拥有的也喜欢冒险去获得新的。她谈到年轻的画家谈到无论何事时总是这么说，一旦人人都知道他们高明，冒险也就结束了。毕加索叹息一声补上一句，甚至在人人知道他们高明之后，真正喜欢他们的人也不比当初只有很少人知道他们高明时更多。

那年夏天我确实是不得已而冒着炎热徒步外出一趟。格特鲁德·斯泰因表示谁都不许去阿西西除非是步行去。她有三个特别喜爱的圣徒，圣罗耀拉[1]，阿维拉的圣特丽莎[2]和圣方济[3]。我却只有一个特别喜爱的圣徒，帕多瓦的圣安尼[4]，因为他能找回丢失的东西。格特鲁德·斯泰因的哥哥说过如果我是将军我不会打败仗而只会把战事搁忘记，有圣安尼帮我去

---

1 伊格内舍斯·罗耀拉（1491-1556），西班牙天主教教士，耶稣会的创始人。
2 阿维拉是西班牙中部城镇，圣特丽莎（1515-1582），著名天主教女信徒。
3 圣方济（1182-1226），方济会的创始人。
4 帕多瓦在意大利。圣安尼（1195-1231），方济会修士。

找。凡我所去的教堂我都在他的化缘盒里放很多钱。格特鲁德·斯泰因起初反对我这样大手大脚不过现在她认识到其必要性了，如果我没跟她在一起便由她替我敬礼圣安东尼。

在一个非常炎热的意大利夏日，我们照常在正午出发，格特鲁德·斯泰因出外最喜欢在这个时间，因为这时天气最热也可能圣方济当年经常是在此时出外因为他出外是不讲时间的。我们从佩鲁贾出发走过热烘烘的河谷[1]。我把衣服脱了一件又一件，当年人们比如今穿得多多了，这在当时算是很破例了，甚至连袜子都脱了，即使这样在我们走到之前我还是流了泪而且我们确实走到了。格特鲁德·斯泰因非常喜爱阿西西的理由有二，一是圣方济和该市之美，二是那里的老太婆不是带引山羊而是小猪在阿西西的山丘走上走下。小黑猪身上常系根红带子。格特鲁德·斯泰因过去一向喜欢小猪还总说等她老了她也要带引一只小黑猪在阿西西山丘上上上下下地走走。现在她是带着一只大白狗和一只小黑狗在安省的山地漫步，我看这也挺好。

她一向喜欢猪，为此毕加索专门画了几幅浪子在猪群中的有趣的画送给她。有一幅画的全是猪，十分有趣，表达了画家对猪的看法。也是在这前后他在一小块木板上为她作了极小极小的天花板装饰画，画的是些女人和天使，取来水果吹着喇叭，是向格特鲁德·斯泰因表示敬意。多年来她一直将它钉在床顶上的天花板上。直到战后才把它钉在墙上。还是回头说我最初在巴黎的生活吧。那生活是以花园街和星期六夜晚为基础的，犹如一只慢慢转动的万花筒。

最初那几年都有些什么事呢。事多着啦。

我已说过当我成为花园街的常客时毕加索两口子，即巴勃

1　横贯罗马市的第伯尔河河谷。

罗和费南德，又在一起了。那年夏天他们又去了西班牙，他从西班牙回来时带回一些西班牙风景画，这些风景画中有两幅仍放在花园街另一幅放在莫斯科由斯丘金创办的美术馆而且现在已归国有，也可以说这些风景画便是立体主义的开始。这些画里没有非洲雕塑的影响，强烈的塞尚影响非常明显，尤其是后期塞尚水彩画的影响，不用立体而用距离表现天空。

但根本的东西，对房屋的处理本质上是西班牙式的因而本质上也是毕加索式的，他在这些画里首次强调了西班牙乡村的造型方法，房屋不跟随风景排列而是穿插进风景里，这样穿插就与风景分别不清了。这是战争中把炮和船伪装起来的原理。大战的第一年，当时正同居的毕加索和埃娃，还有格特鲁德·斯泰因和我，一个寒冬之夜在拉斯巴大道上走。世上没有比寒冬之夜的拉斯巴更冷的了，我们常称之为从莫斯科撤退下来的[1]。街上突然出现大炮，涂画过的大炮，我们都是第一次见到。巴勃罗停下，看得出神。C'est nous qui avons fait ça，他是说这是我们创造的。他说得对，是他创造的。从塞尚到他，是他。他的远见被证明是正确的。

还是回头说说那三幅风景画。最初把它们挂在墙上自然是人人都反对。偏巧他画的那些乡村，费南德和他都拍过照片，而且送过几张给格特鲁德·斯泰因。当别人说这几幅画里的立体什么也不像只是立体而已，格特鲁德·斯泰因便大笑说，如果你反对这几幅画是因为它们过于逼真，那么你的反对可能还有些道理。她便拿出那几张照片给他们看，她说得对，这几幅画果然过于逼真而可说是对自然的临摹。几年后艾略特·保罗依照格特鲁德·斯泰因的建议将毕加索这幅画作的照片连同那

---

1 似指拿破仑在俄国遇到严寒败北。

几张乡村照片都登在《过渡》同一版面上了，真是有趣之至。这才是真正的立体主义的开始。色彩也极富于西班牙特色，浅黄泛银白而略带绿色，即后来在毕加索的立体画和他的门生的立体画中都非常闻名的那种色调。

格特鲁德·斯泰因常说立体主义是一种纯西班牙观念而且只有西班牙人才能成为立体主义者而且唯一的真实立体主义是毕加索和胡安·格里斯的立体主义。毕加索创立了立体主义而格里斯使立体主义充满着他的爽朗与振奋。人们要知其所以然只需读一读格特鲁德·斯泰因所写的格里斯的生与死，这是她在格里斯去世后写的，而毕加索和格里斯都是西班牙人都是她的亲密朋友。

她常说美国人能理解西班牙人。说只有这两个西方民族能懂得抽象。说在文学作品与情节方面美国人以脱离现实来表达抽象，西班牙人则以仪式来表达，这仪式抽象得与一切无关仅仪式而已。

我总记得有些德国人说起他们爱看斗牛时毕加索便有微词，气愤地说，他们是爱看虐杀。在西班牙人看则不是虐杀而是仪式。

所以格特鲁德·斯泰因说美国人像西班牙人，抽象而冷酷。他们不是粗暴而是冷酷。许多欧洲人跟尘世有密切的联系而他们却没有。他们的实利主义不是生存亦即不是占有的实利主义，而是行动与抽象的实利主义。所以立体主义是西班牙式的。

立体主义开始后的一年左右，格特鲁德·斯泰因和我第一次去西班牙，发现立体主义在西班牙形成是何等自然的事，给我们的印象极深。巴塞罗那的商店里没有明信片而有方形小画框，里面放着雪茄，真雪茄，放着烟斗，放着小手绢等，完全是许多立体派画作的布置，辅之以表示其他物品的剪纸。这就是在西班牙已时行几世纪的现代特征。

毕加索在他早期立体画中像格里斯一样用印刷体字母使画面显得刚劲，这刚劲之物就是印刷体字母。他们逐渐不用印的东西，改而画字母，便没有那种深度了，只有胡安·格里斯能以强烈的感情画出的印刷体字母依然具有这种刚劲的差异。所以立体主义是一点一点地形成的，但它形成了。

正是在这时布拉克和毕加索日益亲密。正是在这时胡安·格里斯这个莽撞而热情洋溢的青年从马德里来到巴黎并开始称毕加索是亲爱的大师而使毕加索心烦。毕加索也曾经称布拉克为亲爱的大师，意在以此开玩笑，但遗憾的是我认为有些蠢人竟以为这玩笑表明毕加索把布拉克奉为大师啦。

我又扯远到我在巴黎刚认识费南德和巴勃罗时的事了。

当时只完成了那三幅画，他已开始画些像是一个个切面的人头，还有长形面包。

这时马蒂斯的学校还在办，马蒂斯真正开始大有名气了。使大家激动不已的是个年轻人伯恩赫姆，他开一家地道的不大不小的商号，愿跟他签合同以好价买下他的全部作品。真是激动人心的时刻。

有这回事是因为有个名叫芬尼昂的人的作用。马蒂斯说芬尼昂使他深受感动。芬尼昂是个记者，法国记者，他发明了所谓的 Feuilleton en deux lignes，即用两行字便能把当天新闻写得恰到好处。他那模样很像个法国化了的山姆大叔漫画，图鲁兹－洛特里克画的一幅马戏团画里便画了他站在幕前。

是怎么回事是何原因我都不知道，现在雇佣芬尼昂的伯恩赫姆夫妇要跟新一代的艺术家拉关系了。

结果出了问题，反正那合同没有维持多久，虽然如此但仍然改变了马蒂斯的命运。他现在已有了公认的地位。他在克拉马买了房子买了地并着手往那里搬迁。不妨就我所见来说说那房子吧。

在克拉马的那房子非常舒适，马蒂斯夫妇因长期跟美国人接触而非常注重浴室，浴室果真在一楼与卧室相连，尽管应当说他们过去是也一向是很讲整洁干净的。这没什么不好，这现在是过去也是法国人住家的习惯。浴室设在一楼更自在一些。前不久参观布拉克的新居，浴室也在楼下，是在餐室下面。我们问是怎么回事，他们说离炉子近些就暖和些。

在克拉马的庭园很大而花园诚如马蒂斯既得意又懊恼所说，是个小卢森堡。还有个种花的玻璃温室。以后他们在温室里种的秋海棠越长越小。那边是紫丁香再那边是个可以拆卸的大画室。他们非常喜欢这个花园。马蒂斯太太每天漫不经心地出去看看花园然后采些花，让马车在外面等着她。在当年只有大富翁才让马车等着而且也是偶尔为之。

他们搬去了，很是称心，那个大画室很快就全是些大雕像和大幅画了。那是马蒂斯时代。他很快也发现克拉马美得令他无法像回家那样自在，当时在他的生涯之初有件他每天下午必做的事，即去巴黎作一小时的裸体素描，而且每天下午去。他的学校已不复存在，政府已将那破旧的女修道院接管过去办了中学，所以他办的那个学校关了门。

这是马蒂斯夫妇刚开始过顺当的日子。他们去阿尔及利亚他们去丹吉尔，他们忠实的德国学生送他们白葡萄酒和一只非常优良的黑警犬，我们都是第一次看到这种狗。

后来马蒂斯在柏林开个大画展。我记得很清楚那是春季的一天，天气很好，我们去克拉马在马蒂斯家吃午饭。我们到达时，他们都围着一只开了盖的大货箱站着。我们走过去跟他们站在一起，货箱里有个可说是制作得最大的桂冠，上面系着一根漂亮的红缎带。马蒂斯将里面的一张卡拿给格特鲁德·斯泰因看。

卡上写着，致亨利·马蒂斯，祝柏林之役告捷，署名是托马斯·怀特莫。托马斯·怀特莫是波士顿的一位考古学家也是塔夫茨大学教授，对马蒂斯无比敬慕。此物便是他的赠品。马蒂斯仍很悲伤地说，我还没死呢。马蒂斯太太惊魂稍定之后说，亨利，你瞧，说着弯腰搞一片叶子尝了尝，是真正的月桂，放在汤里该有多好啊。她越发喜形于色地说，那缎带给玛格当发带用真是再好没有了，能用好久好久呢。

马蒂斯一家在克拉马大约一直住到战时。在此期间他们同格特鲁德·斯泰因见面越来越少。战争爆发后他们便经常来。他们寂寞不安，马蒂斯的老家在北边的圣昆坦，已陷落，他的兄弟成了人质。是马蒂斯太太教我如何织手套的。她织得又快又好，我也学会了这一手艺。后来马蒂斯迁居尼斯，虽说马蒂斯夫妇同格特鲁德·斯泰因有深交，但从某种含意说他们已不来往了。

当初在星期六晚常来的有很多匈牙利人，不少德国人，各种国籍的人也有一些，美国人极少而英国人简直是一个也没有。这是后来的事，随之便是各国的贵族甚至某些皇族。

当初常来的德国人中有巴辛 [1]。他当时是个瘦而漂亮的年轻人，给《质朴》画精巧的小漫画已颇有名气，在几家德文画报中以该报办得最为活跃。其他德国人谈过有关他的一些奇闻。说他是在妓院里长大的，而且可能是无人知晓的贵族血统，等等之类。

当初格特鲁德·斯泰因没见过巴辛，几年前在荷兰年轻画家克里斯地安·托尼的画展上格特鲁德·斯泰因才认识巴辛，

---

[1] 米里尤斯·马辛（1885-1930），生于保加利亚的美国画家（一战期间移居美国，后自杀）。

托尼曾是巴辛的学生而那时格特鲁德·斯泰因对托尼的作品很感兴趣。他们相识很是高兴并做过一次长谈。

巴辛无疑是德国人中最有趣的一个，尽管我不能这样说，因为还有个乌德呢。

乌德确实身世清白，不是白肤金发蓝眼的德国人，长得又高又瘦肤色很深，前额很高机敏过人。他第一次到巴黎就逛遍市内的家家古物店和装饰品店，看能不能有所发现。收获不大，只寻到一幅据说为昂格里[1]所作的画，寻到几幅毕加索的早期作品，也许还寻到了其他一些东西。总而言之，仗一打起来他就被认为是超级间谍之一并且是德国参谋部属下的人。

说是宣战之后见他老出没于法国陆军部附近，他和他的一个朋友确实有个避暑别墅离后来成为兴登堡防线的地方很近。总而言之，他很可爱很有趣。把海关职员卢梭的画当作商品经营的，他是头一个。他开了一家非公开的艺术品商店。布拉克和毕加索穿着最新最粗糙的衣服去见他就是在这个店里，他们总是热情十足得像梅德拉诺马戏团演员把各自介绍给他又各自要对方互相介绍。

乌德常在星期六晚来，随他前来的是些高个子金发蓝眼的漂亮小伙子，这些人卡嗒一声并拢双脚深鞠一躬，然后整晚都立正站着非常严肃。他们在整个人群中就显得非常显眼。我记得某晚大学者布里尔的儿子及其聪明有趣的妻子带一个人来此弹西班牙六弦琴。乌德和他的随从就成了背景，使这个夜晚充满生气，那人弹奏了六弦琴，曼诺洛在场。我见到雕塑家曼诺洛仅此一次，他当时在巴黎是个传奇人物。毕加索欣然答应跳

---

1 让奥古斯-多米尼克·昂格里（1780-1867），法国画家，让-莫里斯特约瑟夫·昂格里（1755-1814）的儿子。

个不太高雅的西班牙南方舞，格特鲁德·斯泰因的哥哥答应跳伊荷多拉的死之舞，气氛异常热烈，费南德和巴勃罗讨论起机灵兔弗雷德里克和阿帕施[1]。费南德认为阿帕施比艺术家强，她那食指高高伸着。毕加索说当然，阿帕施他们有大学，艺术家没有。费南德大怒，使劲摇他，说你会说俏皮话，只不过是蠢。他懊丧地看着一颗衣扣被她扯掉，她气愤地说，你，你只能炫耀你是个早熟的孩子。当时他们的情况不怎么太好，正打算迁离拉维昂街到克里歇大道的一家公寓去住，在那里雇个佣人好好过日子。

还是回头谈乌德，先谈曼诺洛。曼诺洛大概是毕加索最老的朋友。他是个奇怪的西班牙人。据传闻，他是马德里某大扒手的兄弟。曼诺洛本人倒和善也妙不可言。毕加索在巴黎只跟他一个人说西班牙语。所有其他西班牙人都有法国妻子或法国女仆，他们说法语已成习惯，相互总说法语。我总觉得这很奇怪。毕加索和曼诺洛却相互说西班牙语。有关曼诺洛的故事多得很，他总在圣徒的保护下表示爱心和为人处世。他们说过这么一件事，他初来巴黎时见到第一个教堂便走了进去，见教堂里有个女人给人端椅子收钱。曼诺洛也这么干，去许多教堂给人端椅子收钱，直到有一天被那女人捉住，这一行是她的职业椅子都是她的，闹了纠纷。

有一次他苦于没钱花便向他的朋友提出以抽彩票来买他的塑像，他们都同意，当他们碰到一起时发现抽的都是同一个号。他们责备他，他便解释说他这么干是因为他知道如果朋友们抽到的不是同一个号就会不高兴。据说他是在军中服役时离开西

1　原为阿帕契，系北美一印第安部族。在 19 世纪末被巴黎流氓使用，读音易为阿帕施，成为流氓或下层社会之意。

班牙的，也就是说他当骑兵，越过边界，卖掉马匹和装备，凑足了钱来到巴黎，当了雕塑家。他曾在高更的一个朋友家里待过几天。这家的主人回来，发现全部高更纪念品和全部高更素描都不翼而飞。曼诺洛把它们都卖给了沃拉德，沃拉德只好把它们送还原主。谁也没介意。曼诺洛像个愉快狂热的宗教精神高昂的西班牙乞丐，人人喜欢他。当时在巴黎很有名气的希腊诗人莫里阿斯[1]就很喜欢他，只要有事总叫他陪着。曼诺洛总想能吃上一顿，但莫里阿斯吃时，他总被撇下等在一旁。曼诺洛总有耐心总抱希望，尽管莫里阿斯在当时跟纪尧姆·阿波利奈尔后来一样非常有名，却很少付账或者更确切地说根本就不付账。

曼诺洛以前常为蒙马特区的一些热闹场所塑像挣点钱挣口饭吃，直到阿弗雷德·斯泰里茨[2]听说他并把他的作品拿到纽约展览，卖出一些，其后曼诺洛便回到法国边界的塞里，此后一直住在那里，跟他的那位加泰罗尼亚妻子一起以夜晚当白天地工作。

还有乌德。一个星期六晚上乌德带他的未婚妻来见格特鲁德·斯泰因。乌德的品行并不完全正当，他的未婚妻似乎是个很富裕很传统的年轻女子，所以我们都大吃一惊。原来这是一桩经过安排的婚事。乌德想使自己受人尊敬而她想拥有她的继承权，只有靠结婚她才能有继承权。不久后她嫁给了乌德，不久后离婚。后来她嫁给了画家德劳内[3]，当时德劳内的地位正日益显著。使立体主义思想大众化的画法非常之多，其中之一就

1　让·莫里阿斯（1856-1910），侨居法国，用法语写作，早期诗歌受象征主义影响，后转向新古典主义。
2　斯泰里茨（1864-1946），美国摄影家、艺术品经营者。
3　罗伯特·德劳内（1885-1941），法国画家，擅长表现色彩的抽象性。

是他首先完成的，是创始人，亦即画歪斜的房子，谓之灾难画派。

德劳内是个白肤金发蓝眼的大个子法国人。他有位活跃的小个子母亲。她常跟一些年老子爵一起来花园街，在年轻人眼里这些年老子爵的模样恰似法国老侯爵。这些人总留下名片再写一张郑重其事的感谢便笺，一点也不觉得自己完全是不得其所的。德劳内本人很有趣。他相当能干而且抱负不小。他老问毕加索画完某幅画时是多大年龄。告诉了他他便说，哦，我还没有他的年龄大呢。我到他那年龄也会不相上下的。

他确实进步得很快。他常来花园街。格特鲁德·斯泰因很喜欢他。他很有趣，画过一幅相当好的作品，光辉、喜悦、开花三女神站在巴黎之前，这幅画很大，他综合了所有人的见解，也有他自己的某种法国式的清新明了的特色。它具有很出色的气氛也取得了很大的成功。在这之后他的画便失去了全部品质，变得大而空或小而空了。我记得他带过一幅这类小画来我们这里，说，我给你们带来一幅小画，是一颗小宝石。小是小，格特鲁德·斯泰因说，可不是宝石。

跟乌德以前的妻子结婚的就是德劳内，二人拥有相当的家业。他们让纪尧姆·阿波利奈尔住下，正是他教他们怎样烹调怎样生活。纪尧姆非常奇特。谁也不会只有纪尧姆，因为他身上有意大利气质[1]，会取笑他的东家，取笑东家的客人，取笑他们的食物并且促使他们尽力再尽力，纽约画家斯特拉[2]年轻时住在巴黎会这么干。

纪尧姆有了去旅行的第一次机会，于是跟德劳内同去德国，过得非常愉快。

1　阿波利奈尔生于罗马，他父亲是意大利军官。
2　弗兰克·斯特拉（1936- ），美国画家，极简主义先驱。

乌德总爱说起他的前妻有一天来到他家里总爱谈德劳内未来的事业，要他放弃毕加索和布拉克，亦即过去，而致力于德劳内的事业，亦即未来。要知道毕加索和布拉克在当时还不到三十岁。乌德逢人便说这些，加些俏皮话，而且总要加一句，我告诉你这一切 sans discrétion，即对每个人都讲。

　　当时另一个来我们这里的德国人是个呆笨的德国人。我知道他现在在他本国是个很重要的人物而且是马蒂斯的挚友，不论何时都是，甚至在战时也是。他是马蒂斯画派的堡垒，马蒂斯对他一向或经常不是很好。据说所有女人都爱他。他是个矮胖的唐璜。我记得有个大个子斯堪的纳维亚女人爱他，她在星期六晚从不进屋而站在院子里，只要开门有人进来或出去，你就能看见她在院子的暗处笑，像只英国柴郡猫露着牙齿嘻嘻笑。格特鲁德·斯泰因总使他迷惑不解。她制作过也买过一些奇怪的东西。他从不敢向她批评任何东西而会对我说，小姐，你是不是觉得，指指那件受轻视的东西，它很美。

　　有一次我们在西班牙，实际上是我们第一次去西班牙，格特鲁德·斯泰因在昆卡一定要买一只用莱茵水晶石制成的崭新大龟。她有非常漂亮的旧宝石饰物，但为使自己满意她把这水晶石龟当作别针别在身上。普曼[1]这下被弄得目瞪口呆。他把我拉到偏僻处。那宝石，他问，别在斯泰因小姐身上的宝石，是真宝石吗。

　　说到西班牙还使我想起有一次我们在一家拥挤的饭馆里。屋子尽头突然站起一个高大的身影，庄严地向格特鲁德·斯泰因鞠一躬，格特鲁德·斯泰因也庄严地回礼。是在星期六晚偶然见过的一个匈牙利人，没错。

1　即上文提到的那位"呆笨的德国人"。

还有一位我必须承认我们两人都喜欢的德国人。这是在很久以后，大约是1912年。他也是个黑黑高高的德国人。他说英语，他是我们非常喜欢的马斯顿·哈特利[1]的朋友，我们喜欢他的这位德国朋友而且我现在也不能说我们没喜欢过他。

　　他总说自己是不很富有的父亲的富有儿子。换句话说，他从身为大学教授的不很穷的父亲那里得到一大笔津贴。荣尼克[2]很有趣，常受邀来吃饭。有一天晚上他来吃饭时，著名的意大利艺术评论家贝伦森也在。荣尼克带来一些卢梭画作的照片。他已把它们放在画室里了，我们都在餐室里。大家开始谈起卢梭。贝伦森大感不解，卢梭，卢梭，他说，卢梭是可敬的画家，干吗都这么起劲呢。啊，他叹口气说，风尚变了，这我知道，可真没有想到卢梭会成为年轻人的时髦人物。贝伦森往往有些自大。所以大家让他说下去。最后荣尼克有礼貌地说，贝伦森先生，或许你没听说过伟大的卢梭，海关职员卢梭吧。没有，贝伦森承认自己没听说过，后来他看到那些照片就更加不明白而简直焦虑不安了。玛贝尔·多吉[3]在场。她说，贝伦森，你应当记住艺术是必然的。贝伦森心定下来后说，你知道，你自己就是一位必然的女性。

　　我们喜欢荣尼克而且他第一次来就向格特鲁德·斯泰因引用她的最近作品。她曾把一部原稿借给马斯顿·哈特利。有人对她引用她的作品这还是第一次。她当然很欢喜。他还把她正在写的一些人物画像译成德语因而第一次给她带来了国际声望。但并不完全是这么回事，罗歇，那个忠诚的罗歇曾给一些年轻的德国人介绍过《三个女人》，他们为它所迷。但荣尼克是有趣，

1　马斯顿·哈特利（1877-1943），美国画家。

2　即文中所说之人。

3　斯泰因的好友。

我们很喜欢他。

荣尼克是雕塑家，小型的全身塑像，制作得很好，他爱上一个学音乐的美国女学生。他喜欢法国和法国的一切，他很喜欢我们。到了夏天我们跟往常一样都各自离去。他说他将要过一个非常有趣的夏季。他已受托给一位伯爵夫人及其两个儿子塑像，这两个小伯爵和他一起度夏时，他将在伯爵夫人家里制作此像，伯爵夫人有幢华丽的住宅在波罗的海海岸。

那年冬天我们都回来了，荣尼克大不一样。首先，他带回许多德国海军船只的照片，一定要给我们看。我们不感兴趣。格特鲁德·斯泰因说，当然，荣尼克，你有海军，当然，我们美国人有海军，大家都有海军，除了海军之外对任何人来说一般大装甲舰跟别的装甲舰也差不多，别傻了。可他毕竟不一样了。他过得很愉快。他有他跟所有伯爵一起拍的照片，有一张是跟德国皇太子一起照的，这位皇太子是伯爵夫人了不起的朋友。那个冬天，1913 年至 1914 年间的冬天，慢慢过去。发生的都是些平平常常的事，我们也照常聚餐。我忘了是什么场合，但我们觉得荣尼克来参加一定再好不过。我们邀请了他。他带来口信说他要去慕尼黑两天，夜里就上路，赶回来参加聚餐。他来了，跟往常一样非常高兴。

不久他出门去北方参观几个有大教堂的市镇。回来时带回一些北方市镇的照片，都是从上往下拍的。是什么，格特鲁德·斯泰因问。哦，他说，我想你会感兴趣的，是我对这些有大教堂的市镇的看法，我从教堂尖塔顶上拍的而且我认为你会喜欢，因为，你看，他说，它们跟德劳内的追随者拍的照片一模一样，也就是你说的地震画派，他转过身对我说。我们感谢他，没再想这件事。后来在战时我找到这些照片，一怒之下都给撕了。

我们开始谈我们的夏日计划。格特鲁德·斯泰因要在七月去伦敦跟约翰·兰签《三个女人》的合同。荣尼克说，为何不去德国，在这前后都行，他说。因为，格特鲁德·斯泰因说，你知道我不喜欢德国人。是的，我知道，荣尼克说，我知道，可你喜欢我而且你会过得非常愉快的。德国人会非常感兴趣，德国人会觉得是件大事，去吧，他说。不，格特鲁德·斯泰因说，我是喜欢你可我不喜欢德国人。

七月我们去了英国，到英国后格特鲁德·斯泰因收到荣尼克一封信，说他仍然非常希望我们去德国，既然我们不愿去，那么最好在英国或西班牙过夏天，但不要按我们原定的计划回巴黎。结果果然如此。我说的这件事，姑妄听之。

我初来巴黎时，星期六晚来聚会的美国人很少，是逐渐增多的，谈美国人之前我必须谈谈卢梭举办的宴会。

我说过我刚来巴黎是跟一个朋友住在校场圣母院街的一个小公寓里。我没再上费南德的法语课，因为她和毕加索又住在一起了，不过她不是常客。秋天到，我记得很清楚是因为我买了我的第一顶巴黎的冬季帽子。是一顶精制的黑丝绒帽，很大，上面有鲜明黄色花式织物。就连费南德都对它表示认可。

有一天费南德和我们一起用午餐，她说要为卢梭举办宴会，由她办。她算了一下被邀的人数。我们都在内。卢梭是谁。我不认识，这没什么，既然是宴会，人人都会去，邀请了我们。

下一个星期六晚在花园街，人人都在谈为卢梭举办的宴会，后来我发现卢梭是位画家，我曾在第一届独立画展上看过他的作品。事情看来是毕加索最近在蒙马特区发现了卢梭的一幅大画，画的是一个女人，他把它买了，举办这次庆祝活动是祝贺这次买画和这位画家。这次活动会妙不可言的。

费南德对我大谈菜谱。有瓦伦西亚[1]的米饭布丁，是费南德最近去西班牙时学会做的，也在饭馆里点过，我现在忘了她当时点了些什么，反正在费利克斯·波廷食品连锁店点了许多菜。大家都很激动。我记得纪尧姆·阿波利奈尔跟卢梭很熟，是他说服卢梭答应前来并且带卢梭来，人人都要写诗写歌，会非常rigolo，这字在蒙马特区尤其受人喜爱，意思是痛痛快快地玩。我们大家将在拉维昂街最下面的那家咖啡馆会面，光喝开味酒然后去毕加索的画室进餐。我戴上我的新帽子，我们去了蒙马特到咖啡馆会合。

格特鲁德·斯泰因和我走进咖啡馆，里面好像人很多，其中有个又高又瘦的姑娘，伸出又长又细的胳膊，她前后摇晃，显然不是在做体操，令人困惑，倒也诱人。怎么回事，我小声问格特鲁德·斯泰因。啊，是玛丽·洛朗森，大概是喝开味酒喝多了。难道就是费南德对我说起过的总像动物出声闹得巴勃罗不得安宁的那个老太太。她是闹得巴勃罗不得安宁可她是个很年轻的女士，刚才喝多了，格特鲁德·斯泰因说着走了进去。不一会儿咖啡馆门口响声大作，费南德来了，大模大样，激动之至，气愤不已。她说，费利克斯·波廷没把晚餐送去。大家一听到这可怕的消息都泄了气，我以我们美国人的方式对费南德说，快去，去打电话。当年在巴黎人们是不打电话也不去食品店的。费南德同意了，我们便去打电话。所到之处不是没有电话就是电话坏了，最后找到没坏的电话，可费利克斯·波廷店已关门或正要关门，对我们的要求充耳不闻。费南德心烦已极，最后我总算让她告诉了我费利克斯·波廷店将给我们送什么去，后来又去蒙马特区的一两家小店买了些菜取而代之，费南德终

1　西班牙东部一省。

于宣告她已做了许多米饭布丁，多得能替代所有的菜了。确实
是这样。

我们回到咖啡馆，原来在那里的人几乎都走了，又另外来
了一些人。费南德叫他们跟她快走。我们向山上走时看见所有
的人正在我们前面。玛丽·洛朗森在当中，格特鲁德·斯泰因
和格特鲁德·斯泰因的哥哥各在她一边搀扶着她，她一会儿靠
在格特鲁德·斯泰因的身上一会儿靠在格特鲁德·斯泰因的哥
哥身上。嗓门高而亲切，胳膊细长优雅。纪尧姆当然不在，大
家坐好后，他接卢梭去了。

费南德赶过这支缓缓而行的队伍，我跟上她，到了画室。
那场面非常令人感动。他们搬来了台架，木匠用的台架，台架
上铺着木板，周围摆着椅子。卢梭的新作挂在席首的上方，上
面装饰着长羽和花环，两边是些大塑像，是什么塑像我就不记
得了。非常壮观节日气氛非常之浓。米饭布丁大概是在楼下马
克斯的工作室里做的。马克斯跟毕加索相处得不好所以没有来，
但他们用他的工作室做米饭布丁放男士们的外衣。女士们的外
衣则放在前屋的工作室里，当年范·东根以菠菜度日之时这个
工作室曾为范·东根所有，现在属于一个名叫凡朗的法国人。
后来它成了格里斯的工作室。

我把帽子存放好后赞叹这种种安排的功夫，费南德就不停
地大说玛丽·洛朗森的坏话，这时大队人马到达。费南德耀武
扬威，向前阻拦，她不愿让玛丽·洛朗森破坏她的宴会。这是
为卢梭举行的一次庄严的聚会，一次庄严的宴会，她和巴勃罗
都不能容忍那种不端的举止。巴勃罗当然一直在后面，看不见他。
格特鲁德·斯泰因规劝一番，用英文夹着法文说，如果费了那
么大的劲扶着玛丽·洛朗森走那可怕的山路会是白费力气，那
我真该死。当然不会，她还提醒费南德，纪尧姆和卢梭随时会到，

在他们到此之前大家应当端端正正坐好。这时巴勃罗走上前参加进来，说对对，费南德让步了。她总有点怕纪尧姆·阿波利奈尔，怕他的那种严肃和他的智慧，人都到齐，大家就座。

大家坐下都开始吃米饭和其他东西，也就是说等纪尧姆·阿波利奈尔和卢梭一进来就向他们热烈欢呼，不一会儿他们进来了。他们来的情景我记得很清楚。卢梭是小个子脸色苍白的法国人，留着小胡子，跟人们到处见到的任何法国人没有什么两样。纪尧姆·阿波利奈尔五官端正漂亮，黑发，脸色好看。介绍之后大家又坐下。纪尧姆赶紧坐在玛丽·洛朗森旁边的座位上。玛丽本来已经相对平静坐在格特鲁德·斯泰因旁边，一看见纪尧姆便又乱动大叫。纪尧姆带她到门外上楼去，过了好一会儿才回来，玛丽脸上有伤然而清醒。这时大家把东西都吃完了，诗歌开始。啊，对了，在这之前大学的机灵兔弗雷德里克，带着他的日常同伴，一只猴子，逛了进来，给他喝了一杯，他又逛了出去。过了一会儿，有几个在街头唱歌的意大利人听到这里在开宴会也进来了。费南德从桌子的最尽头站起来，气得满脸通红，食指直冲空中，说这可不是那种宴会啊，他们立即被赶了出去。

有哪些人参加。有我们，有萨蒙，安德列·萨蒙，他是当时名气正大的年轻诗人和记者，有皮丘特和格梅因·皮丘特，有布拉克也许还有玛塞尔·布拉克但我不记得了，我知道当时有些关于她的议论，有雷纳尔夫妇，还有人称假格雷科的阿吉罗和他的妻子，还有我当时不认识的几对夫妇而我现在已不记得，有凡朗，他是个友善的普通法国青年，前屋的那间画室就是他的。

仪式开始。纪尧姆·阿波利奈尔站起来致了庄严的祝词，他说的我一点儿也不记得，是以他写的一首诗而结束的，他半吟半读，大家齐吟迭句"卢梭的画"。后来大概是雷纳尔站起来祝酒，坐在我朋友身边一本正经讲述文学和旅行的安德列·萨蒙突然跳到绝对说不上牢固的桌子上，倾诉出即兴的祝词和诗章。最后他抓起一只大酒杯一饮而尽，立即头昏，烂醉如泥，开始打架。男士们都把他抓住，塑像摇摇欲坠，大个子布拉克一只胳膊抱一个塑像站在那里，格特鲁德·斯泰因的哥哥也是大个子，由他保护矮小的卢梭和他的小提琴的安全。其余的人由毕加索带领，因为毕加索个子虽小却很壮实，把萨蒙拖进前屋的画室把他锁在里面。大家回来坐好。

在这之后，一夜平安无事。玛丽·洛朗森细声唱了几首好听的诺曼底老歌。阿吉罗的妻子唱了几首好听的利穆赞地方的老歌，皮丘特跳的是有趣的西班牙宗教舞，跳到最后躺在地上像被钉在十字架上的耶稣。纪尧姆·阿波利奈尔郑重其事地向我和我的朋友走来，要我们唱几首红印第安人的土著歌。我和我的朋友都不会所以使纪尧姆和大家都觉惋惜。快乐文雅的卢梭拉小提琴，对我们谈起他写的剧本和他对墨西哥的怀念。和睦平静，到清晨三点钟我们到关萨蒙和放衣帽的画室，拿各自的衣帽准备回家。萨蒙安安稳稳睡在沙发上，他周围是火柴，有一半被嚼过，还有一封电报和我的黄色花式织物。请想想我在这清晨三点钟的心情。萨蒙醒后非常愉快很有礼貌，我们大家一起走到街上。突然萨蒙狂叫一声拼命朝山跑去。

格特鲁德·斯泰因和她哥哥，我的朋友和我，同乘一辆马车，送卢梭回家。

大约一个月后，巴黎的一个阴沉的冬日下午，我匆匆回家，觉得有人跟在后面。我走得更快，脚步声更近，我听见，小姐，小姐。我转身。是卢梭。啊，小姐，他说，天黑后你不该一个人出来，我可以送你回家吗。他送我回了家。

不久后坎韦勒[1]来巴黎。坎韦勒是德国人娶了个法国女人，他们在英国住过多年。坎韦勒在英国经商攒钱以实现有朝一日在巴黎开画店的梦想。这一天来了，他在维昂街开了一家雅致的小画廊。他做事谨慎，后来便完全跟立体派共命运了。起初困难很多，毕加索总有疑虑而不愿跟他走得太近。费南德跟坎韦勒打交道，最后他们都了解他是真有兴趣真有信心，他能够也愿意出售他们的作品。他们都跟他签合同，在战时他为他们尽了一切努力。对坎韦勒来说立体派画家进出他的画店的那些下午确实就是跟瓦萨里[2]在一起的那些下午。他相信他们，也相信他们的前程远大。在战前的一年他才把胡安·格里斯算上。是在战前仅两个月，格特鲁德·斯泰因在坎韦勒的画店里看到第一批胡安·格里斯的作品并且买了其中的三幅。

毕加索常说他当时总是要坎韦勒成为法国公民，要打仗了，会有后患的。坎韦勒总说等他过了服兵役的年龄会成为法国公民的，不过他不愿服第二次兵役。打仗了，坎韦勒和他的一家在瑞士度假，不能回来。他的财产全被查封。

政府拍卖坎韦勒的藏画，几乎全是打仗前三年的立体派画，这次拍卖是战后的第一次，从前的那些人都聚集在那里。所有更年老的商人早有打算，既然仗已打完便该消灭立体派了。负责拍卖的行家是个有名的画商，他声称举行拍卖是他的意图。他要尽可能把价格压低些还要尽可能劝阻公众。艺术家如何自卫呢。

在公开卖画的一两天前我们碰巧跟布拉克夫妇在一起，布拉克的妻子玛塞尔·布拉克告诉我们他们做出了决定。毕加索和胡安·格里斯无能为力，因为他们是西班牙人而这次是法国

1　丹尼尔·亨利·坎韦勒（1884-1979），收藏家。
2　吉奥吉奥·瓦萨里（1511-1574），意大利画家。

政府搞的拍卖。玛丽·洛朗森从法律上说是德国人，利普吉茨[1]在当时是俄国人，没有名望。布拉克是法国人，打仗冲锋得过十字勋章，升为军官并获得荣誉勋章，而且头部受过重伤，他可以想怎么干就怎么干。他去跟那个行家吵架从技术上说也是有理由的。他提交了可能买他的画的一些人的名单，有作品被公开出售的艺术家是有这种特权的，而且还没有把目录交给这些买画人。我们到达时布拉克已尽了本分。我们进去时争吵已到尾声。骚乱不堪。

布拉克向行家走去，说他疏忽了他显然应尽的职责。那行家回答说他已尽职责而且说他想怎么就怎么，骂布拉克是诺曼底猪。布拉克给他一拳。布拉克个子大而那个行家个子不大，布拉克没想狠揍他可他还是倒下了。警察把他们带到派出所。他们在那里谈了经过，布拉克是战争中的英雄当然受到应有的尊敬，他以随和的"你"[2]对行家说话，行家大发脾气，当众遭到长官的严叱。刚过一会儿马蒂斯进来，想知道刚才出过什么事现在出了什么事，格特鲁德·斯泰因告诉了他，马蒂斯说，这是马蒂斯的说法，Braque a raison, celui-là a volé la France, et on sait bien que c'est que voler la France。[3]

事实上买画的人都被吓走了，除德兰的画之外所有的画都被认为用处不大。可怜的胡安·格里斯的那些画被认为没有什么用处，他竭力做出勇敢的样子。他对格特鲁德·斯泰因说，这些画毕竟卖过好价的，但他很悲伤。

幸好坎韦勒不曾对法国作过战，所以准许他翌年回来。别人都不再需要他。但胡安非常需要他，只有胡安去世之前已经

1　雅克·利普吉茨（1891-1973），美籍立陶宛雕塑家。

2　可能是指没有用"您"。原文没有引号。

3　大意：布拉克是有理的，是那个人背叛了法国，人们非常清楚什么叫背叛法国。

成名因而其他画商给他出的价十分诱人之时的那种忠诚与慷慨能比得上坎韦勒在艰难岁月里对胡安的忠诚与慷慨。

坎韦勒来巴黎从商业上承担起立体派的事业，对立体派非常重要。他们的现在与未来有着落了。

毕加索夫妇从拉维昂街的旧画室迁到克里歇路的一处公寓。费南德开始买家具。有个仆人而这仆人当然会做奶油甜食。公寓很好阳光充足。但总的来说费南德不如以前那样愉快。去那里的人很多也喝午茶。布拉克常去，布拉克和毕加索的亲密程度到了顶点，正是在这时他们第一次把乐器画进他们的画作里。也是毕加索制作建筑物的开始。他制作静物并拍摄下来。后来他用纸制作建筑物，送给格特鲁德·斯泰因一件。这可能是尚存的唯一一件了。

那时也是我第一次听说普瓦雷。他在塞纳河有艘宽敞的游艇，在艇上举办过一次宴会，邀请过巴勃罗和费南德。他送给费南德一块带金须边的玫瑰色围巾，还送给她罩帽子用的玻璃纤维花式饰物，在当时这是全新的概念。他也送我一块，我多年来一直把它罩在一顶尖尖的草帽上。我现在还留着。

然后是一位最年轻的立体派画家。我不知道他的名字。他正在军中服役一心想干外交工作。他怎么来我们这里他是不是画画我都不知道。我只知道人们称他是最年轻的立体派画家。

这时费南德有位她常对我们说起的新朋友。这就是与马库斯[1]同居的埃娃。一天晚上四个人来花园街，巴勃罗，费南德，马库斯和埃娃。我们见到马库斯仅此一次，直至多年之后。

我完全能理解费南德对埃娃的喜爱。我说过费南德的大女英雄是伊芙琳·索，娇小而消极。这里的是位可爱的法国的伊芙琳·索，娇小而完美。

---

1 路易斯·马库斯（1878-1941），生于波兰的法国画家。

不久后的一天毕加索来告诉格特鲁德·斯泰因说他已决定在拉维昂街租一间画室。在那里他能更好地工作。他要不回他原来的画室但在下面一层楼租了一间。一天我们去看望他。他不在，格特鲁德·斯泰因把她的名片留下开个玩笑。过了几天我们又去，毕加索正在绘画，画上写着 ma jolie[1]，下角画的是格特鲁德·斯泰因的名片。我们离开时格特鲁德·斯泰因说，费南德当然不是 ma jolie，可我不知道是谁。过了几天我们知道了。巴勃罗和埃娃一起走了。

这是在春天的事。可能因曼诺洛之故他们都有去佩皮尼扬附近的塞里度夏的习惯，而且他们什么都不顾又去了。费南德跟皮丘特夫妇在那里埃娃跟巴勃罗在那里。有过几次可怕的争吵而后都回了巴黎。

一天晚上，我们也回来了，毕加索进来，他和格特鲁德·斯泰因单独长谈。她向他说过再见之后进来说，是巴勃罗，他谈了一桩有关费南德的怪事，他说她的美貌一向吸引他但他忍受不了她那种小孩子脾气。她又接着说巴勃罗和埃娃现在住在拉斯巴大道，我们明天去看望他们。

其时格特鲁德·斯泰因收到费南德的信，非常高贵，写得带有法国女人的含蓄。她说她要告诉格特鲁德·斯泰因，她完全明白巴勃罗讲友情，虽然格特鲁德总表现出种种同情与爱意，既然她和巴勃罗分开，他们将来当然不可能有任何交往，因为巴勃罗讲的那种友情当然不可能成为选择。她会永远愉快地记住他们的友情，如果必要的话她愿仰赖格特鲁德的宽宏大量。

于是毕加索离开蒙马特区永不再来。

我初到花园街格特鲁德·斯泰因正在校《三个女人》的清样。

1　我的美人。

我立即帮她校，没多久书就出版。我要她同意我订阅罗密克剪报，《旧金山亚尔古英雄》上为罗密克做的广告是我幼时的传奇故事之一。不久剪报开始寄来。

注意到此书的报纸数量令人很惊讶，有些评介此书的报是私人印的而且是一些完全不知名的人所印。最叫格特鲁德·斯泰因高兴的评介登在《堪萨斯城星报》上。她在当时和以后几年常问起会是谁写的但一直不知道。是篇很有好感很通情达理的评论。后来别的一些评论令她不快时她便说这篇评论在当时给了她极大的安慰。她在《写作与解释》里说，你写东西时那东西是完全清楚的，后来你开始怀疑它，然后你再读它，你跟你当初写它时一样又迷失在里面了。

跟她的这第一本著作有关的还有一件事给她带来愉快，那就是H. G. 威尔斯写来的一封充满热情的信。她把此信保存多年，可见它对她是多么重要。她当时回信给他，他们常想会面但终究未成。现在他们是不可能了。

格特鲁德·斯泰因当时正在写《美国人的成长》。从一部家史改成这家人认识的每一个人的历史，后来变成各类人和各种不同人的历史。虽然如此但有男主角而且男主角总要死的。他死的那天我在密尔德里德·阿德里奇的公寓里遇到格特鲁德·斯泰因。阿德里奇很喜欢格特鲁德·斯泰因，对这书的结尾极感兴趣。长达一千多页，我们正用打字机打呢。

我常说，你只有天天给画或物品掸土你才知道画或物品是什么，你只有用打字机打或校一本书你才知道书是什么。这给予你的东西乃是单纯阅读不可能给予的。多年后简·赫普[1]说她

---

1 当时有些文学刊物的编辑是女性。简·赫普是《小评论》的编辑，1924-1929在巴黎发行时是她负责。

校过格特鲁德·斯泰因的作品后才领略到它的优点。

《美国人的成长》完稿，格鲁特德·斯泰因开始的另一作品也很长，她取名《一部长的快乐的书》[1]，写到后来并不长，这本作品不长，在此开始写的《许许多多女人》也不长，这两部作品都因写人物画像而中断。人物画像就是这样开始的。

星期天晚上埃莱娜总在家跟丈夫在一起，也就是说她愿意来但我们叫她不必费心。我喜欢烹调，我是个相当不错的五分钟厨娘，而且，格特鲁德·斯泰因常要我做美国菜。有个星期天晚上我正忙着准备一样美国菜，然后把格特鲁德·斯泰因叫出工作室来吃晚饭。她进来时很激动也不坐下。我给你看样东西，她说。不，我说，要吃热的。不，她说，先看。格特鲁德·斯泰因不喜欢吃热的我也不喜欢吃热的，可是我们说不到一块儿。她说可以等它凉，但是盛在盘子里就不能热它，于是商定好我的要多热随我。尽管我不同意尽管菜凉了，但我还得先看那东西。我仍能看见正面背面都写满字的那个笔记本上的张张页页。是名叫"阿达的画像"，是《地理与剧本》里的第一篇。我开始看，我觉得她在取笑我，我抗议，她说我所抗议的是我的自传。最后我还是看完了，很喜欢它。然后我们吃晚饭。

这是长系列画像的开始。她几乎给她认识的每一个人写了画像，手法不同风格各异。

阿达之后是马蒂斯和毕加索的画像，对这些作品和格特鲁德·斯泰因非常感兴趣的斯泰利茨把它们登在《摄影作品》[2]的一期专辑上。

后来她开始给来来往往的每一个人写短篇幅画像。她写了

---

1 原名是 A Long Gay Book，完成于 1912 年，写各种类型的性格。其中有名句："A day that is a day is a day"同后来的"Rose is a rose is a rose is a rose"同出一辙。
2 刊物名。斯泰利茨从 1903 年到 1917 年任该刊的编辑。

美国插图画家 A. B. 佛罗斯特的儿子阿瑟·佛罗斯特。佛罗斯特是马蒂斯的门生,他读此篇时发现它比写马蒂斯或毕加索的篇幅长整整三页时的得意心情是可想而知的。

　　A. B. 佛罗斯特向曾带佛罗斯特去见马蒂斯的帕特·布鲁斯抱怨,说阿瑟不可能成为传统的艺术家而名利双收真可惜。你能牵一匹马到水边可你没法叫它喝水,帕特·布鲁斯说。大多数马都喝水的,布鲁斯先生,A. B. 佛罗斯特说。

　　布鲁斯,即帕屈克·亨利·布鲁斯[1]是早期也是非常热心的马蒂斯弟子之一,不久画过一些马蒂斯派的小画,但是他不幸。他对格特鲁德·斯泰因讲他的不幸时说,人们谈大艺术家的悲哀,大艺术家的不幸,可他们毕竟是大艺术家。小艺术家有一切悲惨的不幸和大艺术家的悲哀但却不是大艺术家。

　　她给纳德尔曼[2],美国画家。写了画像,也给这位女雕塑家的门生惠特尼太太、李和罗塞尔[3]写了画像,也给她的第一个也是最要好的英国朋友哈利·费兰·吉布写了画像。她给芒甘和罗歇和普曼和戴维·埃德斯托罗姆写了画像,埃德斯托罗姆是位胖胖的瑞典雕塑家,他娶了巴黎的基督教精神疗法教派的领导人为妻并毁了她。还有布列纳,即没有完成过任何作品的雕塑家布列纳。他的技术极好但固执观念太多使他无法从事雕塑。格特鲁德·斯泰因很喜欢他而且现在仍然很喜欢他。有一次她替他当了几个星期的模特儿,他给她做塑像,相当好,没做完。他和科迪后来出版过几期叫《土地》的评论小刊物,很早刊登格特鲁德·斯泰因的作品的一些人当中就有他们。在这刊物之前的唯一小刊物《小淘气》,由艾伦·诺顿出版,刊登

1　帕屈克即帕特。
2　伊利·纳德尔曼(1882-1946),生于波兰的美国女雕塑家。
3　摩根·罗塞尔(1886-1953),美国画家。

过她写的拉法耶美术陈列馆。这当然都是很久以后的事，是通过卡尔·凡·维奇坦[1]办成的。

她也为埃塔·柯恩小姐及其姐姐克拉里贝尔·柯恩医生写了画像。她也为马斯小姐和蒯斯小姐写了画像，标题叫福尔小姐和斯金小姐。有密德尔里德·阿德里奇及其姐姐的画像。把每个人的画像拿给每个人看，大家都很高兴，也很有趣。这些活动占去那年冬季的许多时间，后来我们去了西班牙。

在西班牙格特鲁德·斯泰因开始写《软纽扣》的一些篇什。

我非常喜欢西班牙。我去过西班牙好几次，我越发喜欢它。格特鲁德·斯泰因说我对各种问题都无偏见，唯独对西班牙和西班牙人这问题是例外。我们去阿维拉。我马上就爱上了阿维拉，我一定要永远住在阿维拉，格特鲁德·斯泰因很心烦，阿维拉是好，但是，她坚持说，她需要巴黎。我觉得我什么都不要只要阿维拉。我们两个争很厉害。我们在那里待了十天，圣特丽萨是格特鲁德·斯泰因年轻时的女英雄，我们十分喜爱它。在几年前写的歌剧《四圣人》中她描述的那种景色深深打动了我。

我们去马德里，在那里遇到布林·莫尔女子学院的乔吉亚娜·金，早在巴尔的摩时就认识格特鲁德·斯泰因，是格特鲁德·斯泰因的老朋友。乔吉亚娜·金早先对《三个女人》写过一些最有趣的评论。她当时在重编那份研究西班牙大教堂的《街道》杂志，因与工作相关，她已游遍西班牙。她给了我们很多非常之好的忠告。

当时格特鲁德·斯泰因穿的是棕色灯芯绒套服，即上衣和裙子，一顶小草帽，菲耶索莱的一个女人经常用钩针替她织的凉鞋，她常拿手杖。那年夏天，手杖柄是琥珀的。毕加索给她

---

1 卡尔·凡·维奇坦（1880-1964），美国评论家，斯泰因的好友。

画的那幅像里，大致就是这身装束，不戴帽也不拿手杖。这装束对西班牙是很理想的，他们都以为她属于某宗教团体，对我们总是尊敬之至。我记得有一次在托莱多的女修道院，一位修女带我们参观贵重物品，我们在圣坛台阶附近。突然啪的一声，格特鲁德·斯泰因的手杖落在地上。修女脸色苍白，参拜者大惊。格特鲁德·斯泰因拾起手杖令人心安地向受到惊吓的修女说，没事，没摔坏。

在西班牙时我总是穿我常说的那套假冒的西班牙服装。我总是穿件黑色绸上衣，戴黑手套，戴黑帽，我的唯一乐趣就是我帽子上的那些漂亮的假花。总是大大引起农妇们的兴趣，她们总是非常有礼貌地请我允许她们摸摸这些假花，以亲自认定它们是假花。

那年夏天我们去昆卡，英国画家哈利·吉布曾向我们说起过它。哈利·吉布是个怪人，凡事都有预见。他年轻时在英国曾是个成功的动物画家，他从英格兰北部来，结了婚便去了德国，在德国时对自己的作为感到不满，听说了巴黎的新画派。他来到巴黎并很快受到马蒂斯的影响。后来他对毕加索感兴趣，兼受二人的影响，绘画非常出众。后来这一切又使他另有所钟，相当全面地取得了超现实主义者们在战后所试图取得的成效。他只缺少法国人所说的 saveur，也可以说是画的风味。没有这种风味所以他不可能有法国观众。当然在当时是没有英国观众的。哈利·吉布遭逢厄运。他总是遭逢厄运。他和他妻子布里吉特，即曾跟我坐在一起的天才们的最愉快的妻子之一，勇气十足善于面对一切，但总是处境很糟。后来略有好转。他找到信得过他的两位保护人，就在这时，1912 至 1913 年，他去了都柏林并在那里举办相当破天荒的画展。就是在这时他带走了几本写玛贝尔·多吉在库隆尼亚别墅的人物描写，玛贝尔·多吉已在佛罗伦萨将此书出版，也在这时一些咖啡馆里的一些都柏林作家听人高声朗读格特鲁德·斯泰因的这本作品。哈利·吉布的房东兼吉布的敬慕者戈加梯医生喜欢自己高声朗读这作品并要别人高声朗读这作品。

在这之后是战争，对可怜的哈利来说是晦暗，此后是长期的苦斗。他有过盛衰，盛少衰多，最近命运才有了新的转变。对盛衰都爱的格特鲁德·斯泰因确信，去世之后将被发现的跟她同时代、注定一生悲惨的两位画家，就是胡安·格里斯和哈利·吉布。已去世五年的胡安·格里斯开始获得应有的声望。活着的哈利·吉布仍默默无闻。格特鲁德·斯泰因和哈利·吉布一直是很忠诚很忠实的朋友。她写的早期人物画像佳作之一就是写他，登在《牛津评论》上后收入《地理与剧本》。

于是哈利·吉布向我们谈到昆卡，我们在一条小小的铁路上朝前走，铁路弯弯曲曲，在一个无人知道的地方的中部就为止了，是昆卡。

我们喜欢昆卡，昆卡的居民喜欢我们。他们喜欢我们都喜欢得叫他们有些不自在了。有一天我们在外面走，那里的居民，尤其是小孩，突然都避开。不一会儿走来一个穿制服的男子打招呼说是镇上的警察，说市长派他在远处来回走，让我们在乡下溜达时不受居民的打扰，又说他希望这不会使我们感到不便。没有使我们感到不便，他很有趣，他带我们去乡下的一些美丽的地方，我们自己是无法顺利地去这些地方的。这就是旧时的西班牙。

我们终于又回到马德里，在那里我们发现了那位阿根廷[1]和斗牛表演。马德里的年轻记者们刚发现她。我们在一个音乐

1　舞蹈家，善于跳弗拉明戈舞，真名叫安东妮亚·玛塞。

厅里偶然碰见了她，我们是去看西班牙舞的，第一次看见她之后就每天下午每天晚上都去。我们去看斗牛。开始时斗牛使我感觉不舒服，格特鲁德·斯泰因便对我说，现在可以看，现在不要看，直到最后我能不停地看。

最后我们去格拉纳达并在那里待了一段时期，格特鲁德·斯泰因在那里拼命地工作。她一向很喜欢格拉纳达。美西战争之后她还在上大学时跟她哥哥来过西班牙，她的第一次西班牙经历就是在格拉纳达。他们过得很愉快，她常说起在饭厅里跟一个波士顿人及其女儿谈天，突然听到叫声，是驴叫。是什么，那个年轻的波士顿人问，直发抖。啊，父亲说，是摩尔人的最后叹息。

我们喜欢格拉纳达，我们遇到许多有趣的英国人和西班牙人，正是在那里也是在那时格特鲁德·斯泰因的风格渐渐有了变化。她说至此她只对人的内心人的性格以及人的内心活动感兴趣，正是在那个夏天她第一次感到要表现可视世界的节奏的愿望。

那是个漫长恼人的过程，她注意看，注意听，注意记述。她过去总是现在也总是为客观世界与主观世界问题所苦恼。有个总使她苦恼的关于绘画的问题，是画家所感到并促使画家去画静物的困难，是从根本上说人毕竟是不可画的。最近她又想到有一个画家为这个问题的解决增加了可能。她对至此一直不感兴趣的皮卡比亚有兴趣了，因为他至少懂得如果你不能解决你画人的问题你就谈不上解决问题。还有位皮卡比亚的门徒在对付此问题，但能否解决呢。可能解决不了。她常谈起的就是此事，现在她自己跟这个问题的拼搏就要开始了。

这段时期里她写了《苏西·阿萨多》和《普里齐奥拉和在西班牙的吉普赛人》。为了力图描述，她做过种种实验。她试过杜撰单词但不久便作罢。英语是她的手段，完成任务解决问题要用英语。用杜撰的单词使她很不舒服，是一种逃避，成了伪造的感情主义。

不，她坚持她的任务，虽然她回到巴黎之后描述物品，但她对房间和物品的描述都结合了在西班牙所做的头一批实验，完成了《软纽扣》。

然而她总以人为其主要研究对象因此有写不完的人物画像。

我们跟往常一样回到花园街。

我初来花园街时给我留下很深印象的人之一是密尔德里德·阿德里奇。

密尔德里德·阿德里奇当时五十出头，是位强健的弗吉尼亚女人，长着一张乔治·华盛顿的脸，白发，衣服和手套洗净之至。在各种国籍的伙伴当中是个很显眼很可信的人物，毕加索说而且确实说过，C'est elle qui fera la gloire de l'Amérique [1]。她使人们对自己的国家非常满意，即那个造就了她的那个国家。

她的妹妹已去美国，她一人住在拉斯巴街和半条街波伊松纳街街角的一幢房子的顶楼。窗台上放个关满金丝雀的大鸟笼。我们一直觉得这是因为她喜欢金丝雀。根本不是。有个朋友不在时曾把一只金丝雀关在笼里托她照看。密尔德里德跟干别的事一样，把笼里的金丝雀照看得非常周到。有位朋友见此以为密尔德里德喜欢金丝雀，便又给她一只金丝雀。密尔德里德当然把两只金丝雀都照看得非常周到，金丝雀增加，鸟笼加大，直到她在 1914 年迁至惠里住在马恩河的那个山顶上，才把金丝雀送给别人。她的借口是在乡下金丝雀会被猫吃掉。但她告诉过我的真正理由是她实在无法忍受金丝雀。

1　此句意为"她将为美国赢得荣耀"。

密尔德里德是位出色的主妇。我原来对她的印象很不一样，一天下午去看她，见她在缝补衬衫而且补得极好，我非常惊奇。

密尔德里德很喜欢越洋电报，她很喜欢手头拮据，或者更确切地说，她很爱花钱，她挣钱的本事虽大但毕竟有限，所以她经常手头拮据。当时她正签合同准备把梅特林克的《青鸟》搬上美国舞台，商定事情要没完没了地拍越洋电报，我记得的一次是早先我们住在校场圣母院街那个小公寓时密尔德里德在晚上很晚来向我们借钱拍一份长电报。没过几天就还了钱外加五倍于钱数的美丽的杜鹃花。难怪她总是手头拮据了。但大家都听她的。世上没人能像密尔德里德那么能说。我现在还可以想得出她在花园街坐在一把大靠椅上闲聊，听她聊的人在她周围越聚越多。

她非常喜欢格特鲁德·斯泰因，很喜欢她的作品，很喜欢《三个女人》，《美国人的成长》给她的印象极深但也有些叫她难懂，《软纽扣》使她很烦乱，但她总很忠诚并且确信只要是格特鲁德·斯泰因写的，里面总有有价值的东西。

1926年格特鲁德·斯泰因在牛津和剑桥讲演，密尔德里德的那种喜悦和自豪很是感人。格特鲁德·斯泰因在离开之前一定得向她读一遍讲演稿。格特鲁德·斯泰因向她读一遍使她们两人相互都高兴。

密尔德里德·阿德里奇喜欢毕加索甚至也喜欢马蒂斯，这当然是就个人而言，她却很苦恼。一天她问我，艾丽斯，告诉我，我这样没问题吧，真没问题吧，我知道格特鲁德是这样想的而且格特鲁德知道，真的 fumisterie，没什么不对吗。

尽管这段日子有时难以预料，密尔德里德·阿德里奇仍然喜欢这段日子。她喜欢一个人来也喜欢带别人来。她带许多人来过。是她把当时正给《纽约太阳报》写文章的亨利·麦克布赖德带来的。在不顺多磨的那几年是亨利·麦克布赖德常在公众面前维护格特鲁德·斯泰因的名声。你们愿意笑就笑吧，他常对那些贬她的人说，可得跟她一起笑而不是对她一笑置之，这样你们就会更喜欢她的作品了。

亨利·麦克布赖德不相信世俗的成功。它会毁掉你的，它会毁掉你的，他常说。但是亨利，格特鲁德·斯泰因常常悲哀地回答，你不觉得我会成功吗，我是愿意有那么一点的，你知道。想想我的那些没出版的稿子吧。但是亨利·麦克布赖德很坚定，他常说，我对你的希望就是不要获得成功。这是唯一的好事。他对此非常坚定。

密尔德里德成功时他却又高兴之至，现在则说是格特鲁德·斯泰因可以沉迷于一点成功的时候了。他不认为成功现在会有害于她。

就在这时罗杰·弗莱[1]第一次来我们这里。他带克莱夫·贝尔和克莱夫·贝尔太太来后又带别的许多人来。那段时期克莱夫·贝尔是跟另外那两个人一起来。他埋怨他妻子和罗杰·弗莱对重要艺术作品的兴趣过大。他总觉得这很不可思议。他很有趣，后来他成了真正的艺术家评论家就不怎么有趣了。

罗杰·弗莱总是很有魅力，作为客人有魅力作为主人也有魅力；后来我们去伦敦，在乡下跟他过了一天。

他一见毕加索画的格特鲁德·斯泰因肖像就非常兴奋。他在《柏林顿评论》上写了一篇有关此肖像的文章，还并列两幅照片作为插图，一幅是此肖像的照片另一幅是拉斐尔所作的肖像的照片。他坚信这两幅画的价值相当。他带无数人来过我们

---

1 罗杰·弗莱（1866-1934），英国评论家、艺术家。

这里。不久就有很多英国人来，有奥古斯特斯·约翰[1]和兰姆，奥古斯特斯·约翰那样子令人吃惊也不太冷静，兰姆很奇特很有吸引力。

大约在这前后罗杰·弗莱已有许多年轻的门徒。其中有温丹姆·刘易斯[2]，温丹姆·刘易斯瘦高个，很像个正长个子的法国小伙子，或许是因为他的脚很像法国人的脚，至少他的鞋很像法国人的鞋。他常来，坐下，测定画的大小。我不是说他真的用量竿测定，但是他仔细测定画布、画布上的线条以及可能有用的一切时很注重效果。格特鲁德·斯泰因很喜欢他。有一天他来详谈他跟罗杰·弗莱的争论时，她尤其喜欢他。罗杰·弗莱在这前不久来过也谈过争论的种种情况。他们两人谈的完全是同一件事，却又谈得不一样。大不一样。

也是在这前后，在波士顿艺术馆任职后来在肯辛顿博物馆任职的普里查德开始来这里。普里查德带来很多年轻的牛津学生。他们在这里都很愉快，认为毕加索妙不可言。他们感觉到，就某种意义而言这感觉是真实的，毕加索背后有光环。跟这些牛津学生一起来的有塔夫茨大学的托马斯·惠特莫。他鲁莽而逗人喜欢，后来有一天他说所有蓝色都宝贵[3]使格特鲁德·斯泰因大为高兴。

人人都带人来。我已说过星期六晚的特征已渐渐改变，也就是说，到这里来的人已有变化。有人把尤拉利亚公主带来过而且带来过两次。她很高兴，她那王族的记忆力使人吃惊，甚至几年之后我们在旺多姆偶然相遇时她还记得我的名字。她第一次来我们这里时有点害怕。这地方似乎很陌生但渐渐就很喜

1　奥古斯特斯·约翰（1878-1961），英国艺术家。
2　温丹姆·刘易斯（1884-1957），英国艺术家。
3　似指：深蓝代表牛津大学，浅蓝代表剑桥大学。

欢这里了。

库纳德女士带她的女儿南希来过,并且非常郑重其事地嘱咐女儿切莫忘记这次来访,南希当时是个小姑娘。

还有哪些人呢。多得很。巴伐利亚公使带好些人来过。雅各－埃米利－布朗歇带来的一些人很讨人喜欢,阿尔丰斯·康也带人来过。有位奥托林·莫利尔女士长得简直像个女性迪斯雷里[1],高个子,局促,胆怯地在门口迟迟疑疑。有位像王族的荷兰女子,护送她的人把她留下,前去叫马车,她在这一会儿工夫就非常惊恐。

有位罗马尼亚公主和她的那个不耐烦的马车夫。埃莱娜进来大声说马车夫不愿等。马车夫本人使劲敲门之后说他不愿等。

各种人不断。大家都来大家都一样。格特鲁德·斯泰因平静地坐在椅子上,有座的人坐下,其余的站着。朋友们围炉谈天,总有不认识的人来来去去。这我是记忆犹新的。

各人都带人来。威廉·库克带来好些芝加哥人,是些很富有的矮矮胖胖的女士和也很富的瘦瘦高高的漂亮女士。那年夏天从地图上发现巴利阿里群岛,我们便去马略尔卡岛,库克乘小船远航。他也从地图上发现马略尔卡岛。我们没待多久而他留下度夏,后来他回来,成了发现帕尔马的众多美国人当中的第一人。一打仗我们又都回来。

这年夏天毕加索让我们带一封信给他青年时期的朋友,在巴塞罗那的拉文托斯。他说法语吗,格特鲁德·斯泰因问道,巴勃罗嗤嗤地笑,比你说得好,格特鲁德,他回答说。

拉文托斯使我们过得很愉快,他和德·索托的一位后裔带我们游览了长长的白天,说白天长是因为白天大多很暗。他们

1　本杰明·迪斯雷里(1804-1881),英国外交家、作家,曾任英国首相。

早在当时就有一辆汽车，带我们上山去参观古老的教堂。我们跑上小山然后愉快地慢慢下山，每隔两个小时左右就吃一餐。我们在晚上十点钟左右回到巴塞罗那时，他们说现在先喝开味酒再吃饭。吃这么多顿确实累人，但是我们玩得高兴。

后来，过了很久以后，其实仅在几年之前，毕加索介绍我们认识他青年时期的另一位朋友。

萨巴特跟他从十五岁时起就认识，在格特鲁德·斯泰因认识毕加索之前萨巴特已消失在南美，乌拉圭的蒙得维的亚了，她没听说过他。几年前的一天毕加索带口信说他准备带萨巴特来这里。萨巴特在乌拉圭从各种杂志上读过格特鲁德·斯泰因的作品，对她的作品很是钦佩。他从没想到毕加索竟然认识她。这些年来他第一次回到巴黎便去找毕加索并向他谈到这位格特鲁德·斯泰因。她是我的老朋友啦，毕加索说，她那地方是我唯一的去处。带我去吧，萨巴特说，于是他们来了。

格特鲁德·斯泰因和西班牙人是天生的朋友，这一次也是友情增长。

这时未来派，意大利未来派，在巴黎大搞画展，名噪一时。人人兴奋，画展又是在一个著名画廊举行，人人都去。雅各－埃米利－布朗歇为之大感惊慌。我们见他在兑勒利花园里战战栗栗地徘徊，他说，看样子挺好不是。不，不好，格特鲁德·斯泰因说。你的话对我很有帮助，雅各－埃米利－布朗歇说。

以塞维里尼[1]为首的所有未来主义者都蜂拥到毕加索周围。他把他们都带到我们这里来。我记得马里内梯[2]后来是自己来的。大家都感到未来主义者非常乏味。

---

1 吉诺·塞维里尼（1883-1966），意大利画家，1906 年时住在巴黎。
2 菲力坡·马里内梯（1876-1944），意大利诗人，"未来派"创始人。

一天晚上雕塑家艾卜斯坦[1]来花园街。格特鲁德·斯泰因在1904年第一次来巴黎时，艾卜斯坦是个瘦而相当漂亮也相当忧郁的代笔人，常悄然出没于卢森堡博物馆里那些罗丹制作的雕像之间。他为赫琴斯·哈普古德研究犹太人居住区的文章做插图，靠这笔钱来到巴黎，很穷。我第一次见他时他已来巴黎，在奥斯卡·王尔德的墓上塑斯芬克斯式的奥斯卡·王尔德雕像。他个子相当高大，给人的印象不能说不深刻但不漂亮。他的英国妻子那双棕色眼睛非常出众，眼睛是这种棕色的我以前还从没见过。

巴尔的摩的克拉里贝尔·柯恩医生来来去去十分威严。她喜欢高声朗读格特鲁德·斯泰因的作品而且确实高声朗读得非常之好。她喜欢安逸、优雅、舒适。她和她妹妹埃塔·柯恩正在旅行。旅馆里仅有的那个房间不舒适。埃塔要她姐姐将就将就，因为只过一夜。埃塔，克拉里贝尔医生回答说，一夜跟我一生中其他的任何一夜是同样的重要，我一定要觉得舒适才行。战争爆发时她碰巧在慕尼黑搞科学研究。她不能离开，因为旅行总无法使人感到舒适。人人都喜欢克拉里贝尔医生。很久以后毕加索给她画了一幅像。

艾米丽·查德伯恩来，是她带奥林托·莫利尔女士来的，她还带许多波士顿人来。

密尔德里德·阿德里奇带来一位极不寻常的人米拉·艾泽利。我记得很清楚我年轻时去参加舞会，旧金山的一次化装舞会，在舞会上看见一位很高很漂亮很出色的女人。这就是年轻时的米拉·艾泽利。著名摄影家简瑟给她拍过无数照片，大多是跟

---

1 雅各布·艾卜斯坦（1880-1959），美国雕塑家，1905 年时住在英国，1907年入英国籍。

一只猫合影。她作为小像画家去过伦敦，获得过美国人在欧洲获得的惊人成就之一。她给人人画小像，给王族画小像，一向保持她那种认真、轻松、粗心、率直的旧金山作风。她现在来巴黎搞调查。她认识了密尔德里德·阿德里奇并且很喜欢她。1913年密尔德里德挣钱的本事大减，是米拉为她弄到一笔年金，使密尔德里德得以隐居在马恩河边的小山顶上。

米拉·艾泽利诚挚地希望格特鲁德·斯泰因的作品更广泛地为人们所知。密尔德里德对米拉·艾泽利谈到有好些稿子无法出版，米拉说一定要想办法。办法当然有。

她跟约翰·兰有点熟，她说格特鲁德和我应当去伦敦。不过米拉先写信，然后由我替格特鲁德·斯泰因写信。她向我讲了我必须用的格式。我记得开头是有位格特鲁德·斯泰因小姐你可能知道也可能不知道，后面接着该写什么就写什么。

由于米拉大力促成，我们在1912年冬或1913年去伦敦待了几个星期。我们确实过得很愉快。

米拉带我们跟她一起住在罗杰斯上校和罗杰斯太太家里，在萨里的里弗赫尔。附近是诺尔和埃森莫特，有很多漂亮的住宅和美丽的公园。这是我一次在英格兰的乡间庄园做客因为我从小只去过托儿所。我每时每刻都过得愉快。舒适的环境，炉火，报喜天使般的高个子少女，美丽的公园，孩童，安逸自在，新奇的事物美丽的东西都很多。它是什么呢，我问罗杰斯太太，啊这我可说不上来，反正我来的时候它就在这里了。它使我感受到这个住宅里有过许多美丽的新娘，是她们来时发现了这一切。

格特鲁德·斯泰因不如我那么喜欢在乡间庄宅做客。接连不断的和善而支支吾吾的聊天，人们不间断的说英语的声音，使她心烦。

我们后一次去伦敦，碰上打仗而在我们朋友的乡间庄宅住了很久，一天的大部分时间她设法不与人接触，三四餐中至少有一餐不吃，所以她更喜欢它。

我们在英国确实过得很愉快。格特鲁德·斯泰因完全忘了早先伦敦给她留下的阴沉回忆，自那以后她一直很喜欢去伦敦。

我们去罗杰·弗莱的乡下住宅，受到他那位教友派妹妹的盛情款待。我们去奥托林·莫利尔女士那里，见到了所有的人。我们去克莱夫·贝尔的家。我们今天去这儿明天去那儿，出去买东西定购物品。我的手提包和珠宝盒我现在还留着。我们过得愉快极了。我们常去见约翰·兰，实际上我们预定每星期天下午去他家喝茶，格特鲁德·斯泰因同他在他办公室谈过几次。我饱览了博德利黑德[1]附近所有商店里的东西，因为格特鲁德·斯泰因在出版社见约翰·兰。事情没有进展直到最后才有点进展，我在这段时间便在外面等。东看看西瞧瞧。

在约翰·兰家的星期天下午，过得非常有趣。我记得我们第一次在伦敦期间便去过他家两次。

约翰·兰兴致很高。约翰·兰的太太是位波士顿妇女，十分亲切。

星期天下午在约翰·兰家喝茶是一种体验。约翰·兰手头有《三个女人》和《玛贝尔·多吉画像》。人们不知道他让人看作品为何有挑选。这两本书他都没给任何人看过。他把书放在别人手里又拿走然后让人不解其意地宣布格特鲁德·斯泰因在此。不把任何人介绍给别人认识。约翰·兰间或带格特鲁德·斯泰因去各个房间，拿他的照片给她看，各个时期的英国学校的老照片，有的给人的印象很深。有时他谈谈他怎么会有这些照片。他还给她看许多比尔斯的绘画，他们谈论巴黎。

---

1 一家出版社的名字。

第二个星期天他又请她去博德利黑德。这一次是长谈。他说兰太太读过《三个女人》后对它十分赞赏，说他完全信得过她的判断。他问格特鲁德·斯泰因何时再到伦敦。她说可能不会再来伦敦。啊，他说，你在七月来时我估计我们就可做些准备了。或许，他接着说，初春时我可能在巴黎见到你。

　　我们离开伦敦。大体上我们是很高兴的。我们过得很愉快，这是格特鲁德·斯泰因第一次同出版人面谈。

　　密尔德里德·阿德里奇在星期六晚经常带好些人来我们这里。有个晚上有几个人跟她一起前来，其中有玛贝尔·多吉。她给我的印象我记得很清楚。

　　她很胖，一绺浓密的硬发搭在前额，睫毛又密又长，眼睛很美，一派老式的风姿。她的嗓音好听，她使我想起我年轻的女英雄，女演员乔吉亚·凯芬。她请我们去佛罗伦萨跟她住在一起。我们当时的习惯是去西班牙度夏到秋天时回巴黎，在那之后或许可以去佛罗伦萨。我们回来时收到玛贝尔·多吉的好几封急电，催我们去库隆尼亚别墅，我们去了。

　　我们过得很愉快。我们喜欢埃德温·多吉我们喜欢玛贝尔·多吉，我们尤其喜欢我们在那里认识的康斯坦丝·弗莱彻。

　　我们头一天到康斯坦丝·弗莱彻第二天就来了，我去车站接她。玛贝尔·多吉曾对我说她个子很大穿件紫上衣，耳朵有点背。其实她穿的是绿上衣耳朵也不背只不过很近视而且愉快。

　　她的父母是马萨诸塞州纽伯里波特人，而且住在那里。埃德温·多吉的家乡也是这个镇子，这层关系很是深厚。康斯坦丝十二岁时，她母亲爱上康斯坦丝的弟弟的家庭英文教师。康斯坦丝知道她母亲即将离家。有一个星期康斯坦丝躺在床上哭，才随她母亲和未来的继父一起去意大利。她的继父是英国人，所以康斯坦丝满心喜悦地成了英国妇女。继父是画家，在意大利当地的英国居民中颇有名气。

康斯坦丝·弗莱彻十八岁时写过一本畅销书《济斯梅特》并跟拜伦的后代洛弗勒斯勋爵订了婚约。

她没有嫁给他，其后一直住在意大利。最后定居在威尼斯。这是她父母去世以后的事了。我作为加州人一直很喜欢她年轻时在罗马对乔奎·米勒[1]的讲述。

现在年纪大些的她妩媚动人。我很喜欢刺绣，她绣花环的方法使我着迷。绣布上没有画图案，拿在手里，不时将绣布拿近到眼前看看，最后花环就绣成了。她很喜欢鬼魂。库隆尼亚别墅有两个鬼魂，玛贝尔爱以鬼魂吓唬来串门的美国人，有一套效果极佳富于暗示的做法。有一次她把参加别墅宴会的乔和冯尼·戴维森、弗罗伦斯·布赖德利、玛丽·富特和其他一些人简直吓疯了。为了使效果完满她请了当地的祭司来驱赶鬼魂。你们可以想象她的客人是何心情。但是康斯坦丝·弗莱彻喜欢鬼魂而且尤其喜爱后来的一个，即在这屋里自杀的一位英国家庭女教师的悲魂。

一天早上我走进康斯坦丝的睡房问她感觉如何，头天夜里她身体有些不适。

我进去，关上门。康斯坦丝·弗莱彻大模大样躺在别墅的一张文艺复兴时期式样的大床上。门边是个文艺复兴时期式样的大橱柜。这一夜我过得很愉快，康斯坦丝·弗莱彻说，那个和善鬼魂整夜跟我在一起，刚走不久。我想她还在橱柜里，请你打开橱柜好吗。我开了橱柜。她在里面吗，康斯坦丝·弗莱彻问。我说我什么也没看见。啊对，康斯坦丝·弗莱彻说。

我们过得很愉快，当时格特鲁德·斯泰因写了《玛贝尔画像》。

1　乔奎·米勒（1877-1913），美国诗人。

她也写了《康斯坦丝·弗莱彻画像》，后来收进《地理与剧本》。战后多年在伦敦我在埃迪斯·塞特威尔为格特鲁德·斯泰因举行的聚会上见到塞弗莱德·萨松[1]。他谈到他从《地理与剧本》里读到格特鲁德·斯泰因写的康斯坦丝·弗莱彻画像，说他第一次对格特鲁德·斯泰因的作品产生兴趣就是因为这篇画像。他又接着说，你认识她吗，如果你认识，能不能给我说说她那副好嗓音。我说，嗓音美妙极了，这么说你不认识她。不认识，他说，没见过她可却搅乱了我的生活。怎么回事，我兴奋地问。因为，他回答说，她使我的父母分居了。

康斯坦丝·弗莱彻写过一个非常成功的剧本《绿袜子》，在伦敦久演不衰，但她实际上是生活在意大利。她比意大利人更意大利。她钦佩她的继父因而是英国人，但确实为马基维利[2]的巧妙意大利手段所支配。她能够而且确实以意大利方式耍手腕，甚至胜过意大利人，多年来在威尼斯不仅在英国人当中而且在意大利人当中都是难缠的有影响力的人。

我们住在库隆尼亚别墅时安德列·纪德来了。那个晚上过得很乏味。也是在那个晚上我们第一次见到墨瑞尔·德雷帕和保尔·德雷帕。格特鲁德·斯泰因一向很喜欢保尔·德雷帕。她喜欢他的那股美国人的热情，凡涉及音乐和人的事都能说出道理来。他在西方有过很多奇异的经历，这是他们两人间的另一层关系。保尔·德雷帕离开回了伦敦，玛贝尔·多吉收到电报，说珍珠遗失怀疑是第二人所为。她焦虑不安地来找格特鲁德·斯泰因，问她该怎么办，别吵醒我，格特鲁德·斯泰因说，什么也别做。然后坐起来说，这事挺有意思。怀疑第二人，有意思，

---

1 萨松（1886-1967），英国诗人、传记家。
2 马基维利（1469-1527），意大利政治家，以不择手段达到政治目的著称。

可这第二人是谁是干什么的呢。玛贝尔解释说上次在别墅发生过一次抢劫，警察说没法办，因为没人对任何具体的人有怀疑，这次保尔为避免出现这种复杂情形而怀疑第二人是仆人。做此解释之际又来一电报，珍珠找到。第二个人把珍珠放在衣箱里了。

霍威斯和他的妻子，即后来的敏纳·洛伊也在佛罗伦萨。他们的房子已拆，有工人在里面，但他们把屋里收拾好以便请我们吃一顿可口的午饭。霍威斯和敏纳是最早的格特鲁德·斯泰因作品的爱好者。霍威斯被他所读的《美国人的成长》原稿所吸引。他却为逗号辩护。格特鲁德·斯泰因说用不着逗号，含意应当是固有的而不必用逗号来说明，否则逗号就成了人们停顿和喘口气的符号，而人们自己是知道何时停顿何时喘气的。然而她非常喜欢霍威斯，他送给她一幅好看的画以表明他是她的作品的爱好者，她便用了两个逗号以示答谢。但必须补充，她重读原稿时又删去了这两个逗号。

同样有兴趣的敏纳·洛伊，没有逗号她也能看懂。她一向看得懂。

格特鲁德·斯泰因写完《玛贝尔画像》，玛贝尔就立即要出版它。她让印了三百册并用佛罗伦萨纸装订。康斯坦丝·弗莱彻校了清样，我们都十分高兴，玛贝尔立即想到应当让乡间庄宅挨家请格特鲁德·斯泰因去写画像，不再写美国大富翁画像，这职业又带劲又赚钱。格特鲁德·斯泰因哈哈大笑。不久后我们回巴黎。

这年冬天格特鲁德·斯泰因开始写剧本。第一本叫《发生了，剧本》。是马哈利和布里吉特·吉布举办的一次聚餐。然后她写了《女士们的声音》。她写剧本的兴趣继续着，她说景色就是为一处战场或一出戏所做的天然准备所以人们应当写剧本。

玛贝尔·多吉的朋友弗罗伦斯·布赖德利正在巴黎过冬。

她有些舞台经验曾想筹建个小剧院。她非常想把这些剧本搬上舞台。当时德慕斯[1]也在巴黎。他当时对写作的兴趣胜过对画画的兴趣而且对这些剧本尤其感兴趣。他和弗罗伦斯·布赖德利一起讨论这些剧本。

格特鲁德·斯泰因没见过德慕斯。她第一次听说他在作画时她十分感兴趣。他们没有通过信不过常托友人互带口信。德慕斯常带口信说有朝一日他要画一幅使他完全中意的小画送给她。多年过去，果然两年前我们不在家时有人将一幅小画留在花园街并附言说德慕斯要送给格特鲁德·斯泰因的就是此画。是一小幅出色的风景画，画里的屋顶和窗子惟妙惟肖，跟霍桑或亨利·詹姆斯作品里的屋顶和窗子一样神秘而生动。

此后不久玛贝尔去美国，在冬季军械展览会上公众才第一次有机会看到这类画作。马塞尔·杜尚的《下楼的裸体》就是在这里展出的。

大约在这前后皮卡比亚跟格特鲁德·斯泰因相识。我记得在皮卡比亚夫妇家吃饭，吃得很满意，加布里尔·皮卡比亚[2]充满活力精神愉快，皮卡比亚阴郁而敏锐，马塞尔·杜尚像个年轻的诺曼底十字军战士。

我一直能完全理解马塞尔·杜尚在战争的头几年到纽约时所激起的狂热。他的兄弟因负伤刚去世，他的另一个兄弟仍在前线而他本人又不适于服兵役。他非常忧郁，去了美国。大家都爱他。于是在巴黎有个笑话，说不管哪个美国人到了巴黎后首先是问马塞尔情况如何。有一天格特鲁德·斯泰因去看布拉克，那是在战后不久，她走进工作室，里面碰巧有三个年轻的美国人，

---

1 查尔斯·德慕斯（1883-1935），美国画家。
2 皮卡比亚的妻子。

她问布拉克，马塞尔情况怎么样。那三个年轻的美国人气喘喘地走到她跟前说，你看见马塞尔啦。她哈哈大笑，美国人认为只有一个马塞尔是不可避免的，她对此已习以为常，于是解释说布拉克的妻子叫玛塞尔，她问的是玛塞尔·布拉克。

那段时期皮卡比亚和格特鲁德·斯泰因还不是挚友。他那种不间断的作风和她称作被耽误了的青春期的粗俗使她不快。可是说来也怪，就在这最后一年里他们彼此相处得很好。她对他的素描和绘画很有兴趣。是随一年前他的画展开始有兴趣的。她现在确信在某方面说他虽然没有画家的天赋，但是他有见解，这见解一直很有价值而且将永远很有价值。她称他为达达运动的利奥纳多·达芬奇。一点不错，他理解并创造一切。

冬季军械展览会一结束玛贝尔·多吉就回欧洲，带来了雅各－艾米利－布朗歇所说的一群 Les jeunes assortis，即杂七杂八的年轻人。有卡尔·凡·维奇坦，罗伯特·琼斯，约翰·里德。卡尔·凡·维奇坦没跟她一起来花园街。他后来在春天自己来了。另外两个是跟她一起来的。我记得那个晚上他们都来了。毕加索也在。他吹毛求疵地望着约翰·里德说，Le genre de Braque mais beaucoup moins rigolo，即布拉克那类人可没那么有趣。我也记得里德对我说起他在西班牙观光。他告诉我他在那里看过许多名胜，见过萨拉曼卡大街上的女巫们被人驱赶。我在西班牙待过几个月而他只待了几个星期，所以我不爱听他说的那些事也不相信那些事。

格特鲁德·斯泰因的外貌使罗伯特·琼斯感到印象深刻。他说他要用金色衣料打扮她而且要当场就设计式样。没引起她的兴趣。

我们在伦敦约翰·兰家里遇到的人当中有戈登·凯因和她的丈夫。戈登·凯因曾是韦尔斯利学院的学生，会弹钢琴，常带竖琴旅行，住旅馆总要把房间里的家具完全重新布置一番，哪怕是只住一宿。她高个子玫瑰色的头发，很漂亮。她丈夫是位著名的英国幽默作家也是约翰·兰的作者之一。在伦敦时他们款待我们很是盛情，他们到巴黎的头天晚上我们请他们进餐。我不太知道是怎么回事，反正埃莱娜的那顿饭做得十分糟糕。埃莱娜干活干了那么久只使我们失望过两次。这一次，还有一次大约是在两星期后卡尔·凡·维奇坦来的那次。那一次她也很出奇，做的是一道道餐前小吃。不过那是后来的事了。

进餐时凯因太太说她擅自请了她的好友兼同学凡·维奇坦太太在餐后来此因为她很想见格特鲁德·斯泰因，她很沮丧很不幸，格特鲁德·斯泰因一定能使她过得愉快些。格特鲁德·斯泰因说倒是有点记得凡·维奇坦这姓名但想不起是何人。她总记不住姓名。凡·维奇坦太太来了。她也是个高个子。看来上韦尔斯利学院的好些女人都是高个子。她也漂亮。凡·维奇坦太太谈了她的婚姻生活的悲剧，但格特鲁德·斯泰因不特别感兴趣。

大约一个星期之后弗罗伦斯·布赖德利邀我们去看《春之祭》。这个俄国芭蕾舞刚演出过一场而且引起极大的轰动。全巴黎为之倾倒。弗罗伦斯·布赖德利买了三张包厢票，包厢可坐四人，请我们跟她同往。与此同时玛贝尔·多吉写来一封介绍纽约的年轻记者卡尔·凡·维奇坦的信。格特鲁德·斯泰因请他下个星期晚上来吃饭。

我们去看俄国芭蕾舞，当时正值俄国芭蕾舞出名的初期，有那位大舞蹈家尼津斯基[1]。他确实是大舞蹈家。那舞蹈使我感到无比兴奋而且我对此颇为内行。我见过三位很伟大的舞蹈家。

1　瓦斯拉夫·尼津斯基（1890-1950），著名芭蕾舞演员。

我的天才们似乎总是数以三计，但这不是我的过错碰巧是事实。我见过的三位真正伟大的舞蹈家是阿根廷、伊莎多拉·邓肯和尼津斯基。像我见过的这三位天才，国籍各异。

尼津斯基没出场跳不过出场的那些人的舞都是他创作的。

我们进了包厢在前排的三个座位坐下，后面的座位留着。我们正前面楼下的座位上是纪尧姆·阿波利奈尔。他身穿晚礼服，殷勤地吻各式各样的自傲自大的女士的手。他那群人里他是头一个在上流社交界身穿晚礼服而且吻手的。我们见他如此很觉高兴有趣。这是我们头一次见他这样做。在战后人们都这样做，不过在战前做此举者只有他。

演出快要开始时我们包厢里的第四个座上有人了。我们看看四周，见一个身体强健的高个子年轻人，也许是个荷兰人、斯堪的那维亚人或美国人，穿件柔滑的晚用衬衫，前胸上打着细细的褶。引人注目，我们甚至没见过就这么穿件晚用衬衫的。那晚我们一回去格特鲁德·斯泰因就给这位姓名不详的人写了画像，叫《某人画像》。

演出开始。表演一开始就全场哗然。现在大家都已司空见惯的这种布景和现在显得毫不奇特的色彩鲜艳的这种背景，惹怒了巴黎的观众。刚奏起音乐刚跳起舞，观众就发出嘘声喝倒彩。支持的人就鼓掌。我们什么也听不到，这芭蕾舞的音乐我确实一点也没听到，因为我只看过这一次，演出从头到尾，确确实实听不到一点音乐声。舞蹈相当好，这我们能看到，尽管我们旁边包厢里有一个人挥动手杖而不断地分散我们的注意力，终因跟他旁边包厢里的一位狂热者发生激烈争吵，手杖掉下，砸在另外那位的为防不测而刚戴到头上那顶去歌剧院戴的帽子上。可谓狂热之极。

第二个星期六晚卡尔·凡·维奇坦将要来吃晚饭。他来了，他就是那位身穿柔滑而有许多褶的晚用衬衫的年轻人，穿的还是那件衬衫。当然他也就是凡·维奇坦太太的悲剧中的男主角或反派角色了。

我说过这里埃莱娜一生第二次把饭做得特别糟糕。她给我们一道又一道餐前小吃，最后是甜的煎蛋卷，原因何在只有她本人最清楚。格特鲁德·斯泰因时时表示非常了解卡尔·凡·维奇坦过去的生活来逗他。他当然被弄得莫名其妙。是个奇妙的夜晚。

格特鲁德·斯泰因和他成了亲密的朋友。

他促使艾伦·诺顿和路易丝·诺顿对斯泰因的作品发生兴趣并说服他们在他们创办的小刊物《小淘气》上刊载了格特鲁德·斯泰因的第一篇在小刊物上发表的作品《拉菲耶美术陈列馆》。在现在罕见的这一小刊物的另一期上他发表了一篇论格特鲁德·斯泰因的作品的短文。格特鲁德·斯泰因写在笔记用纸上的新手法——玫瑰是一朵玫瑰是一朵玫瑰是一朵玫瑰，是他当作箴言收进他早期的一本著作里的。最近她让贝列山脚下当地的陶工用当地的黄黏土给他制作了几个盘子，盘子周围写着"一朵玫瑰是一朵玫瑰是一朵玫瑰是一朵玫瑰"，当中写着送给卡尔。

他一年到头都在公众面前维护她的名声和她的作品。当他开始出名时别人问他，当年最重要的作品是哪一部，他回答是格特鲁德·斯泰因的《三个女人》。他的忠诚和努力从未少过。他曾要诺普出版社出《美国人的成长》，几乎办成，当然是对方缺乏热情。

至于"玫瑰是一朵玫瑰是一朵玫瑰是一朵玫瑰"这一新手法，是我在格特鲁德·斯泰因的一部手稿里发现的，是我竭力主张把它作为一种新手法写在信笺上、桌布上以及她允许的其他地方的。我对我这做法十分满意。

这些年来卡尔·凡·维奇坦给那些他认为可能引起格特鲁德·斯泰因好感的人写介绍信已是令人高兴的习惯。他写介绍信极有识别能力，她很喜欢这些介绍信。

第一个或许也是她最喜欢的人是阿弗里·霍普伍德。友谊一直持续到阿弗里在几年前去世。阿弗里来巴黎时常请格特鲁德·斯泰因和我进餐。这习惯在认识之初就开始了。格特鲁德·斯泰因对出外吃饭并不特别感兴趣但从不拒绝阿弗里。他总安排周到，桌上放着鲜花，菜单经过精挑细选。他不断给我们寄来快递电报，安排此事，我们总过得很愉快。在刚开始的那些日子他总头略微歪到一边，麻色的头发，像只羔羊。后来格特鲁德·斯泰因有时对他说羊变成狼了。我知道这时格特鲁德·斯泰因会说，亲爱的阿弗里。他们彼此很喜欢。他去世前不久的一天走进屋来说，除了吃饭之外我还想送给你点别的东西，或许，他说，我可以送给你一张照片。格特鲁德·斯泰因哈哈大笑，好哇，她对他说，阿弗里，如果你常来只喝点茶的话。后来除了约我们去吃饭的快递电报外他还另拍一封快递电报，说要在某日下午来此只喝点茶。有一次他来了并带来了格特鲁德·阿瑟顿[1]。他亲切地说，我要让我非常喜爱的两位格特鲁德相互认识。那个下午过得非常愉快。大家感到高兴而着迷，我是加州人，我年轻时格特鲁德·阿瑟顿就是我的偶像所以我心满意足。

我们最后一次见到阿弗里是在他最后一次来巴黎之时。他照常来信请我们吃饭，他来接我们时对格特鲁德·斯泰因说他请了几位朋友来，因为他想要她答应一件事。你瞧，他说，你没跟我一起去过蒙马特区而且我非常想你今晚就去。我知道在

1　格特鲁德·阿瑟顿（1857–1948），美国作家。

蒙马特成为我的之前很久它就成为你的了，你愿意去吗。她笑笑说，当然，阿弗里。

我们吃完饭跟他一起去蒙马特。我们去了很多奇奇怪怪的地方，他十分称心。我们乘马车去各个地方，阿弗里·霍普伍德和格特鲁德·斯泰因一起去，一次一次的长谈，阿弗里一定预感到这是最后一次因为他说话从未这样率直而亲密。最后我们离开，他送我们乘马车对格特鲁德·斯泰因说这是他一生中最美好的夜晚之一。第二天他去了南方我们回到乡下。不久后格特鲁德·斯泰因收到他寄来的明信片，说再次见到她使他无比愉快，同一天上午《先驱报》上登了他去世的消息。

大约是在1912年的阿尔汶·兰登·柯本来巴黎。他是个古怪的美国人，带来一位古怪的英国女人，是他的养母。阿尔汶·兰登·柯本刚为亨利·詹姆斯拍完一系列照片。他出过一本卓越男子的照片集现在想出一本与之配套的卓越女子的照片集。我猜想是罗杰·弗莱向他说起格特鲁德·斯泰因的。总之他是第一位来此并把她作为名人为她拍照的摄影家，她感到欣慰之至。他确实为她拍过一些非常之好的照片送给了她。之后便不知去向，格特鲁德·斯泰因虽然常常打听他的下落但自那以后似乎就没人听到他的消息。

这就差不多到了1914年的春天。这年冬天常来我们这里的人当中有伯纳德·贝伦森的前妻生的小女儿。她带来一个年轻朋友霍普·米列斯，霍普·米列斯说我们夏天去英国时一定得去剑桥而且住在她家里。我们答应一定去。

这年冬天格特鲁德·斯泰因的哥哥决定去佛罗伦萨住。他们两人把以前在一起时买的画分了。格特鲁德·斯泰因保存塞尚和毕加索的画她哥哥保存马蒂斯和雷诺阿的画，富于创意的《戴帽子的女人》除外。

我们本想在工作室和那小住房之间开一条小过道，这需要开一扇门还需要涂灰泥，于是决定把工作室油漆一下也重新给房子贴墙纸安电线。我们要把这些活都干完。到6月底活没干完屋子也没收拾好，格特鲁德·斯泰因收到约翰·兰的来信。说他将在第二天到巴黎并且要来看她。

　　我们加紧干，是指我和看门人和埃莱娜加紧干，把接待他的房间准备好了。

　　他带来温丹姆·刘易斯的第一份《疾风》送给了格特鲁德·斯泰因，并想了解她对它的看法，问她能否为它写点文章。她说她说不上来。

　　后来约翰·兰问她是否愿意在七月去伦敦，他几乎已打定主意再版《三个女人》，希望她另带一部手稿去。她说可以，说把她到那时为止所完成的全部人物画像收成集子。没有考虑《美国人的成长》是因为它太长。如此安排之后，约翰·兰便离去。

　　那时在舒尔舍街过得很不幸的毕加索搬远了一点住在蒙特鲁日。这段时期对他来说并非不愉快但自蒙马特的那段日子之后人们再也听不到他那西班牙风味的朗朗笑声。他的许多朋友跟他一起去了蒙帕纳斯，但这情形不同。跟布拉克的亲密关系渐差，他常见到的朋友中只有纪尧姆·阿波利奈尔和格特鲁德·斯泰因了。就在那一年他开始用里波兰[1]颜料而不用画家们常用的颜料。就在几天前他还在大谈里波兰颜料。他那时用里波兰颜料画画，画什么都用里波兰颜料，现在仍然如此，他的许多年轻年老的追随者也仍然如此。

　　他那时还用纸用锡和所有东西制作建筑式样，因为制作这

1　里波兰为一种瓷漆。

类东西他后来才能为《游行》¹制作出著名的舞台布景。

就在这时密尔德里德·阿德里奇准备住到马恩河边的小山顶。她也并非不愉快却很忧伤。在那些春天的夜晚她要我们乘上马车同做一次她所说的最后一次外出。她在波伊松纳街那个公寓的顶层向我们道晚安时，她的房门钥匙掉到楼梯当间的地方也是更常有的事了。

我们常陪她去乡下看她的房子。她终于搬了进去。我们去跟她一起过白天。密尔德里德并非不愉快却很忧伤。我的窗帘都已拉起，我的书已整理好，样样东西都干干净净可我现在将做什么，密尔德里德说。我对她讲当我是小孩时我母亲说我总说我现在将做什么，而此时只不过改变成了我将做什么而已。密尔德里德说最糟的是我们要去伦敦，整个夏天她都见不到我们。我们向她保证我们只离开一个月，其实我们买的是来回票，所以一定得去，一回来就去看她。她感到高兴的是终于有出版社愿意出版格特鲁德·斯泰因的书。不过得提防约翰·兰，他是个狡猾家伙，她说，这时我们亲亲她，便离开了。

埃莱娜要离开花园街27号，因为她丈夫最近当了工场的工头，要她不再出外打工而应留在家里。

简单地说1914年春和初夏这段令人怀念的生活结束了。

---

1 让·科克托（1889-1963），法国现代派作家、剧作家，《游行》为其写的芭蕾舞剧。

第六章

战 时

　　战前住在欧洲的美国人从未真正想到会有战争。格特鲁德·斯泰因常说，管理员的那个常在院子里玩的小男孩每隔两三年就对她说他爸爸一定会去打仗。她的几个住在巴黎的表兄雇了个乡下姑娘当女仆。当时正值日俄战争，他们都闲谈最新消息。吓得女仆手里的盘子掉在地上，叫起来，德国人是不是到了门口啦。

　　威廉·库克的父亲是依阿华人，年已七十，于1914年夏天第一次旅游欧洲。仗都打到他们头上了他还不相信，挺有理地说他能理解一家人自家打架，简单说是内战，但不会跟邻居打大仗的。

　　格特鲁德·斯泰因在1913年和1914年很爱看报。她很少看法文报，凡是法文的她从不看，而常看《先驱报》。那年冬天她增订了《每日邮报》。她爱看主张有妇女参政的内容爱看罗伯茨勋爵的在英国实行义务兵役的内容。罗伯茨勋爵是她早年最推崇的英雄。她常读他的著作《在印度的41年》，她和她哥哥在大学放假时参观过爱德华七世的加冕礼游行。她看《每日邮报》尽管她说她对爱尔兰并不感兴趣。

　　7月5日我们去英国，按预定的计划于星期日下午去约翰·兰家见他。

那里有好多人，在谈论许多事，但有人在谈论战争。有一位，别人告诉我此人是伦敦一家大型日报的社论作者，正惋惜八月份在普罗旺斯他吃不上无花果了，而这是他的嗜好。为什么吃不上，有人问他。因为战争啊，他回答说。还有一位，我想大概是瓦尔波尔或是他的兄弟，说打败德国是无望的，因为它的体制好，所有的铁路货车都是跟火车和转辙机相配套的。但是，爱吃无花果的那位说，只要那些货车在德国本国铁路线上行驶那倒没什么，在侵略战争中这些货车可就要开离德国国境，我向你们担保，然后那就会后患无穷了。

七月那个星期日下午的事，我记得清楚的就这些。

我们正要离开，约翰·兰告诉格特鲁德·斯泰因他要出城一个星期，约他在七月底到他的办公室会面，签《三个女人》的合同。我认为，他说，在目前形势下我宁愿以此书开始而不愿以更加全新的著作开始。我对此有信心。兰太太非常热情读者也很热情。

我们有十天的时间可以支配，于是决定接受米列斯太太也就是霍普的母亲的邀请去剑桥待几天。我们去了剑桥，非常愉快。

下榻的房子非常舒适。格特鲁德·斯泰因喜欢它，能在房间里花园里想待多久就待多久而不怎么会听到什么谈话声。食物非常之好，苏格兰食物，可口而新鲜，认识剑桥大学的所有知名人士真叫人觉得有趣。带我们去了所有的公园请我们去了许多人家里做客。气候宜人，玫瑰花真多，所有的学生和女孩都跳莫利斯舞，令人欣喜之至。请我们在纽纳姆吃午饭，简·哈里森小姐曾是霍普·米列斯的得意门生，她很想认识格特鲁德·斯泰因。我们跟学校的教职员都坐在高台上，令人非常激动。谈话都不怎么特别有趣。哈里森小姐没有特别引起格特鲁德·斯泰因的兴趣。格特鲁德·斯泰因也没有特别引起哈里森小姐的兴趣。

我们一直听说过关于怀特海博士和怀特海太太的许多事。他们不再住在剑桥。一年前他已离开剑桥去了伦敦大学。他们不久将到剑桥来，在米列斯家吃饭。他们来了，于是我认识了我的第三位天才。

那餐饭吃得很愉快。我坐在剑桥诗人豪斯曼[1]旁边，我们谈到鱼和戴维·斯塔·乔丹[2]但是我更有兴趣的是时时注意看怀特海博士。后来我们走进花园，他过来坐在我旁边，我们谈起剑桥的天空。

格特鲁德·斯泰因，怀特海博士，怀特海太太三人渐渐互有好感。怀特海太太请我们去她在伦敦的住处然后去塞利兹伯里平原附近的洛克里奇的乡间庄宅跟他们共度周末，七月的最后一个周末。我们欣然答应。

我们回伦敦，过得十分开心。我们订购了几把舒适的椅子和一张用印花棉布做面套的舒适的沙发以替换格特鲁德·斯泰因的哥哥带去的一些意大利家具。这花了很长时间。我们得亲自坐在椅子和沙发上试试大小要挑选跟屋里的绘画相配的印花棉布，我们一一办妥。尽管战争在1915年一月的一天逼近到了花园街门口，我们却以最大的欣喜欢迎了那几把舒适的椅子和那张舒适的沙发。在那种日子人们是需要这种慰藉和这种舒适的。我们跟怀特海夫妇一起进餐，我们比以前更喜欢他们，他们也比以前更喜欢我们，说这话真令人不胜感激。

格特鲁德·斯泰因应约翰·兰之约去了博德利黑德。他们

---

1 阿弗雷德·豪斯曼（1859-1936），英国诗人。
2 戴维·斯塔·乔丹（1851-1931），美国生物学家、教育家。

谈了很久，这回等的时间长得我看完了离那一带相当远的所有商店的橱窗，不过格特鲁德·斯泰因总算拿着合同出来了。使人高兴之极。

然后我们乘火车去洛克里奇跟怀特海夫妇一起过周末，我们有一只在周末用的大提箱，我们很以它为荣，我们第一次旅游时曾用过它，现在又照常用它。后来我的一个朋友对我说，人家请你们去过周末你们却住了六个星期。我们是住了六个星期。

我们到达时乡间庄宅有聚会，有剑桥的一些人，有些年轻人，怀特海家的小儿子埃里克，当时十五岁，长得很高很漂亮，刚从纽纳姆来的女儿杰希。不太可能一本正经地想到战争，因为他们都在谈杰希·怀特海将要去芬兰的事。杰希常跟陌生地区的外国人交朋友，她很喜爱地理，热爱大英帝国的荣耀。她有个朋友是芬兰人，邀她去芬兰跟他家里的人一起过夏天。并且告诉杰希可能发生暴动反对俄国。

怀特海太太犹豫不过已几乎同意。当时大儿子诺斯在外地。

我记得，突然举行几乎制止战争的会谈，是格雷勋爵[1]和俄国外交部长。接着是向法国提出最后通牒，之后的形势没有进一步发展。格特鲁德·斯泰因和我跟伊芙琳·怀特海一样，情绪非常之坏，伊芙琳有法国血统，在法国长大的，极为同情法国。然后是入侵比利时，我仍能听见怀特海博士那轻轻的读报声和大家谈到卢万遭到破坏以及应如何帮助勇敢而无援的比利时人。格特鲁德·斯泰因非常不高兴，问我卢万在哪儿。你不知道吗，我问，不知道，她说，我也无所谓，可卢万在哪儿呢。

我们的周末过去了，我们对怀特海太太说我们该走了。可是你们现在不能回巴黎啊，她说。不回巴黎，我们回答说，但

---

1 爱德华·格雷（1862-1933），英国政治家。

可以留在伦敦。啊不，她说，你们一定得在我们这儿住到能回巴黎的时候再走。她很亲切而我们很高兴。我们喜欢他们而他们也喜欢我们，于是我们同意住下。后来使我们感到无比欣慰的是英国参战了。

我们得回伦敦取大提箱，拍电报给在美国的亲戚，取款，而怀特海太太很想去，看她和她女儿能否想办法帮助比利时人。这次的旅行我记得非常清楚。到处都是人，火车上虽然不挤，可所有车站甚至乡下的小车站都挤满了人，毫无不安的表情，可人就是多。我们在换车的车站遇见米拉·艾泽利的一个朋友阿斯特利女士，我们曾在巴黎见过她。你们好啊，她说，声音又大又开朗，我去伦敦跟我儿子告别。他要去外地吗，我们有礼貌地问。对，她说，他参了军，今晚开赴巴黎。

在伦敦诸事不便。格特鲁德·斯泰因的信用函由一家法国银行付款而我的信用函上幸好钱数很少归一家加州银行付款。我说幸好是因为银行不付巨额款而我的信用函上的钱数很少所以差不多已经用完，他们毫不犹豫地把剩下的都付给我了。

格特鲁德·斯泰因拍电报给她在巴尔的摩的表兄，让寄钱给她，我们取了大提箱，我们在火车站上遇到伊芙琳·怀特海，于是跟她一起回洛克里奇。回去真叫人感到欣慰。我们感谢她的好意因为那时在伦敦住旅馆实在太可怕。

一天一天过去，很难记清究竟发生过什么事。诺斯·怀特海在外地，怀特海太太非常担心他轻率入伍。她一定要见到他。于是拍电报叫他立即回来。他回来了。她做得很对。他曾去过最近的一处新兵站报名入伍，幸好排在他前面的人太多，还没轮到他，招兵工作就结束了。她立即去伦敦找基契纳[1]。怀特海

---

1 霍拉旭·基契纳（1850-1916），英国的殖民行政官员（生于爱尔兰）。

博士的兄弟在印度当主教，年轻时就跟基契纳很熟。怀特海太太有这层关系，诺斯便获得任官令。她回来总算放心了。诺斯在三天内上任，但在这段时间内他必须学会开车。三天很快过去，诺斯走了。他没有什么准备便立即去了法国。后来的日子就是等待。

伊芙琳·怀特海忙于安排战时的工作和帮助大家，我尽可能地帮助她。格特鲁德·斯泰因和怀特海博士不断在乡间散步。他们谈哲学谈历史，格特鲁德·斯泰因就是在这段时期充分认识到，是怀特海博士而不是罗素对他们那部巨著已有计划。怀特海博士为人和善非常大度，从不为自己要求什么，对任何有才华的人都非常钦佩，而罗素无疑是有才华的。

格特鲁德·斯泰因回来常对我说起他们的散步和那仍跟乔叟时代一模一样的乡间，仍能见到早年英国人的那种长长的青草小径，那奇异夏日的三色彩虹。怀特海博士和格特鲁德·斯泰因常跟猎场看守人和捕鼹鼠的人长谈。捕鼹鼠的人说，先生，英国从来没吃过苦头而总是打胜。怀特海博士微微一笑转过脸看着格特鲁德·斯泰因。我看我们也许可以这样说吧，他说。怀特海博士显得有些自信不足，那个猎场看守人便对他说，怀特海博士，英国是影响很大的国家，不是吗。我希望它是，对，我希望它是，怀特海博士心平气和地回答说。

德国人离巴黎越来越近。一天怀特海博士和格特鲁德·斯泰因正穿过杂草丛生的小森林，他搀扶着她，这时他问她，你有没有作品在这儿还是都在巴黎。都在巴黎，她说，我并不想问，怀特海博士说，不过我一直很担心。

德国人离巴黎越来越近，到了最后格特鲁德·斯泰因不想走出她的房间，坐着，哀叹。她爱巴黎，她考虑的不是手稿也不是绘画，她只想到巴黎而且她很悲伤。我走进她的房间，大声说，现在好了，巴黎得救了，德国人在后撤。她背过脸说，别告诉我这些。是真的，我说，是真的。

我们两人都哭了。我们所认识的人在英国第一次得知有关马恩河战役的情形是从密尔德里德·阿德里奇给格特鲁德·斯泰因的一封信里。实际上这是谈及她那本《马恩河上一山顶》的第一封信。收到信，得知马德里平安无事，知悉马德里的情况，我们十分高兴。信传来传去，附近的人都看了。

后来我们回到巴黎又听说了有关马恩河战役的另外两种说法，我有个加州的老同学内莉·杰可特，住在塞纳布洛涅，我很为她担心。我给她去电报，她的回电很有特色，Nullement en danger ne t'inquiète pas, 这是说没有危险别担心。正是内莉以前把毕加索叫漂亮的擦鞋匠，说到费南德时总对毕加索说她好是好可干吗为她烦恼啊。也正是内莉总爱盘问马蒂斯，把马蒂斯问得满脸通红，她问他对马蒂斯太太的几种看法，他觉得她像妻子是怎么回事他觉得她像一幅画是怎么回事，他把一种身份变成另一种身份又是怎么回事。也正是内莉讲过格特鲁德·斯泰因总爱引用的那件事，有个年轻人对她说，我爱你内莉，内莉是你的名字，对不。我们从英国回来，说到人人都非常体贴时也正是内莉说是啊，我知道那种体贴是怎么回事。

内莉对我们讲述马恩河战役。你们知道，她说，我一个星期要进一趟城买东西而且总带女仆去。我们乘电车去因为在布洛涅很难叫到出租车，回来时坐电车。我们跟往常一样到了城里，没去注意什么，买好东西喝过茶就站在街角叫出租车。我们叫了几辆，一听说我们要去的地方车就开走了。我知道出租车司机有时不愿去布洛涅，于是我对玛丽说，他们如果去，我们多给小费。她又叫住一辆，司机是个老头，我对他说，把我们送到布洛涅我多给你小费。啊，他把一个手指放在鼻子上说，我很抱歉，太太，不可能，今天所有出租车都不能开出市区。为什么，我问。他眨眨眼便开走了。我们只好乘电车回布洛涅。我们后来听到加列尼[1]和出租车的情形当然就明白了，内莉接着说，是因为马恩河战役。

我们刚回到巴黎从阿尔菲·莫勒那里听到有关马恩河战役的另一种描述。阿尔菲说，我正坐在咖啡馆里，巴黎的颜色发青，不知道你们明不明白我的意思，青得像苦艾酒。我坐在那儿，发现好些马拖着好些货车慢慢驶过，有兵押着，箱子上写着法兰西银行。在马恩河战役之前，阿尔菲说，黄金就这么运走啦。

在英国等待的那些阴郁日子当然发生过很多事。在怀特海夫妇家来来去去的人很多，议论当然也多。首先是林顿·斯特莱奇[2]。他住在离洛克里奇不远的一幢小房子里。

一天傍晚他来看望怀特海太太。他很瘦脸色不好，胡子如丝，声音小而高。一年前邀请我们去伊瑟尔·桑兹小姐家见乔治·穆尔[3]时曾见过他。乔治长得很像个给走俏的梅林食品做广告的小孩，那次他和格特鲁德·斯泰因相互不感兴趣。林顿·斯特莱奇和我谈毕加索谈俄国芭蕾舞。

今晚他来，和怀特海太太讨论有无可能救出在德国失踪的林顿·斯特莱奇的妹妹。她建议他向能帮助他的人提出要求。但是，林顿·斯特莱奇小声说，我没见过这个人。对，怀特海太太说，你可以给他写信要求见他呀。这是不可以的，林顿·斯特莱奇小声回答说，如果我从未见过他。

那个星期里来的另一个人是伯特兰·罗素。他来洛克里奇的那天诺斯·怀特海上了前线。他是和平主义者，好争论，虽

---

1 约-西·加列尼（1849-1916），一战初期的巴黎军区司令。
2 林顿·斯特莱奇（1880-1932），英国史学家、传记家、评论家。
3 乔治·穆尔（1852-1933），英国作家。

说是老朋友但怀特海博士和怀特海太太觉得听他谈见解他们可受不了。他来了，格特鲁德·斯泰因想引开大家对战争与和平这个重大问题的注意力，便提出了教育问题。这可引起罗素的关切，他谈了美国教育制度的所有缺点，尤其是忽视学希腊文。格特鲁德·斯泰因回答说，是岛国的英国当然需要岛国或者可能曾经是岛国的希腊。从根本上说希腊文是一种岛国文化，而美国非常需要的是一种大陆文化，这必然是拉丁文。这一论据使罗素先生急躁不安，他变得很善辩。格特鲁德·斯泰因认真起来，除了说英国是岛国外还详述希腊文对英国人的价值，详述希腊文化对于以不同于英国人心理的美国人心理为基础的美国人没有什么价值。她变得十分善辩，谈到美国人性格的脱离现实的抽象特点并加以引证，既有汽车也有爱默生，一切都说明他们不需要希腊文，这就越发使罗素急躁不安也使大家十分专心直到大家就寝为止。

那段时期，议论甚多。怀特海博士的兄弟是主教，他带全家来吃午饭。他们时常谈起英国已经参战以救比利时。我的神经对此再也无法忍受于是我脱口说出，你们为什么这样说，你们为什么不说你们是为英国而战，为自己的国家而战我看没有什么不光彩。

主教的妻子，即主教夫人，这回很有点怪。她郑重其事地对格特鲁德·斯泰因说，我知道你斯泰因小姐在巴黎是位重要人物。像你这样一位中立国民建议法国政府把本地治里[1]给我们，我看会很起作用。对我们很有用处。格特鲁德·斯泰因客客气气地回答说，非常遗憾，说她重要，那是在画家作家当中不是指在政治家当中。可这，主教夫人说，没什么两样。我认

---

1 亦译：彭地治利，印度东南部一地区。

为你应当建议法国政府，要他们把本地治里给我们。吃完午饭后，格特鲁德·斯泰因小声问我，本地治里究竟在什么地方。

英国人一谈起德国的组织，格特鲁德·斯泰因就很气愤。她坚信德国人没有组织，他们有方法但没有组织。你们不懂得其中的区别，她常生气地说，有两个美国人，有二十个美国人，有几百万美国人，都能组织起来干点什么但是德国人无法组织起来干任何事，他们能陈述一种方法也可以把这种方法用在他们身上，但这不是组织。她坚信德国人不现代，是落后民族，他们制定出一种方法而我们却把它想象为组织，你们难道不明白。他们不可能打赢这场战争因为他们不现代。

使我们很心烦的另一件事是英国人说在美国的德国人会使美国转而与盟国为敌。别傻了，格特鲁德·斯泰因常对某一个人和我们所有的人说，如果你们认识不到从根本上说美国是同情法国和英国的而决不会同情像德国这样的中世纪国家，那你们就没法了解美国。我们拥护共和政体，她精神抖擞地说，深刻激烈彻底的共和国而既然是共和国就跟法国在一切方面都是共同的就会跟英国有许多共同之处，但跟德国则毫无共同之处，不论其政府是何种形式。我时常听她在当时和自那以后说美国人拥护共和政体，他们是生活在一个非常地道而永远不会是别的什么玩意的共和国里。

长夏慢慢过去。气候好乡间美，怀特海博士和格特鲁德·斯泰因经常在乡间散步，无所不谈。

我们不时去伦敦。我们定期去库克的办公室打听我们何时可以回巴黎，他们的回答总是还没到时候。格特鲁德·斯泰因去见约翰·兰。他很烦乱。他的爱国心极强。他说眼下他当然无事可做只出些写战争的书但情况很快会变说不定战争就要结束。

格特鲁德·斯泰因的表兄和我的父亲托美国大型游艇田纳西号给我们带钱来了。我们去取。逐个量我们的体重量我们的身高，然后他们把钱交给我们。我们互相问，十年没见过你的表兄和六年没见过我的父亲怎么可能知道我们的身高和体重呢。始终是个谜。四年前格特鲁德·斯泰因的表兄来巴黎，她问他的第一件事就是，朱利安，你托田纳西号给我带钱来的时候怎么会知道我的体重和身高呢。我知道吗，他问。反正，她说，那上面写着你知道啊。我当然不记得了，他说，不过现在要是有人问我，我当然会写信去华盛顿要一份你的护照的复印件，我当时可能就是这么干的吧。谜终于揭开。

我们也得到美国大使馆去办临时护照以便回巴黎。我们没有证件，那年月谁也没有证件。格特鲁德·斯泰因却有在巴黎所称的大学入学许可证，上面说明她是美国人也是法国居民，有证件照。

大使馆里挤满了看上去不很像美国人的国民排着队在等。终于有位疲倦不堪的年轻美国人接待我们。格特鲁德·斯泰因说等在那里的那些人不怎么像美国人。那年轻的美国人叹口气。他们容易多了，他说，因为他们有证件，只有在美国本国出生的美国人没有证件。那你把他们怎么办呢，格特鲁德·斯泰因问。我们猜，他说，但愿猜得对。现在，他说，请你宣誓吧。哎呀，他说这些词是我常说的，我想不起来了。

大约在10月15日，库克办公室说我们可以回巴黎。怀特海太太跟我们一起去。她的儿子诺斯走时没拿大衣，她找到一件，她担心如果按日常方式送去，会晚好些日子他才能收到。她准备去巴黎亲自把大衣交给他或者找个便人直接交给他。她有陆军和基契纳给的证件，我们动身。

离开时的伦敦我不怎么记得，甚至记不起是不是在白天，

144

但应当是在白天，因为我们上英吉利海峡的轮船时是白天。船很挤。有许多逃离安特卫普的比利时士兵和军官，他们的眼睛都很疲倦。这是我们第一次体验到士兵的那种疲倦然而警戒的眼睛。我们终于能给一直生病的怀特海太太找个座位，不久我们就到了法国。怀特海太太的证件真管用，一路放行，很快就上了火车，晚上十点钟左右到了巴黎。我们叫了出租车驶过巴黎，美丽而未遭破坏的巴黎，到了花园街。我们又到家了。

曾经显得那么遥远的人都来看望我们。据说阿尔菲·莫勒在马恩河他心爱的小村庄，常在马恩河钓鱼，动员军队的火车来了，德国人就要来了，他很怕，想走，想尽办法最后搭车回了巴黎。他离开时格特鲁德·斯泰因送他到门口后回来时面露笑容。怀特海太太有些局促地说，格特鲁德，你是一向称赞阿尔菲·莫勒的，可你怎么会喜欢这么一个不仅自私而且胆小的人而且是在这种时候。他只想到救自己而他毕竟是中立国民呀。格特鲁德·斯泰因哈哈大笑。你真是个傻女人，她说，你哪里知道，阿尔菲当然是让他的女朋友跟他在一起而且怕得要命，怕她会落到德国人手里。

当时巴黎的人不多，我们喜欢它，我们在巴黎散步，在巴黎真好，好得使人感到奇妙。不久怀特海太太有了给儿子送大衣的办法，然后回了英国，我们安下心来过冬。

格特鲁德·斯泰因把她的几部手稿寄给纽约的几个朋友替她保管。我们希望一切危险都已过去，但仍以这样办为妥而且德国会扔飞弹。在我们离开之前，伦敦一到夜晚就是漆黑一片。巴黎街头的灯却依然如旧，直到一月。

是卡尔·凡·维奇坦的作用也跟诺顿夫妇有关，除此之外究竟是怎么回事我完全不记得了，但唐纳德·伊文思来过信建议以三篇手稿集成一本小书出版并请格特鲁德·斯泰因取书名。

这三篇中有两篇是我们第一次去西班牙时写的,《食物》《房间》等是在我们回法国后不久写的。如格特鲁德·斯泰因所说,这些都是把外部与内部结合起来的开始。迄今她一直关心严肃性和事情的内部,在这些研究中她开始描写从外部所观察到的内部。她听说出版这三篇作品的计划时非常高兴,立即同意,提出《软纽扣》这一书名,唐纳德·伊文思管他的公司叫克莱亚·玛丽,寄来的合同跟别的合同没什么两样。我们真以为有这么一个克莱亚·玛丽但它显然并不存在。出的这一版我忘了是750册还是1000册,反正书小印得很漂亮,格特鲁德·斯泰因非常满意,如大家所知,它对所有年轻的作家影响极大,也引起全国报纸的专栏作家展开长时间的嘲笑活动。我应当说当这些专栏作家真正好笑的时候,他们是经常好笑的,正是格特鲁德·斯泰因嗤嗤直笑并给我大声读他们的文章的时候。

这时,1914至1915年那沉闷的冬季继续着。某夜,我想应当是在一月底前后,我照常睡得很早,格特鲁德·斯泰因照常在楼下工作室里工作。突然我听见她轻声叫我。什么事,我问。没事,她说,如果你不介意就请你穿暖和点下楼来,这样或许更好些。什么事,我问,发生了革命吗。那些看门人和看门人的妻子老爱谈革命。法国人对革命已习以为常,有过好多次革命。只要一出事他们立刻想的和说的就是革命。有一次一些法国士兵谈到革命时格特鲁德·斯泰因确实非常不耐烦地对他们说,你们真傻,你们有过一次非常了不起的革命和好几次不怎么了不起的革命。对于一个聪明的民族来说老想到重复说同一件事我觉得是愚蠢的。他们显得十分羞怯,说 Bien sûr mademoiselle,即小姐你说得对。

所以嘛,她叫醒我时我也问是不是发生了革命是不是有兵士。不是,她说,不全是。那是什么。我不耐烦地问。我不太清楚,她回答，但响过警报啦。你最好来吧。我开了灯。不，她说，最好不要开灯。把手伸给我，我牵着你下来，你可以睡在楼下的沙发上。我来了。周围很黑。我坐在沙发上然后说，我不知道我是怎么了反正我的两膝抖得相互直碰。格特鲁德·斯泰因大笑起来，等一会儿，我去给你拿毯子，她说。不，不要离开我，我说。她找到一件东西盖在我身上，轰隆一声巨响，接着又是几声。这响声不震人，后来街上传来吹号声。然后我们知道一切都已过去。我们开灯上床睡觉。

我应当说我不会相信真有诗歌和散文里写的两膝抖得相互直碰的这种事，如果我自己没遇到过的话。

第二次飞弹警报是在这第一次之后不久，毕加索和埃娃正跟我们一起吃饭。这时我们才知道要说保护作用，那个有工作室的两层楼房子还不如我们睡觉的那个小房间的屋顶呢。看门女工让我们进她的房间，在那里，我们上面至少有六层。那几天埃娃的身体不怎么好又感到害怕，我们就进了看门女工的房间。接替埃莱娜的不列塔尼女仆伊文·珍妮·保勒也在。珍妮立刻就对这种小心防备感到厌烦，不听劝阻，回了厨房，不顾规定，开灯，洗盘子。我们也对看门女工的房间感到厌烦，回到工作室。我们把蜡烛放在桌子底下以免太亮，埃娃和我尽量设法入睡，毕加索和格特鲁德·斯泰因一直谈到清晨两点钟警报解除，他们回家。

当时毕加索和埃娃住在舒尔舍街一个相当讲究的带工作室的公寓，向外望去是墓地。过得不很愉快。只有纪尧姆·阿波利奈尔的来信是令人兴奋的事，他为了当炮兵从马上摔下来过好几次。当时仅有的别的熟人就是他们称之为 G. 阿坡斯楚费的俄国人和他的那位是男爵夫人的妹妹了。他们在卢梭去世时买下了卢梭画室里的全部作品。他们的公寓在维克多·雨果之树前方的拉斯巴大道，不能说他们没有趣。毕加索跟他们学会了俄文字母而且开始把俄文字母用在他的一些画里。

是个不很令人愉快的冬天。人们来来往往，有新认识的有老相识。爱伦·拉摩特出现，她很英勇却怕枪怕炮。她想去塞尔维亚，艾米丽·查德伯恩想跟她一起去，但她们没去。

格特鲁德·斯泰因据此事写过一个中篇小说。

爱伦·拉摩特替她的表兄杜蓬·德内莫收集了一套战争纪念品。她如何收集到的，那由来十分有趣。那时大家都以纪念品相赠。射穿过马头的铁箭，炮弹片，用炮弹片制成的书桌墨水池，头盔，有人甚至把德国飞弹或飞机残骸的一块碎片送给我们，是前者还是后者我已忘记，但我们谢绝了。是个奇怪的冬季，没发生什么但什么都发生了。如果我没记错，就是在这时有人，我想是在休假的阿波利奈尔，他举行一次音乐会和一次布拉埃·塞拉斯的诗歌朗诵会。我第一次听说也第一次听到埃里克·萨蒂的音乐就是在这时。我记得是在某人的工作室里而且屋里很挤。格特鲁德·斯泰因和胡安·格里斯的友谊也始于这时。他住在拉维昂街的工作室里，那一次就是把萨蒙关在这个工作室里的时候他吃了我的黄色花式织物的。

那儿我们常去。胡安生活困苦，没人买画，法国画家并不穷因为他们上了前线，他们的妻子或者如果曾同居过几年的情妇都有定期津贴。赫宾的情况就很糟，人挺好就是个子太小，部队把他打发了。他悲伤地说背包跟他一样重也得背但是不成，他背不动。他不适于服役被遣返，几乎穷得没饭吃了。他的情形我不知道是谁告诉我的，他是早期朴实认真的立体派画家之一。幸好格特鲁德·斯泰因设法引起了罗杰·弗莱的关心。罗杰·弗莱把他连同他的画作带到英国，他在英国已颇有名气而且我想仍然颇有名气。

胡安·格里斯的处境更困难。那段时期胡安很痛苦也不特别有同情心。他很忧郁又感情洋溢，独具慧眼而理解力强。他当时画的几乎全部是黑白画而且他的画非常阴沉。曾很照顾他的坎韦勒流亡在瑞士，胡安的姐姐在西班牙，能给他的帮助也有限。他的处境很糟。

就在这时，后来身为坎韦勒大拍卖专家并说要消灭立体主义的那位画商，应诺挽救立体主义并跟仍可自由作画的所有立体派画家签合同。其中有胡安·格里斯，这下他得救了。

我们一回巴黎就去看密尔德里德·阿德里奇。她住在军事区内所以我们以为要有特别许可证才能去看她。我们去我们那个区的警察局，问他们我们该怎么办。那人问有何证件。我们有美国护照，法国入学许可证，格特鲁德·斯泰因说着掏出满口袋的证件。他看过后问那另一张黄证件是什么。格特鲁德·斯泰因说是刚在银行存过款的收据。他郑重其事地说，这个我也要。他又接着说，有了这些你们就不会有麻烦了。

其实我不用向任何人出示任何证件。我们跟密尔德里德·阿德里奇一起过了几天。

我们知道在那年冬天要算她过得最有意思。她经历过马恩河战役，见到山坡下树林里的德国枪骑兵，见过山坡下的战况，她成了乡间的一部分。我们开她的玩笑，说她像个法国农民，确实像，真怪，可她生在长在新英格兰啊。常使人惊异的是，她那个法国小农舍里摆的是法国家具刷的是法国油漆有个法国女仆甚至有只法国卷毛狗，却是地道美国风味。那年冬天我们见过她好几次。

春天终于来到，我们准备离开几天。我们的朋友威廉·库克在为法国伤员服务的美国医院里当过一阵看护后又去了马略尔卡的帕尔马。库克一向靠画画为生，发现过日子困难于是去了帕尔马，当时那里的西班牙币的兑换率很低，一天有几法郎日子就过得相当不错了。

我们决定也去帕尔马把战争暂时忘一忘。我们手头只有在伦敦发给我们的临时护照，所以到大使馆办去西班牙的长期护照。先是一位显然不是在外交界工作的和气的老先生接待我们。不可能，他说，瞧我，他说，我在巴黎住了四十年而且家里很多代人都是美国人，我没有护照。不行，他说，你可以有护照去美国不然就待在法国而没有护照。格特鲁德·斯泰因坚持要见大使馆的秘书。我们见的那位秘书红脸红头发。他说的也是那一套。格特鲁德·斯泰因静静地听，然后她说，某某人跟我的情况完全一样，地道美国人，在欧洲住的时间也一样长，是个作家，目前无意回美国，刚从你处获得正式护照。我认为，那年轻人说时脸更红，其中一定有误。事情很简单，格特鲁德·斯泰因回答说，查查你们的记录就能证实了。他走了一会又回来说，你说的事属实，不过那是非常特殊的情况。格特鲁德·斯泰因正颜厉色地说，给予一个美国公民的特权是没有理由不给予情况相似的另一个美国公民的。他又离开一会儿后回来说，是的是的，我现在可以开始办吗。后来他解释说他们是奉命尽量少发护照，但如果有人真正需要，当然可以发给。我们很快就领到了护照。

我们去帕尔马本来只想待几个星期结果却住了一个冬天。先去巴塞罗那。看见街上有那么多人真使人觉得不寻常。我没想到能有这么多人还留在世上。人们的眼睛已看惯无人的街道，人们看到的少数人都穿着军装因此不能算是普通人而是士兵，看见那么多人在拉姆布拉斯街头来来往往真令人困惑。我们坐在旅馆窗前观看。我睡得早起得早而格特鲁德·斯泰因睡得晚起得晚所以我和她看到的不全相同，但是拉姆布拉斯街上时时刻刻都是熙熙攘攘的。

我们又一次到了帕尔马，库克接我们为我们安顿好了一切，威廉·库克总是可靠的，以前他很穷但后来得到一笔继承的钱而富裕，密尔德里德·阿德里奇遭逢厄运而格特鲁德·斯泰因无力相助之时，是他给她一张银行支票说。为了密尔德里德想花多少都行，你知道我母亲爱看她的书。

威廉·库克时常无踪无影而且没人知其去向，可是到你因事需要他的时候他又在。他后来入伍进了美国陆军，那时格特鲁德·斯泰因和我正为美国援法伤员基金会做战时工作而且我经常要很早叫醒她。她和库克的通信令人沮丧，写的是突然看见黎明使人不愉快。他们认为，从头天夜晚慢慢临近的黎明非常之好，从当天早晨突然冒出来的黎明就非常之糟。后来教格特鲁德·斯泰因开车的也是威廉·库克，他在一辆马恩河战役时期的旧出租车上教她。库克生活困难时在巴黎开过出租车，那是在1916年，格特鲁德·斯泰因准备替美国援法伤员基金会开车。在漆黑的夜晚他们到碉堡以外的地方，一本正经地坐在一辆战前的老式两缸雷诺牌汽车的驾驶座上，威廉·库克教格特鲁德·斯泰因开车。是威廉·库克使格特鲁德·斯泰因产生灵感用英文写了唯一的一部电影剧本，我把它收进简朴版的《歌剧与剧本》，也收进《歌剧与剧本》的另外一部电影剧本，她写于多年之后而且是用法文写的，则是她的那只叫"篮子"的白卷毛狗给的她灵感。

再回头谈马略尔卡的帕尔马。我们以前在这里住过两个夏天，很喜欢这里，这次也喜欢。如今似乎有许多美国人喜欢它而从前在这个岛上住的只有库克我们这几个美国人。这里的英国人不多，大约有三户人。有个是纳尔逊[1]手下一名船长的后代，彭福德太太，能说会道的老太太，还有她丈夫。十六岁的英国青年马克·吉尔伯特有和平主义倾向，在她家饮茶时不愿吃饼，她就对他说，马克，你要么是大人，是大人就要为你的国家而战，要么还小，还小就吃饼。马克吃饼。

有几户法国人，法国领事马尚德先生和他漂亮的意大利妻子，我们不久就跟她很熟了。是他觉得我们给他讲的有关摩洛哥的事很有趣。法国人劝说当时的摩洛哥苏丹莫莱哈菲德退位之时，马尚德先生已被派到丹吉尔任职。那时我们在丹吉尔已住了十天，正是在这第一次去西班牙期间对格特鲁德·斯泰因来说发生了许多重要的事。

我们雇了一名导游莫罕默德，他很喜欢我们。他倒成了我们的好旅伴而不仅仅是导游，我们一起散步时常常走很远，他常带我们去参观他亲戚的极其干净的阿拉伯中产阶级家园还喝茶。我们都很喜欢。他还给我们大家谈政治。他在莫莱哈菲德的王宫里受过教育，发生的事他全都知道。他告诉我们莫莱哈菲德退位能得多少钱，他准备怎么办。我们爱听这些事正像我们爱听莫罕默德的所有故事一样，讲完正好是坐电车回家的时候，我们不用走路真再好不过了。后来我们在西班牙从报上看到消息全是莫罕默德说过要发生的事，我们没再理会。有一次我们谈起我们这唯一的摩洛哥之行时向马尚德先生说了这件事。他说，对呀，这就是外交，这世上知道法国政府拼命想打听什么的非阿拉伯人，只有你们两位，而你们是偶然知道的并且此事对你们来说根本不重要。

在帕尔马过得很愉快，所以那年夏天没再继续旅行，决定

---

1 霍拉旭·纳尔逊（1758-1805），英国海军大将。

在帕尔马住下。我们雇了法国女仆珍妮·保勒又得邮差之助在托伦诺的多斯梅约路找到一个小房子，就在帕尔马住了下来。我们非常满意我们不是只过夏天而是一直住到翌年春天。

有段时期我们是伦敦的墨迪图书馆的读者，不论我们到什么地方它都给我们寄书来。格特鲁德·斯泰因就在这时给我朗读了维多利亚女王的所有书信，她本人开始对传教士自传和日记发生了兴趣。墨迪图书馆有很多这类书籍，她都看过。

后来收进《地理与剧本》的大多数剧本就是住在马略尔卡的帕尔马这段时期写成的。她常说某种景色引发人写剧本而托伦诺四周的乡间确实就是如此。

我们有只狗，是马略尔卡猎犬，猎犬总有点疯劲儿，在月光下跳来跳去，身上有斑纹，不像大陆上的西班牙猎犬那样全身是一种毛色。我们叫它波利比，因为我爱看《费加罗报》上署名为波利比的文章。正如马尚德先生所说，波利比像个阿拉伯人，Bon accueil à tout le monde et infidèle à personne [1]。它爱吃脏东西的习惯老改不掉，什么也阻止不了它。我们给它戴上口络，看它能不能改掉习惯，这下可使英国领事的那个俄国仆人非常生气，我们只好作罢。后来它喜欢去骚扰羊群。我们甚至总为波利比跟库克争吵。库克有只猎狐小狗叫玛丽－罗丝，我们确信玛丽－罗丝引它去恶作剧然后自己开溜让它顶罪。库克坚信我们不懂得如何教波利比。波利比有个好习惯。它坐在椅子上轻轻地嗅我插在房间当中地板上的花瓶里的大束玫瑰。它从不吃这些花，只轻轻地嗅这些花。我们出门时把它留下请贝尔佛旧城堡的管理人照看。一个星期后我们看见它时它已不认识我们也忘了自己的名字。格特鲁德·斯泰因当时写的很多剧本里都有波利比。

1　意为"与各种人打交道，但对谁都不忠"。

说到战争，当时岛民的感情是很复杂的。使他们想得最多的是战争所带来的钱财损失。他们可以讨论一个小时左右，一年损失多少，一个月损失多少，一个星期损失多少，一天损失多少，一小时损失多少甚至一分钟损失多少。我们常在夏天傍晚听见他们讨论，五百万比塞塔[1]，一百万比塞塔，二百万比塞塔，晚安，晚安，我们知道他们忙于无休无止地估计战争带来的损失。当地的许多男子甚至富裕的中产阶级男子认字写字算算术都有困难而妇女则根本不会，所以不难想象战争带来的损失该是何等吸引人的问题和永远说不完的问题了。

我们的一个邻居有个德国家庭女教师，德国一打胜仗她就挂起德国国旗。我们也想做出反应，只可惜当时我们盟国没打多少胜仗。下层人坚决支持盟国。旅馆的那个侍者指望西班牙参战支持盟国。他确信西班牙军队有极大的援助作用，因为西班牙军队行军的时间比世界上任何军队长而它需要的食品却比世界上任何军队都少。旅馆的那个女仆对我为士兵织毛衣特别感兴趣。她说，当然太太织得很慢，所有的女士都织得慢。可是，我满怀希望地说，如果我织上几年难道不能织得很快吗，没你快但很快。不，她坚决地说，女士们都织得很慢。实际上我是渐渐织得很快甚至能一边织得很快一边看书。

我们过得很愉快，常常散步，吃得特别好，我们的布列塔尼女仆也使我们很高兴。

她很爱国，常把三色带[2]缠在帽子上。有一次她回来时非常激动。她刚见过另一个法国女仆，她说，请想一想，玛丽刚得消息说她的哥哥淹死了并且举行了葬礼。怎么回事，我问时也

---

1 西班牙货币。
2 代表法国三色旗。

很激动。啊，珍妮说，他还没有入伍呢。在战争期间，有个哥哥，给他举行平民葬礼，是极大的光荣。至少是少有的。珍妮对西班牙报纸很满意，她看西班牙报纸不成问题，因为她说，重要的字都是法文。

珍妮讲过无数法国村庄生活的故事，格特鲁德·斯泰因可以听很久很久然后突然又不再听下去。在马略尔卡过得十分愉快直到进攻凡尔登开始时。后来我们都很悲哀。我们设法互相安慰但难以办到。有个法国人，是个雕刻匠，有瘫疾病，尽管有瘫疾病仍每隔几个月就请求法国领事同意他入伍，他常说凡尔登沦陷我们倒不用着急，它不是进入法国的通道，对德国人来说只是一种精神上的胜利。但我们都闷闷不乐。我曾经充满信心而现在感到不妙，觉得这次战争已很难应付。

帕尔马港里有艘名叫"捕鱼炮塔"的德国船，它在战前曾使地中海各港口以及更远的地方不得安宁，因为它很大。打仗后它在帕尔马被扣而不得驶离。高级船员和水手大多已远去巴塞罗那但这艘大船仍在港里。它已失修，就在我们窗下。攻打凡尔登突然开始时，他们便给"捕鱼炮塔"刷油漆。请想一想我们的心情吧。我们都闷闷不乐而刷油漆则使我们感到绝望。我们告诉了法国领事，他对我们说这很糟糕。

消息一天比一天坏，捕鱼炮塔的一侧已油漆好后又不刷油漆了。他们比我们先得到消息。不会进攻凡尔登。凡尔登平安无事。德国人放弃了进攻凡尔登的打算。

这一切过去之后我们谁也不愿待在帕尔马，都想回去，就在这段时期库克和格特鲁德·斯泰因整天谈有关汽车的事。他们都没开过车可就是兴趣很大。库克还开始考虑回巴黎后怎么谋生。他那点收入在马略尔卡还行可是在巴黎就不够他花了。他想到替费利克斯·波廷熟食店驾送货的马车，他说他喜欢马胜过喜欢汽车。总之他回巴黎，我们走的路程远些，经由马德里，我们到巴黎时他在巴黎开出租车。后来他给雷诺工厂当试车工，他说他一小时开80公里时风把他的脸都刮跑了，我还记得他说这事时的那种兴奋劲。再后来他进了美国陆军。

我们经由马德里回来。我们在马德里有过一次奇妙的经历。我们去找美国领事给我们的护照签证。他是个大个子，一身松软的肉，他有个菲律宾人当他的助手。他看看我们的护照，量量护照的大小，称称护照的重量，把护照倒过来看，最后说他认为没问题不过他怎么确定得了呢。他问那个菲律宾人有何看法。菲律宾人对领事怎么确定得了这个说法似乎表示同意。我告诉你们怎么办，他讨好地说，既然你们要去法国又住在巴黎那就去找法国领事，如果法国领事说护照没问题，我们领事当然就会签。那领事明智地点点头。

我们十分气愤。竟然由法国领事而不是美国领事来确定美国护照是否没问题，这种处境真叫人尴尬。但也别无办法可想，只好去找法国领事。

轮到我们时，负责办理的人接过我们的护照细看之后问格特鲁德·斯泰因，你们最后待在西班牙是什么时候。她没回答而在仔细想，有人突然问她什么事她会什么也记不起来的，于是她说她不记得不过她觉得是在某年某月某日。他说不对并说是另一年。她说他很可能是对的。他接着说出了她几次到西班牙的所有日期，最后还补充了一次，即西班牙战争后不久她还在上大学时她跟她哥哥一起到过西班牙。我站在旁边多少有点害怕但是格特鲁德·斯泰因和那位副领事似乎对确定日期有极大的兴趣。最后他说，我在马德里的里昂信用公司信用处干过多年而且记忆力特别好，所以我当然完全记得你啦。我们都很高兴。他签署了护照并叫我们回去要我们的领事也这么办。

当时我们对我们的领事很是气愤可是现在我想会不会是这两处领事馆已商定好在法国领事确定持护照者是不是不良分子之前美国领事不得签署入境法国的任何护照。

我们回到全然不同的巴黎。它不再阴沉。它不再空荡。这次我们不打算住定，决定参加战时工作。有一天我们在金字塔街上走，有个美国姑娘开着一辆福特汽车向后倒，车上写着美国援法伤员基金会。嘿，我说，我们就是想干这个。至少，我对格特鲁德·斯泰因说，车由你开别的事我来干。我们走过去跟那个美国姑娘谈过之后便见了该组织的主管人拉瑟洛普太太。她很热情，她一向热情，她说，弄辆车。去哪儿弄，我们问。美国，她说。怎么弄法，我们问。找人，她说，格特鲁德·斯泰因果然找了人，找的是她表兄，没过几个月车就运来了。与此同时库克已教会她开他的那辆出租车。

我说过是个有了变化的巴黎。一切都变了，大家都高兴得很。

我们不在巴黎期间埃娃去世，毕加索现在住在蒙特鲁日的一个小住宅里。我们去看望他。他床上铺着非常之好的玫瑰色丝床罩。巴勃罗，这床罩是哪儿来的，格特鲁德·斯泰因问。Ahça，毕加索称心地说，是一位女士。是智利社交界一位有名的妇女送给他的。是件珍贵的东西。他非常得意。他常来我们这里，带帕奎特来，她是很好的姑娘，或带艾琳来，她是个非常漂亮的从山区来、不愿受约束的女人。他带埃里克·萨蒂和波利尼亚克公主和布拉埃·塞拉斯来。

认识埃里克·萨蒂真叫人高兴。他是诺曼底人很喜欢诺曼底。玛丽·洛朗森是诺曼底人，布拉克也是。战后萨蒂和玛丽·洛朗森有一次在我们这里吃午饭，因为都是诺曼底人而相互非常热情。埃里克·萨蒂爱吃爱喝酒而且吃喝都很在行，那时我们有一些密尔德里德·阿德里奇的女仆的丈夫送给我们的法国好酒，埃里克·萨蒂一面慢饮一面畅谈他青年时家乡的事。

埃里克·萨蒂来过我们这里五六次却只有一次谈音乐。他说他一直认为现代法国音乐没有什么要感谢现代德国的，而且他高兴的是这一点已得到承认。在德彪西带路之后法国音乐家要么跟着他走要么找到了他们自己的法国道路。

他讲过好听的故事，通常都是讲诺曼底，他那开玩笑的才智有时十分尖锐。他是个引人注目的座上客。多年后我们在圣拉扎车站附近那间小屋里第一次认识的维吉尔·汤姆森为我们演奏了《苏格拉底》全曲。格特鲁德·斯泰因就是在那时真正成了萨蒂音乐迷。

爱伦·拉摩特和艾米丽·查德伯恩没去塞尔维亚仍在巴黎。爱伦·拉摩特从前在约翰·霍普金斯医院当过护士，她要去靠近前线的地方当护士。她仍然怕枪怕炮但确实想去前线当护士，见了在前线经营一家医院的玛丽·波顿－特纳，爱伦·拉摩特果然在前线当了几个月护士。在这之后她和艾米丽·查德伯恩去了中国尔后当了反鸦片运动的领导。

玛丽·波顿－特纳曾经是作家而且还将是作家。她非常喜欢格特鲁德·斯泰因的作品，上前线去从前线回都把手头有的格特鲁德·斯泰因作品和几本福楼拜作品带在身边。她在波瓦河附近买了房子，有暖气，那年冬天我们这些人都没有煤烧，到她家去吃饭，暖和暖和，真舒服。我们喜欢特纳。特纳是英军上尉，反间谍工作干得十分成功。他虽然娶了玛丽·波顿但他不信任大富人。他坚决主张在他住的村上给妇女和儿童举行圣诞节聚会，他常说仗打完后他愿为在杜塞尔多夫的英国人收税或者去加拿大过简朴的生活。他常对妻子说，你不是大富人，不是真正的大富人。他对豪富有他英国式的标准。玛丽·波顿非常芝加哥化。格特鲁德·斯泰因常说芝加哥人花那么多精力让芝加哥消失而常常难以知道他们是干什么的。他们不得不让芝加哥口音消失，为此就要想很多办法。有人压低嗓门，有人提高嗓门，有人学英国腔，有人甚至学德国口音，有人说话慢得装模作样，有人说话的声音又尖又高，有人说中文或西班牙文而且不动嘴皮。玛丽·波顿很芝加哥化，格特鲁德·斯泰因对她和芝加哥非常感兴趣。

这段时期我们等着在途中的福特卡车，后来等着把车身装好。我们等了很久。这时格特鲁德·斯泰因写了很多有关战争的小诗，有些小诗收在只涉及美国的《有用的知识》里了。

《软纽扣》出版引起很多报纸注意，它们以模仿格特鲁德·斯泰因的作品为乐并加以嘲弄。《生活》杂志开始登以格鲁特德·斯泰因的名字命名的连载文章。

有一天格特鲁德·斯泰因突然写信给当时在《生活》当编辑的迈森，告诉他正如亨利·麦克布赖德曾经指出的那样，真正的格特鲁德·斯泰因不论在哪方面都比模仿之作更加有趣，即使不能说更加有趣得多，它们为何不登原作呢。使她惊奇的是收到迈森先生的极有诚意的信，说他愿登原作。果然登了。他们登了她寄去的两篇文章，一篇是写威尔逊，长些的另一篇是写在法国所进行的战时工作。迈森先生比许多人更有胆识。

这年冬天巴黎特别冷又无煤烧。我们没煤了。我们关闭大房间不用待在小房间里，但到最后煤也用完。政府把煤救济穷人但我们觉得叫仆人去排队买煤是说不过去的。一天下午很冷我们出外，街角有个警察，有名警官跟他站在一起。格特鲁德·斯泰因走上前去。喂，喂，她对他们说，我们怎么办。我住在花园街的一栋房子里，住了多年。啊对，他们说着点点头，太太我们对你当然是很熟悉的。那好，她说，我没有煤了，就连供一个小房间取暖的煤都不够用。我叫仆人去买但不希望他白去一趟。白跑一趟是说不过去的。现在，她说，该由你们告诉我我该怎么办。警察看看警官，警官点点头。那好吧，他们说。

我们回到家里。当天晚上那位警察身穿平民服装带来两袋煤。我们感激地收下什么也没问。这位警察是个高个子的布列塔尼人，完全成了我们当中的一员。他什么都替我们干，替我们打扫屋子，给我们扫烟囱，带我们出带我们进，在飞弹来袭的黑夜里我们知道他就在屋外某处真叫人安心。

不时有飞弹来袭的警报，不过也跟我们对待别的事情一样对它也习惯了。吃饭时有警报我们就继续吃饭，夜里有警报格特鲁德·斯泰因并不叫醒我，她说如果我睡着了那就睡，因为我睡着了要叫醒我，花的时间甚至比他们当时发警报信号的时间还长。

我们的那辆小福特车差不多可以用了。后来给它取名姑妈，是按格特鲁德·斯泰因的鲍林姑妈取的名字，它在紧急时的表现总值得称赞而且只要适当夸奖它，它的表现大多甚佳。

有一天毕加索来，有个瘦长高雅的青年跟他一起来，挨着他的肩。这位，巴勃罗说，是让·科克托，我们就要去意大利。

毕加索为能给一出俄国芭蕾舞剧画布景而感到兴奋，由萨蒂作曲，由让·科克托写剧本。大家都上前线打仗去了，在蒙帕纳斯过得没劲，在蒙特鲁日哪怕有个忠实的仆人也不很热闹，他也需要换换环境。为能去罗马他感到十分兴奋。我们互相道别，我们都各奔东西了。

小福特车装好。格特鲁德·斯泰因已学会开一辆法国车，他们都说车都一样。我没开过车，但觉得似乎车不都一样。车装好后我们就去巴黎取车，格特鲁德·斯泰因开车。我们遇到的第一件事当然是车突然在两辆电车之间的铁轨上抛锚了。大家都出来把我们推离铁轨。第二天我们出发看会不会出什么事，总算开到了爱丽舍大道，又突然抛锚了。一群人把我们推到人行道上查故障。格特鲁德·斯泰因用摇手柄发动引擎，所有的人都用摇手柄发动引擎，毫无动静。最后有个老司机说，没汽油啦。我们扬扬得意地说，哦有，至少有一加仑，但他一定要看看，当然是没油了。后来那群人拦住一整列在爱丽舍大道行驶的军用卡车。军车全部停下，有两个人拿来一大箱汽油，设法灌进小福特。这方法当然不行。最后我坐上出租车去一家卖扫帚和汽油的商店，就在我们那个区，在那里他们都认识我，我带回一听汽油，终于开到了美国援法伤员基金会总部所在地——夏天的阿卡扎。

拉瑟洛普太太在等车送她去蒙马特。我立即答应用我们的车送她去，并去外面告诉格特鲁德·斯泰因。她对我讲到埃德温·多吉。一次玛贝尔·多吉的小男孩说想从露台飞到下面的花园去。你飞就是，玛贝尔说。当个斯巴达克式的母亲，埃德温·多吉说，是很容易的。

拉瑟洛普太太来了，车开走了。我得承认在他们回来之前我一直非常紧张，不过他们确实回来了。我们跟拉瑟洛普商量过，她送我们去佩皮尼扬，那个地区有很多医院，没有任何美国组织去过。我们出发。我们从未从巴黎开车去过远于枫丹白露的地方，真令人激动。

我们有过几次险情，我们遇到大雪，我确信是走错了路并要往回开。管它是错是对，格特鲁德·斯泰因说，我们继续往前开。她倒车不怎么行，至今我仍要说她在任何地方开任何一种车都行，可倒车仍然倒得不怎么好。她往前开得很出色，往后开就不怎么行。我们对她开车的仅有的几次热烈讨论都是讨论倒车这一问题。

这次去南方，我们的车捎了我们的第一个军人教子一程。

让路途上的士兵搭个便车这习惯始于此时而且在战时一直坚持。我们白天开车晚上开车，去法国很偏僻的地方，常停下让士兵搭便车，跟这些士兵一起常有最使人愉快的种种经历。有时我们发现士兵是热心人。有一次有个士兵正替格特鲁德·斯泰因干活，士兵是常替她干活的。她对这士兵说，不管在哪里只要有士兵或司机或任何人，她就用不着自己动手，换轮胎用摇手柄发动引擎修车这些事都用不着干。格特鲁德·斯泰因对这士兵说，可是你不一样，很亲切。太太，他很直率地说，所有的士兵都亲切。

格特鲁德·斯泰因使别人替她干点活的这种能力使该组织的其他开车人感到不解。开自己车的拉瑟洛普太太说没人替她干那些活。不仅是士兵，在旺多姆的司机也会从自己的车里出来用摇手柄发动格特鲁德·斯泰因的旧福特车。格特鲁德·斯泰因说别人都很能干．当然不会有人想到替他们干什么啦。说到她本人嘛，她不能干，她和善，她民主，人跟人都差不多，她懂得她想做的事总是会做完的。她说如果你像这样，什么事都有人愿意替你干了。重要的是，她强调说，你心里应当有平等意识，要把它看作最深刻的东西。这样，什么事都有人愿意替你干了。

在离骚列的不远处我们用车捎了我们的第一个军人教子一程。他是骚列附近一个小村子上的屠夫。我们捎他极好地说明了法国军队的民主。他们一行三人在路上走。我们停车说我们可以捎上他们其中一人。他们三人都是休假回家都是从离这里最近的大镇回乡下去。一个是中尉一个是中士一个是士兵，他们谢了我们，然后中尉一一问另外两人，你有多远的路，他们一一说了距离然后问你呢中尉，你有多远的路。他告诉了他们。三人一致认为士兵的路最远所以他有权搭此便车。他用手轻轻触一下军帽向中士和军官致意，上了车。

他是我们的第一个军人教子。后来我们还有好多，要使他们都称心还是件颇为繁重的工作。军人教母的责任是每收到一封信就要回一封信，大约每十天要寄一个装有慰问品或好吃的东西的包裹。他们喜欢包裹但更喜欢信。他们回信非常及时。我似乎感到我刚写信就来了回信。还得记住他们的家庭经历，有一次我干了一件很糟糕的事，把信弄混了，有个士兵的妻子我很熟，她的母亲已去世，我请他代我向他母亲问好，而请一个有母亲的士兵代我向他的妻子问好。他们的回信里充满悲伤。他们分别说我搞错了，还说我会明白我这错误是深深伤害了他们的。

最令人高兴的教子是我们在尼姆接受的。有一天我们在城里，我丢了钱包。回到旅馆才发现钱包丢了，我很不安因为里面有很多钱。我们正吃饭时侍者说有人找我们。我们出去，看见一人手里拿着钱包站在那里。他说他是大街上拾到的，他把活一干完就找到旅馆来把钱包给我们。钱包里有我的一张名片，他以为住旅馆的人当然是初来此地的人，而我们那时在尼姆是很有名的。我当然从钱包里拿出好些钱酬谢他但他说不用。不过他说他有事相求。他们是从马恩河一带来的难民，他十七岁的儿子阿贝尔自愿入伍，目前在尼姆卫戍部队里，问我愿不愿当他的教母。我说愿意，叫他告诉他儿子在他第一个有空的傍晚来找我。第二天傍晚，那个可以想象到的最年轻最可爱的士兵进来了。是阿贝尔。

我们非常喜欢阿贝尔。我总记得他从前线写来的第一封信。信的开头说前线并不怎么使他感到惊奇，跟他以前听说过的也跟想象的完全一样，不同的只是前线没有桌子而只能在膝上写信。

我们第二次见到阿贝尔时他戴着红饰带，他那个团获得荣誉勋章，我们为他们感到非常自豪。停战之后我们随法军进入阿尔萨斯时，请阿贝尔来并在我们那里住了几天，当他爬到斯特拉斯堡大教堂顶上时真是个使人为他感到荣耀的小伙子。

后来我们回到巴黎时，阿贝尔来了并在我们这里住了一个星期。我们带他到处观光，第一天参观完后他严肃地说，我认为这一切都值得为之战斗。夜晚的巴黎却使他惊吓，我们常找个人陪他一起出去。前线并不使人感到惊吓而夜晚的巴黎却使人感到惊吓。

再后来他写信说他们搬了家，告诉了我们新地址。由于有误，按此地址去的信他没收到，我们跟他失去了联系。

我们终于到了佩皮尼扬，开始访问医院，赠送必需品，问总部是否要我们做更多的工作。起初有点困难但很快就把该做的工作都做得很好了。我们也收到许多慰问袋，分发这些慰问袋真有无穷的乐趣。像接着过圣诞节一样。我们经医院主管人的许可把这些慰问袋分发给士兵们本人，这本身就是一大乐趣不过也使我们得以让士兵们立即写表示感谢的明信片，我们把这些明信片分批寄给拉瑟洛普太太再由她寄到美国的寄出过慰问袋的人。大家都高兴不已。

然后就是汽油问题。美国援法伤员基金会得到法国政府的许可，有权购买汽油。但无汽油可买。法国军队有很多汽油并且愿意给我们汽油但不能卖，而我们有权买汽油却不能自拿。很有必要面见主管军需品的指挥官。

格特鲁德·斯泰因完全愿意开车去任何地方，常常是没人用摇手柄发动引擎时她就自己摇，为了修车，我得说她修得相当好，即使她不愿像最初我要她去干的那样为了练习而把车拆卸开然后再装起来，她也愿意一大早起床，但是断然拒绝走进任何办公室面见任何官员。我成了正式的代表而她是正式的司机，面见那位少校就得我去了。

他是位很有魅力的少校。办事花了很长时间，他一时叫我去这儿一时叫我去那儿好在问题总算解决。他当然一直叫我斯泰因小姐因为我交给他的所有证件上都是格特鲁德·斯泰因的姓名，而她是司机。所以现在他说，斯泰因小姐，我的妻子很想认识你，她要我请你跟我们一起进餐。我十分困惑。我迟迟疑疑。可我不是斯泰因小姐，我说。他几乎从椅子上跳了起来。什么，他嚷道，不是斯泰因小姐。那你是谁。要记住那是战时而佩皮尼扬几乎就在西班牙边境。呃，我说，你知道斯泰因小姐的。斯泰因小姐在哪儿呢，他问。她在楼下，我小声地说，在车里。这是什么意思，他说。呃，我说，你知道斯泰因小姐是司机我是代表，斯泰因小姐没有耐心，不愿进办公室等着面见人说明情况，所以我来替她办而她坐在车里。但是，他厉声说，如果我要你签字那你刚才会怎么办。那我刚才当然就会告诉你了，我说，就像我现在告诉你一样。难道真是这样，他问，我们下楼去见见这位斯泰因小姐。

我们到了楼下，格特鲁德·斯泰因坐在那辆小福特车的驾驶座上，他朝她走去。他们很快就成了朋友，他再次邀请，我们便去进餐。我们玩得十分愉快。杜波瓦太太的家乡是以食品和酒闻名的波尔多。多么好吃的食品啊，尤其是汤。我认为那汤跟世上别的所有汤比较仍然是评价的标准。有些汤有时候跟它近似，不亚于它的很少，但超过它的绝无。佩皮尼扬离里维萨不远而里维萨是让弗勒[1]的出生地。那里有家小医院，我们另外送了一些必需品给医院以对让弗勒爸爸[2]表示敬意。在一条小

---

1 法军总司令。

2 表示亲切的称呼。

街上让弗勒出生的那个小房子前面，我们坐在那辆有红十字及美国援法伤员基金会标记的小福特车里拍了照，印好后寄给拉瑟洛普太太。把明信片寄到美国出售以筹集援法基金。此时美国已参战，有人给我们寄来许多印有星条旗的丝带，我们剪开送给所有的士兵，他们和我们都高兴极了。

这事使我想起一位法国农民。后来在尼姆，我们车里有个开救护车的美国小伙子跟我们一起，远在乡下。小伙子去观光一处瀑布去了，我到一家医院访问去了，斯泰因留在车里。我回来时她告诉我，有个老农民走到她跟前问她那小伙子穿的是什么军服。那是，她扬扬得意地说，美军军服，美军是你们的新盟友。哦，老农说。后来我沉思着问我自己，我们在一起会有何成就呢，Je me demande je me demande qu'est-ce que nous ferons ensemble [1]。

我们在佩皮尼扬的任务完成，动身回巴黎。我们的车一路不断出故障。大概佩皮尼扬的气候热得福特车受不了。佩皮尼扬是在靠近地中海的海平面以下，很热。格特鲁德·斯泰因过去一向希望气候热再热些，有过这次经历之后她也不真正热衷于高温气候了。她说她从没这样像块薄煎饼，上面热下面热还得用摇手柄发动车子。我不知道她隔多久诅咒一通说，我要把它扔掉，没别的办法只有把它扔掉。我既支持也反对直到把车再发动起来。

拉瑟洛普太太捉弄格特鲁德·斯泰因就与此事有关。战后我们两人都得到法国政府的奖励，荣获法兰西侦察勋章。他们授勋给你时总要给你一份奖状，说明你为何获此勋章。对我们两人的勇敢的叙述是相同的，但不同之处是说我的奉献精神

---

1 法语：我问自己我问自己我们将一起做什么。

sans relâche，从未见少，而说到她时却没有用 sans relâche 这样的字眼。

我说了在回巴黎的路上车不断出故障，正当危急之时路上一个流浪老头帮格特鲁德·斯泰因推，她才把车开到内韦尔，我们在那里遇到第一批美军。他们是军需部门的经理官和海军，到达法国的第一支分遣队。在那里我们第一次听到格特鲁德·斯泰因所说的哀伤的海军歌曲，它叙述过去在美国陆军里的那些人如何叛变，但海军从未有过。

刚进入内韦尔我们看见塔·麦格鲁，他是加州人也是巴黎人，我们跟他不很熟，他穿着军服。我们呼叫请求帮助。他走过来。我们告诉他我们遇到麻烦了。他说，把车弄到旅馆的车库里去，明天有士兵来把它修好的。我们照办。

当天我们应麦格鲁先生的要求在基督教青年会过夜，多年来第一次看见美国人，只有美国人，本当不会来欧洲的这些美国人。这是一次令人非常感动的经历。格特鲁德·斯泰因当然跟他们所有的人聊天，想知道他们来自哪个州哪个市，是干什么的，多大年龄，喜不喜欢这里。她跟和这些美国小伙子在一起的法国姑娘们聊天，法国姑娘们对她谈了她们对这些美国小伙子们的看法，美国小伙子们对她谈了他们对法国姑娘们的看法。

第二天她跟加利福尼亚和衣阿华在车库里，她就这样称呼那两个士兵，他们是被派去替她修车的。每当车里某处发出很大的声音她对他们就表示满意而他们便一本正经地互相说这位法国司机正好在换挡。格特鲁德·斯泰因，衣阿华和加利福尼亚在一起感到那么高兴以至我要遗憾地说我们离开内韦尔之后这车行驶得并不怎么顺当，不过总算到了巴黎。

在这段时期格特鲁德·斯泰因想到写美国历史，有几章写衣阿华州不同于堪萨斯州，堪萨斯州不同于内布拉斯加州，等等。她确实写了一些，也收进了《有用的知识》一书里。

我们在巴黎没待多久。车一准备好我们便去尼姆，要去三个地方，加尔，罗纳河口，沃克吕兹。

我们到尼姆，过了一段非常舒适的生活。我们去看望镇上的首席军医法布医生，承蒙他和他妻子的好意我们在尼姆很快就感到轻松愉快了，但在我们开始工作之前法布医生请我们帮个忙。尼姆已无救护车可用。军医院里有位药剂师，是陆军上尉，病重，肯定会死，他愿死在家乡。他的妻子和他在一起陪着他，我们只送他回家并无其他责任。我们说我们当然愿意，把他送回家了。

去山里路远车难行，返回之前早已天黑。我们离尼姆还很远，这时我们突然看见路上有几个人影。那旧福特车的车灯照不清楚路上的东西也照不清楚路边的东西，我们看不很清楚是什么人。但我们跟往常一样只要有人请我们带一程我们便停车。有一个男子，显然是位军官，他说，我的汽车坏了而我得赶回尼姆。行，我们说，你们两个坐后面，那儿有个床垫和其他东西，就舒服舒服吧。我们继续向尼姆开去。开进城里时我朝小窗口那边问，你们在哪儿下车，一个声音回答，你们去哪儿。我说，去卢森堡旅馆。那声音说，行啊。我们开到卢森堡旅馆前面停下。这里灯光通亮。我们听见车后一声尖叫接着有个小个子男子出现在我们面前，他面有怒色，头戴军帽，帽上有表明是上将军衔的橡树叶，胸前挂着荣誉勋章。他说，我想感谢你们但在我感谢你们之前我必须问问你们是什么人。我愉快地回答说，我们是美国援法伤员基金会的代表，目前我们的驻地在尼姆。他反驳道，我是指挥此地的将军，你们的车号是法国军用号，你们本当即时向我报告的。是吗，我说，我当时不知道，万分抱歉。不必抱歉，他精神饱满地说，如果你们需要什么尽管告诉我。

没过多久我们确实告诉他了，当然是因为不断有汽油问题，承蒙他的好意什么都给我们准备好了。

这位小个子将军和他的妻子来自法国北部，已无家园，称自己是难民。后来伯萨大炮开始轰巴黎有颗炮弹击中离花园街很近的卢森堡公园，我得承认我便大声说我可不想当可怜的难民。我们帮助过许许多多难民。格特鲁德·斯泰因说，弗罗梯埃将军一家人是难民而不可怜。比我想要当的难民更可怜，我讥讽地说。

不久美军到达尼姆。有一天法布太太碰见我们对我们说她的厨娘看到一些美国士兵。她准是把英国士兵误以为美国士兵了，我们说。才没有呢，她回答说，厨娘非常爱国的。美国兵来了，是 S. O. S 即后勤部的一个团，我记得非常清楚的是他们说后勤部时总把 of 说得特别有力[1]。

我们很快就跟他们都熟了跟他们其中的一些人就非常熟了。邓肯是个南方小伙子，南方口音很重，他谈得有声有色时我却不知所云。家里人都来自巴尔的摩的格特鲁德·斯泰因没有困难，他们在一起常常哄然大笑，我只明白一点，那就是他们好像把他当只小鸡似的给杀了[2]。尼姆的人也跟我一样不知所云。尼姆有许多女人说英文说得很好。在尼姆一直有教英文的家庭女教师，她们这些尼姆人常以自己懂英文而自傲，可是正如她们所说，不仅她听不懂这些美国人说话而且这些美国人也听不懂她们说的英文。我不得不承认我或多或少也有同感。

士兵都是肯塔基、南卡罗来纳等州的人，他们的话很难懂。

---

1 后勤部的原文是 Service of Supply。
2 指乐得大家不知把他怎么才好。

邓肯逗人喜欢。他是营地的后勤中士，我们开始发现在法国医院里处处有美国士兵时便带邓肯一起去，把美国士兵丢失的军装给他们送去把白面包给他们送去。可怜的邓肯很倒霉因为他不在前线。他早就参加了去墨西哥的探险队，到了这里仍在后方而无调离的希望，因为懂得军事簿记这套复杂方式的人不多而他就懂所以军官们不会推荐他去前线。我要去，他常痛苦地说，他们打我一顿都可以，反正我要去。但我们告诉他说有许多 A.W.O.L，即开小差的人，在南部一带多得很，我们常碰见，他们总问，喂，有宪兵吗。邓肯可过不了那种日子。可怜的邓肯。停战的两天前他来看我们时已经喝醉了而且很痛苦。在平时他是个有节制的小伙子，没上过前线就回去见家里的人实在是糟透了。他跟我们在小客厅里，他的几个军官在前面的房间里，他这样子让他们看见可不好而且已到他回营地的时间。他半醒半睡，头趴在桌子上。邓肯，格特鲁德·斯泰因尖声对他说，在，他说。她对他说，听着，邓肯。托克拉斯小姐就要站起来了，你也站起来，眼睛盯着她的后脑勺，懂吗。是，他说。好，现在她就要走了，你跟着她走，眼睛盯着她的后脑勺一刻也不许往别处看，直到你进我的车。是，他说。他做到了，格特鲁德·斯泰因开车送他回营地。

可爱的邓肯。就是他听到美国人在圣米耶尔占领四十个村子的消息时激动万分。那天下午他将跟我一起到阿维尼翁送箱子。他挺直身子坐在台阶上，几栋房子突然引起他注意。那是什么，他问。一个小村子，格特鲁德·斯泰因说。过了一会又看见几栋房子。那是什么，他问。一个小村子。他沉默不语细看景色好像他以前从未看过似的。他突然长叹一声，四十个村子不算很多啊，他说。

我们跟这些逗人喜爱的小伙子相处确实感到愉快。我不想说别的只想说说他们的事。他们跟法国人相处得很好。他们都在铁路修理厂干活。只有工时长这一件事使这些美国人烦心。他们干活特别聚精会神所以无法持久。最后商定他们和法国人各按各的工时干活。友善的相反看法是常有的。这些美国小伙子不明白花很多功夫去抛光很快就会再磨损的部件有什么用。法国人说没有抛光就不算完工。然而两伙人都非常喜欢对方。

格特鲁德·斯泰因常说有这次战争比只是去美国要强得多。如果你只是去美国就不可能有在这里跟美国人在一起的这种方式。时有美国士兵住进尼姆的医院而且法布医生知道格特鲁德·斯泰因学过医，所以每次都要她跟逗人喜爱的小伙子在一起。有个小伙子从火车上摔了下去。他不信那小小的法国火车能开快可它偏偏就是能开快，快得足以要他的命了。

这是一次很隆重的仪式。格特鲁德·斯泰因和县长亦即当地的政府首长的妻子以及将军的妻子是主要的送葬者。邓肯和另外两个人吹军号，大家都发了言。新教牧师向格特鲁德·斯泰因问起死者及其优点，她便问那些小伙子。很难举出什么优点。他显然是个难以对付的人。你们难道不能对我说说他的某些优点，她失望地问。死者的朋友之一泰勒严肃地抬头说。我告诉你，他的心大得像个洗衣盆。

我常想，我常想当年跟格特鲁德·斯泰因这么熟悉的这些小伙子里是否有人把她同报纸上的格特鲁德·斯泰因联想在一起。

我们忙忙碌碌。全是美国人，附近小医院里和尼姆的团里都很多，我们得去找他们而且要亲切地对待他们，医院里也全是法国人，我们得去看望他们，因为这是我们的任务，后来发生西班牙流行性感冒，格特鲁德·斯泰因和尼姆的另一个军医常去几英里外的一些村子把休假在家而患感冒的士兵和军官送到尼姆。

正是在远行期间她又写了许多东西。景色，奇异的生活激励了她。正是在这时她开始喜爱罗纳河流域，这景色中的景色使她最感兴趣。我们仍在罗纳河流域的比利宁。

这时她写了诗《逃兵》，很快就发表在《虚荣市》上。亨利·麦克布赖德使克朗宁希尔德对她的作品有了兴趣。

我们在阿维尼翁时有一天碰见布拉克。布拉克头上受重伤是来阿维尼翁附近的索基养伤的。他正是住在那里的时候收到了动员令。又见到布拉克真叫人高兴。毕加索不久前写信给格特鲁德·斯泰因，宣布他已同一位 Jeune fille，即一位真正的年轻女郎结婚，送给格特鲁德·斯泰因的礼物是一幅动人的小画和他妻子画像的照片。

多年之后他为我在织锦用的画布上描了这幅动人的小画，我来绣它，这便是我织锦的开始。我觉得请他替我画点东西我来绣是不可能的，于是告诉了格特鲁德·斯泰因，她却说行啊，我来办。有一天他在我们这里，她说，巴勃罗，艾丽斯想照那幅小画绣点东西于是我说我来替她想想法子。他带着亲切的轻蔑神情看着她说，如果得有人画，那就得我画。那好，格特鲁德·斯泰因说给他一块准备织锦用的画布，画吧，他就画了。自那时以来我一直用他的一些画来绣东西，都很成功，跟老式椅子非常相配。我为两把路易十五时期式样的小椅子绣过。现在他很亲切，在我刺绣用的画布上替我作画替我着色。

布拉克还告诉我们，阿波利奈尔也娶了一位真正的年轻女郎。我们一起闲聊了不少。但毕竟没有什么新闻可谈。

一天一天过去，我们很忙，后来是停战。我们最先把这消息带到许多小村子。医院里的法国士兵感到心安而并不怎么高兴。他们似乎不觉得会有永久和平这种事。我记得格特鲁德·斯泰因跟他们当中的一个人说话时那个人对格特鲁德·斯泰因说，和平，至少要维持二十年才行。

第二天上午收到拉瑟洛普太太的电报。立即前来要你随法军去阿尔萨斯。我们途中未停。我们是一天内赶到的。不久后我们动身去阿尔萨斯。

前往阿尔萨斯的路上我们遇到第一次也是仅有的一次事故。路很糟，泥泞，到处是辙迹，雪，融雪，路上全是向阿尔萨斯行进的法军。我们经过时，两匹马拖一军用厨房跑滑，撞了我们的福特，挡泥板和工具箱脱落，最糟的是驾驶盘的三角支架被严重撞弯。法军捡起我们的工具箱和挡泥板但对撞弯了的三角支架毫无办法。我们继续前进，车在泥泞的路上打滑，上山下山，格特鲁德·斯泰因紧紧把住驾驶盘。开了大约四十公里，我们看见路上有几个开救护车的美国人。哪儿能修车呀。往前走一点，他们说。我们往前开了一段发现一个美国救护车修理站。他们没有多余的挡泥板但能给我们一个新三角支架。我把我们的困难对那个中士说了，他小声对一技工嘀咕了一句。然后转过身来粗声粗气地对我们说，开进去。技工脱下上衣把它盖在冷却器上。格特鲁德·斯泰因说过任何美国人这么一做那车就归他了。

我们以前一直不明白为何有挡泥板，这次到了南希算是明白了。法军修理厂给我们装了新挡泥板和工具箱，我们继续前往。

不久，双方的战场和战壕防线出现在我们眼前。没有见到当时情景的人是想象不出那情景的。不可怖，是奇特。我们已看惯被毁的房屋甚至被毁的镇子，但是这不一样。这是一种景色。它不属于任何国家。

我记得听一位法国护士有一次说到前线而且只说了一点，C'est un paysage passionnant，即引人入胜的景色。我们看到的就是这。奇特。伪装，茅屋，什么都有。又湿又暗，有几个人，不知是中国人还是欧洲人。车上的吹风机皮带已坏。一辆工作人员的车停下，用发夹就把它修好了，我们是仍然夹发夹的。

还有一件事引起我极大的兴趣，法国人用的伪装跟德国人用的伪装是多么不同啊，一次我们遇见非常非常雅致的伪装，是美国人用的。想法是一样的但是制作伪装的是不同国家的人就难免制得不一样了。颜色的配合不一样，设计不一样，配置的方式也不一样，使整个技艺理论及其必然性一目了然。

我们终于到达斯特拉斯堡，然后继续去米卢兹。我们在这里一直待到五月。

我们在阿尔萨斯不是替医院工作而是为难民服务。居民要重返乡间的遭到破坏的家园，美国援法伤员基金会的目的是给每家人发两条毛毯、内衣裤、小孩和婴儿的羊毛袜以及婴儿用品。传说，寄到我们这里来的大量婴儿用品都是送给在当时即将有个小威尔逊的威尔逊太太[1]的礼物。婴儿用品多得不得了，但分给阿尔萨斯的不很多。

我们的总部是米卢兹一个大校舍的会议室。德国的小学老师已走，暂时让正好在军队里的法国小学老师上课。我们的校长感到失望倒不是为学生温顺也不是为学生想学法文，而是为学生们的衣服。法国小孩穿的衣服很整齐。小孩的衣衫褴褛这种事是没有的，就连在乡村做工的孤儿也穿着整齐，正像法国女人穿着整齐一样，就连穷人和老人也穿着整齐。他们不见得总是干干净净但总是整整齐齐。从这一观点来看，相比之下较富的阿尔萨斯的小孩身上的杂色旧衣是令人遗憾的，法国老师们苦恼得很。我们想尽办法以黑色儿童围裙支援，但无多大作用，况且我们得留着发给难民。

---

1 指威尔逊总统夫人。

我们渐渐十分了解阿尔萨斯和阿尔萨斯人了，各种各样的阿尔萨斯人。法军和法国士兵对自己负责的那种率直态度使他们大为吃惊。这在德军中他们是不曾见过的。另一方面法国士兵很不信任这些非常想成为法国人但尚不是法国人的阿尔萨斯人。他们不坦率，法国士兵说。这话很对。法国人不管在别的方面如何，却总是坦率的。他们有礼貌，他们机敏，但迟早总会对你说真话。阿尔萨斯人不机敏，没礼貌，但肯定不会对你说真话。他们跟法国人恢复交往之后或许能学会这些吧。

我们分发物品。所有被毁的村子我们都去。我们常请牧师帮助我们做分发工作。有位牧师给我们提过很多有益的劝告，我们对他十分友好，他家里只剩一个大房间。他把它一分为三，没有屏风没有隔板，第一个三分之一的地方放他的会客室家具，第二个三分之一的地方放他的餐厅家具，最后的三分之一的地方放他的睡房家具。跟他一起吃午饭而且我们吃得很满意而且他的阿尔萨斯酒味道很好，这时是在他的会客室接待我们，后来他说失陪回到他的睡房去洗手，再后来他十分郑重其事地请我们到他的餐厅，像个老式的舞台布景。

我们分发物品，我们在雪地里开车去各个地方，我们跟人人交谈人人跟我们交谈，到五月底一切结束，我们决定离开。

我们经由梅斯、凡尔登和密尔德里德·阿德里奇那里回巴黎。

我们又回到变了样的巴黎。我们平静不下来。格特鲁德·斯泰因开始辛勤写作，正是在这段时期她写了《阿尔萨斯口音》和其他政治剧，是收进《地理与剧本》的最后几个剧本。我们仍处在战时工作的阴影下，继续做些战时工作，访问医院看望留在医院里的士兵，现在大家对此工作已相当忽视了。我们在战时花了很多钱，我们要节约，雇佣人即使不是不可能也很难

175

雇到，物价高。我们暂且住下，Femme de ménage[1]一天只来干几小时。我常说格特鲁德·斯泰因是司机我是厨子。我们常一大早就到公共市场去弄回我们的食物。是个乱糟糟的世界。杰希·怀特海作为某代表团的秘书随和平委员会一起来了，我们当然都很想了解有关和平的情形。就是在这时格特鲁德·斯泰因描述过和平委员会的一个年轻人，此人表示他作为非常了解这次战争的人，自和平之后就一直在这里。格特鲁德·斯泰因的几个表兄来了，人人都来了，人人都不满意，个个都心不安。是个不安定的世界。

格特鲁德·斯泰因和毕加索发生争吵。他们都不十分清楚是为何事。有一年两人不曾见面，后来偶然在艾德里安娜·莫尼埃[2]家的聚会上遇见。毕加索对她说了向她问好以及请她去看他这一类的话。我不去，她闷闷不乐地回答。毕加索走到我跟前对我说，格特鲁德说不来看我，是真的吗。我看如果她说了那就是真的。又有一年两人不曾见面，与此同时毕加索的小男孩出世马克斯·雅可布埋怨没请他当命名的教父。在这不久之后我们在某画廊时毕加索走过来一手按在格特鲁德·斯泰因的肩上说，哦得了，让我们成为朋友吧。当然，格特鲁德·斯泰因说，两人拥抱。我什么时候可以来看你，毕加索问，格特鲁德·斯泰因说，我想想，我们忙得很但在周末来吃饭吧。废话，毕加索说，我们明天来吃饭，于是他们来了。

是个变了样的巴黎。纪尧姆·阿波利奈尔去世。我们遇见的人很多，但据我的记忆没有一个是我们以前认识的。正像克莱夫·贝尔有感而说的，他们说有许许多多人死于战争但我似

1　法语：女管家。
2　在巴黎开书店的一位法国女子。

乎觉得又有一大批男男女女突然出世。

我们心绪不定我们节约开支，白天夜晚都看见人，最后是游行，盟军通过凯旋门的游行。

美国援法伤员基金会成员将在爱丽舍大道边的长凳上就座，但巴黎的人有正当理由反对，因为会挡住他们而使他们看不见游行，于是克列孟梭[1]立即叫人将长凳拆走。我们很幸运因为杰希·怀特海住的旅馆的房间外面就是凯旋门，她请我们去她那儿看游行。我们欣然答应。是奇妙的一天。

天一亮我们就起床，因为晚了在巴黎开车就没法通行。这次是"姑妈"最后的几次外出之一。这时车上的红十字已经涂掉但它仍是辆卡车。不久后它就光荣退役而被两个座位的"戈迪法"接替，它也是辆小福特车。取名戈迪法是因为它来到这世上时光着身子，我们的朋友个个都送给我们一些东西把它装扮装扮。

"姑妈"实际上是在做它的最后一次外出。我们在塞纳河附近离开了它，向旅馆走去。满街都是人，男的，女的，小孩，士兵，牧师，修女，我们看见有人帮两位修女爬上一棵树以便观看。我们自己的地方当然令人羡慕，向外望去一清二楚。

我们什么都能看见，我们看见最前面的是退役伤员坐在轮椅里自己摇椅前进。按法国的古老传统，军人游行应由退役伤员领头。他们通过了凯旋门。格特鲁德·斯泰因记得她小时候常在凯旋门四周的链索上荡来荡去，她的家庭女教师告诉她1870年后自从德军从它下面通过就不许任何人从它下面走过了。现在除德国人外人人都从这里走过。

各国军人的行进方式不同，有的慢，有的快，拿着国旗的

1　克列孟梭，当时的法国总理。

法国军人行进得最好，潘兴和在他后面拿着国旗的军官排成的间隔可能是最完美的。格特鲁德·斯泰因在这时写的电影剧本里所描写的就是这一场面，我将此电影剧本收进了简朴版的《歌剧与剧本》。然而一切都最后结束。我们在爱丽舍大道上来回漫步，战争结束，堆成两个金字塔状的许多缴获的大炮正被搬走。我们有了和平。

第七章

战后
1919—1932

回想起来，我们当年就是不断地认识这个认识那个。

战后头几年的事已经记混也很难记起或记得哪件事是在哪件事之前或在哪件事之后发生的。我已说过，有一次格特鲁德·斯泰因跟毕加索谈起何年何月何日，毕加索便说，你忘了我们年轻时在一年之内发生的事多么多啊。战后的那几年里我为了唤起自己的记忆而翻阅格特鲁德·斯泰因的作品书目，才知道一年之内发生的事是何其多，使我好不惊讶。或许我们当时已不很年轻而人世间的年轻人却多得很，或许这到头来是一码事。

老相识早已各奔东西。马蒂斯如今常在尼斯，虽说格特鲁德·斯泰因和他见面时全然是好朋友，但他们几乎不见面。当时格特鲁德·斯泰因跟毕加索互不来往。他们总是满怀最温柔的友情向认识他俩的任何人谈起对方但他们却不来往。纪尧姆·阿波利奈尔已去世。布拉克和他的妻子我们常见，在此之前布拉克和毕加索闹翻了脸搞得很僵。我记得一天晚上曼·雷[1]带来一张他给毕加索拍的照片而布拉克碰巧也在。照片传来传去传到了布拉克手上，他看了一眼说，*je dois connaître ce*

---

[1] 曼·雷（1890-1976），美国超现实主义画家、摄影家。

monsieur，即我应当知道这位先生是何许人。格特鲁德·斯泰因在《久已不再是朋友》一文中说到的就是这段时期以及后来的一段很重要的时期。

胡安·格里斯有病而沮丧。他一直病得不轻也没再真正见好。穷困和沮丧可真磨人啊。坎韦勒在战后很早就回到了巴黎，除胡安之外他的所有老相识都出人头地而用不着他了。密尔德里德·阿德里奇因《马恩河上一山顶》[1]一书大获成功，就密尔德里德本人而言她是把挣来的大把大把的钞票大手大脚地花掉而且现在仍然花得有滋有味，虽然开始有点担心了。我们大约一个月去看她一次，实际上在她整个后半生我们总要定期去看望她。她甚至在最得意之时也觉得任何其他人的造访都不如格特鲁德·斯泰因去看她。格特鲁德·斯泰因想让《大西洋月刊》登点她的东西其实主要是为了使密尔德里德高兴。密尔德里德常感到并说如果《大西洋月刊》同意登，将是最高的荣誉，《大西洋月刊》当然没同意登。另一件事总叫密尔德里德非常烦恼。格特鲁德·斯泰因的名字未被收进《美国名人录》。事实是她的名字被收进英国作家著作目录之前还没被一本美国作家著作目录收进过。这使密尔德里德非常不快。她对我说，我不想看此书，好些人都不重要而且格特鲁德·斯泰因的名字不在里面。然后她说，我知道这没什么不过我希望不要这样亏待她就好。可怜的密尔德里德。出于她们本人最清楚的原因《名人录》就在今年增录了格特鲁德·斯泰因的名字。《大西洋月刊》不用说没有登她的东西。

《大西洋月刊》之事说起来真有些好笑。

1　此书 1915 年出版，印过 17 次；马恩河在法国东北部，在一战和二战时期曾是战场。

我说过格特鲁德·斯泰因给《大西洋月刊》寄过一些稿子，并没指望它刊用，但万一出现奇迹而登载，她会满意而密尔德里德会高兴的。答复来了，是编辑部来的满篇争论的长长的答复。格特鲁德·斯泰因原以为是编辑部某位波士顿女人所写，便向艾伦·赛吉威克[1]就那些争论做了长篇大论的回答。她几乎立即收到的回信反驳了她的全部论据但同时承认此稿并非没有趣味不过当然不能在书评栏上刊登它而冒犯《大西洋月刊》的读者，但有可能由某人在该刊某栏加以介绍，如果我没记错，此栏叫"来稿人俱乐部"。信的末尾说写信人不是艾伦而是艾勒里·赛吉威克。

写信的人是艾勒里不是艾伦而且同意在"来稿人俱乐部"栏发表使格特鲁德·斯泰因高兴是理所当然的事，不过即使"来稿人俱乐部"栏也没有刊登稿子同样是理所当然的事。

我们老是认识一些新朋友。

有一个人告诉我们，是谁我已忘记，说有个美国女人在我们这地方开了一家收费英文书图书室。当年我们因节省而不向墨迪图书馆借书，但有家美国图书馆能给我们提供少量的书，而格特鲁德·斯泰因是需要更多的书的。我们打听后找到塞尔维亚·比奇[2]。塞尔维亚·比奇对格特鲁德·斯泰因非常热情，二人成了朋友。她是塞尔维亚·比奇的第一个年度订户而塞尔维亚·比奇则表示了与之相称的高兴和愉快。她那小小的地方在医学院附近的一条小街上。那时去的美国人还不多。有马塞尔·施沃布的侄女还有几个偶尔去去的爱尔兰诗人。那时我常见到塞尔维亚，她常来我们的住处也跟我们一起乘那辆旧车去乡间。我们见过艾德里安娜·莫尼埃而她把凡勒里·拉波德带

1 《大西洋月刊》编辑。
2 塞尔维亚·比奇（1887-1962），在巴黎的美国书商和出版商。

来过我们这里，他们两人对《三个女人》都很感兴趣，所以我们明白凡勒里·拉波德想要译它。特里斯丹·查拉[1]第一次出现在巴黎就是在此时。他的到来使艾德里安娜·莫尼埃激动不已。战时皮卡比亚在瑞士找到他于是两人一起创建了达达派，又以好一番斗争和争吵从达达派里出来了超现实主义。

查拉到我们住的地方来过，我想是皮卡比亚带他来的，但我把握不大。我总发现他的激烈有害的经历很难理解。至少在当时觉得难以理解，因为他一来便到茶桌前坐在我旁边跟我谈话时像个有趣又不很使人激动的亲戚。

艾德里安娜·莫尼埃要塞尔维亚迁到奥迪安路，塞尔维亚犹豫不定但最后还是迁去而在这之后我们实际上就不常见到她了。塞尔维亚搬去之后不久他们举行过一次聚会我们去参加了，格特鲁德·斯泰因在那里第一次发现她有个牛津的年轻崇拜者。那里的几个年轻的牛津学子见到她都高兴不已，向她索取了一些稿子并于1920年那年在《牛津杂志》上刊用了。

塞尔维亚·比奇经常带些人来我们住的地方，是些年轻的作家和跟他们一起的年纪大一些的女人。埃兹拉·庞德就是在这时来的，当然情况不同一些。后来她就不来了但带来口信说舍伍德·安德森已来巴黎并要见格特鲁德·斯泰因，问能否前来。格特鲁德·斯泰因说她很高兴于是他跟他的妻子和音乐评论家罗森菲尔德来了。

这次我因故没在场，多半是因为家务繁杂走不开，我回来就看见格特鲁德·斯泰因显出最近很少有过的又感动又高兴的样子。在那段时期格特鲁德·斯泰因有些不愉快，她的所有稿

---

1 特里斯丹·查拉（1896-1963），法国诗人、散文家，善于用随意性表现手法和怪诞的形象。

子都没发表，也无发表和受到重视的希望。舍伍德·安德森来了而且以其素有的方式把他对她的作品的看法以及她的作品对他的发展是何等重要都直截了当地告诉了她。他当时就对她说了而且更为少见的是说马上就发表。格特鲁德·斯泰因和舍伍德·安德森一向是最好的朋友不过我认为即使是他也体会不到他的来访对她是多么重要。是他给《地理与剧本》写的导言。

当初是无论到哪里都能认识一些人。朱厄特夫妇是一对美国夫妇在佩皮尼扬附近有一幢10世纪的宅邸。战时我们在那里见过他们，他来巴黎后我们去看过他们。在那里我们第一次见到曼·雷后来又见到罗伯特·寇特斯[1]，他们两个怎么会在那里我就不知道了。

我们进屋时屋里有好些人，不一会格特鲁德·斯泰因便跟一个坐在角落里的小伙子谈了起来。我们出去时她便已跟他约定好。她说他是个摄影家很有趣而且提醒我，威廉·库克的妻子詹妮·库克要给她拍照寄给在美国的库克家的亲戚。我们三人去到曼·雷住的旅馆。这是德朗路上的一家小旅社，曼·雷住的是小客房，我从没见过任何地方，哪怕是一间船舱，里面放这么多东西而这些东西摆得井井有条。他有一张床，他有三架大照相机，他有好几种照明设备，他还有一个窗用遮光帘。他的全部冲洗工作就在一个小壁橱里进行。他把马塞尔·杜尚[2]的和别人的许多照片拿出来给我们看并问他能不能前来为工作室和格特鲁德·斯泰因拍些照片。他们来了，也给我拍了些照片，我们对其结果都很满意。他时时给格特鲁德·斯泰因照相，她常被他运用灯光的方式吸引住。她回来时总是兴高采烈。有

1　罗伯特·寇特斯（1897-1973），美国作家，1919年从耶鲁毕业后长期侨居巴黎，写过超现实主义小说。
2　马塞尔·杜尚（1887-1968），法国画家，达达派的主要人物。

一天她对他说除了我最近给她拍的那张照片之外她觉得他给她拍的照片比任何拍过的照片都好她很喜欢。这可叫曼·雷费了不少心。他立即请她去摆好姿势于是她就摆好姿势。他说，你爱怎么动都可以，眼睛啊，头啊，是摆姿势但姿势里也要有一张照片的所有特质。摆姿势摆了很长时间，她呢，按他的要求，动来动去，其结果，亦即他给她拍的这最后一批照片，是格外引起人们的兴趣。

战后之初我们在朱厄特家里也遇见过罗伯特·寇特斯。那一天我记得非常清楚。天很冷，在一家旅馆的楼上。那里有几个年轻人，格特鲁德·斯泰因突然说她忘了把汽车上的灯打开，她是不想再被罚一次款的，因为为躲开一名警察而冲着他按喇叭刚罚过我们一次款，她因绕过路标开错了路线也被罚款一次。好，那个一头红发的年轻人说，立即下楼立即就回来了。车灯开了，他报告说。你怎么知道哪个车是我的，格特鲁德·斯泰因问他。哦，我早就知道，寇特斯说。我们总是很喜欢寇特斯。在巴黎到处走走遇见的熟人是那么少，却常在最意想不到的地方遇见不戴帽子一头红发的寇特斯真不一般。这时正是要出版《金雀花》的时候，我在下面很快就会谈到的，而且他把他的作品给格特鲁德·斯泰因一看她就产生浓厚的兴趣。她说唯有他这个年轻人具有独特的韵律，他的言谈对眼睛都能发出声音，许多人的言谈是不能这样的。我们也喜欢寇特斯的住址，城市旅馆，岛上，他的一切方面我们都喜欢。

格特鲁德·斯泰因对他准备以他的研究计划申报古根赫姆奖很觉高兴。不幸，那项研究计划，即一部很有趣的小说，格特鲁德·斯泰因是其支持者，未能获奖。

我已说过，还有出版《金雀花》的事。

我们在战前已认识一个小伙子，对他所知不多只略知一二。

他叫埃尔默·哈顿，在巴黎学音乐。战时我们听说埃尔默·哈顿在法国部队里当兵而受了重伤。这事颇有些令人惊异。埃尔默·哈顿在美国医院里看护法国伤员，他的病人中有个上尉，一只胳膊残废，正要重返前线。埃尔默·哈顿不再甘于做看护工作。他对彼特上尉说，我跟你一起走。不可能，彼特上尉说。可我一定要去，埃尔默倔强地说。于是他们乘出租车去陆军部去牙医处另外还去过哪里我就不知道了，快到周末时彼特上尉重返部队而埃尔默·哈顿在他的团里当了一名士兵。他打仗勇敢后来受了伤。战后我们又见到他，往后我们常常见面。他和他常送给我们的那些美丽的鲜花在刚有太平的那些日子里实在是莫大的慰藉。他和我总是说他和我将是我们这一代人中最不愿记住这次战争的人。我看我们两人已经有点忘记这次战争了。就在前几天虽然埃尔默说他因胜利而万分喜悦，但他要彼特上尉（彼特上尉是布列塔尼人）承认这次战争很带劲。迄今他对彼特上尉说这次战争很带劲时彼特上尉都没搭理，但这一回埃尔默说这次战争很带劲时彼特上尉道，对，埃尔默，这次战争很带劲。

凯特·巴斯跟埃尔默一样来自同一个镇，即马萨诸塞州的梅德福。她在巴黎，而且来看过我们。我想不是埃尔默介绍她来的但她确实来看望过我们。她对格特鲁德·斯泰因的作品很感兴趣而且到当时为止凡能买到的她都有。她带克雷姆博格[1]来看过我们。克雷姆博格是跟哈罗德·洛布一起来巴黎办《金雀花》的。克雷姆博格和他的妻子常到我们这里来。他很想连载格特鲁德·斯泰因在《美国人的成长》之后不久写的《一部长的快乐的书》。哈罗德·洛布当然不同意这样做。克雷姆博格

1　阿弗雷德·克雷姆博格（1883-1966），纽约诗人、戏剧家。

总是津津有味地把此书里的句子大声读出来。他和格特鲁德·斯泰因除了有共同的爱好之外还有点缘分，因为出版《三个女人》的格拉夫顿公司出版过他的第一部书而且大致是在同时。

凯特·巴斯带许多人来过我们这里。她带来过琼娜·巴恩斯[1]和敏纳·洛伊而她们曾想带詹姆斯·乔伊斯来但没带他来。我们很高兴见到敏纳，以前我们在佛罗伦萨时已认识她，那时她叫敏纳·霍威斯。敏纳是带格伦威·韦斯柯特[2]第一次出游欧洲。格伦威那一口英国腔调给我们极深的印象。海明威有说法。他说，你被芝加哥大学录取时记下你想有什么样的腔调到你毕业时他们就让你有什么样的腔调。你可以有16世纪的或现代的，什么样的都行。格伦威忘记带走他的有姓名缩写的丝制香烟袋，我们一直保存到他再来这里便还给了他。

敏纳还带罗伯特·麦克阿尔蒙[3]来过。当年的麦克阿尔蒙非常体贴，非常成熟也非常漂亮。他让交游出版公司出版《美国人的成长》以及大家发生争吵是很久以后的事。巴黎就是这样的，只不过格特鲁德·斯泰因和他事实上再没交情罢了。

凯特·巴斯带厄内斯·瓦尔什来过，他当时很年轻很狂热她很为他着急。以后我们遇见他跟海明威一起，后来是在贝列，不过我们不怎么了解他。

我们在格雷斯·朗斯伯利[4]家里见到埃兹拉·庞德，他跟我们一起在我们家里吃了晚饭并留下谈起日本版画以及其他许多事。格特鲁德·斯泰因喜欢他但没觉得他有趣得逗人大笑。

1　琼娜·巴恩斯（1892-1982），斯泰因在霍普金斯时认识的朋友，美国作家，常住欧洲。

2　格伦威·韦斯柯特（1901-1987），美国威斯康星州作家，长期住在国外。

3　罗伯特·麦克阿尔蒙（1895-1956），美国作家，长期侨居国外，有"垮掉一代"厌世观的代言人之称。

4　格特鲁德·斯泰因的大学同学。

她说他是一位村里的代言人，如果你是村民他就很了不起，但如果你不是村民他就没什么了不起。埃兹拉谈到 T. S. 艾略特。在我们屋里有人谈起 T. S. 艾略特还是第一次。不多时，人人都谈起 T. S. 艾略特。基蒂·巴斯谈 T. S. 。很久以后海明威谈起 T. S. 时说他是少校。很久之后罗瑟米尔夫人谈 T. S. 并邀格特鲁德·斯泰因前去与 T. S. 见面。当时他们正在筹办《标准》[1]。我们是通过多年后第一次再见到的墨瑞尔·德雷帕而认识罗瑟米尔夫人的。格特鲁德·斯泰因不特别想在罗瑟米尔夫人家见 T. S. 艾略特，但我们都说她一定得去，于是她含含糊糊说了声行。我去做客没有晚装穿于是赶快动手做。门铃响，罗瑟米尔夫人和 T. S. 艾略特走了进来。

艾略特和格特鲁德·斯泰因严严肃肃地交谈了一番，谈的大多是分离不定式和其他语法上的欠妥之处以及格特鲁德·斯泰因为何使用它们。最后罗瑟米尔夫人和艾略特起身准备走，艾略特说如果他在《标准》上刊用格特鲁德·斯泰因的任何作品就必须是她最近的作品。他们离去，格特鲁德·斯泰因说，别为做衣服麻烦了，我们不用去做客了，她开始写一篇 T. S. 艾略特画像，取名《11 月 15 日》，既然 11 月 15 日是当天那么此作无疑就是她的最近之近作了。全是写羊毛是羊毛丝是丝，或者羊毛是羊毛制的丝是丝制的。她寄去给 T. S. 艾略特，他收下了不过当然没有刊用它。

接着是长时间的通信，不是格特鲁德·斯泰因跟 T. S. 艾略特，而是 T. S. 艾略特的秘书跟我。我们互称先生，我签 A. B. 托克拉斯而那位签缩写。过了很久之后我才发现那位秘书不是个年轻男子。我不知道她是否也发现我不是个年轻男子。

---

1 评论性季刊，艾略特于 1923 年任此刊编辑。

虽然通信多但毫无结果于是格特鲁德·斯泰因淘气地把这件事告诉了所有来我们这里的英国人而当时有许多英国人来来去去。最后，时至初春，《标准》最后总算来了一短简，问斯泰因小姐是否介意在十月号上刊出她的稿子。她回信说在10月15日刊登《11月15日》一文是再适合不过了。

又是久无音信后来便寄来了文章的清样。我们很惊奇但及时将清样寄了回去。清样显然是个年轻人未经许可寄来的，因为不久来信道歉说出了差错，刊用文章之事尚未决定。把这事也告诉了过往的英国人，结果总算是刊用了。尔后收进《佐治亚故事》，后来格特鲁德·斯泰因得知艾略特在坎布里奇[1]说格特鲁德·斯泰因的作品非常之好但不适合我们这番话时感到很高兴。

还是回过去谈埃兹拉。埃兹拉确实又回来过而且带来了《日晷》的编辑。这次比日本版画更糟，也更加激烈。激烈使埃兹拉惊奇地从格特鲁德·斯泰因最心爱的小扶手椅上跌下来，就是我后来照毕加索设计的图案为之绣过椅垫的那把扶手椅，格特鲁德·斯泰因很是发火。最后埃兹拉和《日晷》的编辑走了，没有一个人高兴。格特鲁德·斯泰因不愿再见到埃兹拉。埃兹拉不很清楚是何缘故。有一天他在卢森堡公园附近遇见格特鲁德·斯泰因时便说，我确实想去看望你。对不起，格特鲁德·斯泰因回答说，托克拉斯小姐牙痛再说我们正忙于采野花。这些全是真话就跟格特鲁德·斯泰因的文学作品一样，却使埃兹拉很狼狈，我们后来没再见到他。战后这几个月里有一天我们在一小街上走，看见有个人望着一个橱窗一会往前走一会往后走一会朝东走一会朝西走，形迹古怪。是利普吉茨，格特鲁德·斯

---

1 在马萨诸塞州，是艾略特的家乡。

泰因说。是我,利普吉茨说,我想买只铁公鸡。在哪儿,我们问。在那儿,他说。就在那儿。从前格特鲁德·斯泰因跟利普吉茨并不很熟,这件小事却使他们成了朋友,不久他便请她当模特儿。他刚塑完让·科克托的半身像现在想给她塑像。她从不反对当模特儿,她喜欢当模特儿的那种平静,虽然她不喜欢雕塑并对利普吉茨如实说了,但她还是开始摆好姿势。我记得那年春天很热,利普吉茨的工作室里热得够呛可他们一待就是几个钟头。

利普吉茨是个出色的闲谈家,格特鲁德·斯泰因对所谈之事的始、中、末都喜爱不已而利普吉茨又能把好些事所缺而不足的好些内容给补上。

他们谈起艺术,格特鲁德·斯泰因很喜欢她的半身像,他们成了很要好的朋友,充当模特儿也就此结束。

一天我们在市镇另一头的画展上,有人朝格特鲁德·斯泰因走过去说了句什么。她擦擦额头说热得很。他说他是利普吉茨的朋友,她回答是啊是啊他那儿热得很。利普吉茨给她塑的头部所拍的几张照片他应当带来却没有带来,我们忙得不得了,格特鲁德·斯泰因有时不知道利普吉茨为何没来。有人要这些照片时她才写信要他把照片带来。他来了。她问,你为什么在此之前没来。他说在此之前没来是因为她对某个人说她当模特儿觉得厌烦而这个人又把这话告诉了他。啊,见鬼,她说,听着,我说任何人和任何事的方式是众所周知的,我说关于人的事,我向人们说关于人的事,我想什么时候说就什么时候说,我高兴怎么说就怎么说,不过大多是我怎么想就怎么说,你或任何人对我所说,是不会感到满意的。他显得很满意,他们谈得又高兴又投机而且他们还说 A bientôt,即我们一会儿见。利普吉茨走了,我们多年没见到他。

后来是简·赫普出现，要把利普吉茨的一些东西带到美国去并要格特鲁德·斯泰因去挑几样。我怎么能呢，格特鲁德·斯泰因说，当时利普吉茨显然很生气，我当然一点也不知道他为什么生气或者有多生气。简·赫普说利普吉茨说过他喜欢格特鲁德·斯泰因胜于几乎任何人而且不见她他就心中悲伤。哦，格特鲁德·斯泰因说，我很喜欢他。我当然跟你一起去。她去了，他们亲切地拥抱很是愉快，她唯一的报复是在离去时对利普吉茨说，À très bientôt [1]。利普吉茨说，Comme vous êtes méchante [2]。自那以来他们一直是知交而且格特鲁德·斯泰因写的利普吉茨画像是她写得十分动人的画像之一，但他们从不提这次口角，如果说他知道第二次是怎么回事那么她是不知道的。

格特鲁德·斯泰因是通过利普吉茨又见到让·科克托的。利普吉茨告诉过格特鲁德·斯泰因一件她不知道的事，即科克托在他的《波托马克》中提到并引述过《玛贝尔·多吉画像》。她当然十分高兴因为科克托是第一个谈到她作品的法国作家。他们见过一两次，建立友谊意在经常通信互有好感又有共同的新老朋友而不在会面。

这时乔·戴维森 [3] 也为格特鲁德·斯泰因塑过像。这回，一切和好无事，乔诙谐有趣很讨格特鲁德·斯泰因喜欢。我不记得有谁来来去去，是真人还是雕塑，反正是多得很。其中有林肯·斯泰芬斯 [4] 而且说来也怪在我们跟珍妮特·斯库德 [5] 经常见面之初总有他在。但究竟是怎么回事我已记不大清楚了。

---

1 法语：一会儿见。
2 法语：你真淘气。
3 乔·戴维森（1883-1952），美国雕塑家。
4 林肯·斯泰芬斯（1866-1936），美国新闻记者。
5 珍妮特·斯库德（1869-1940），美国雕塑家、画家。

不过我记得很清楚我第一次听见珍妮特·斯库德的声音。那是很久以前我初来巴黎，我的朋友和我住在校场圣母院街的一个公寓里。我的朋友想让大家兴奋兴奋的心甚切所以买了一幅马蒂斯的画挂在墙上。密尔德里德·阿德里奇在我们这里串门，那是春天的一个温暖的下午，密尔德里德·阿德里奇正探身往窗外看。我突然听见她说，珍妮特，珍妮特来了。怎么啦，那十分可亲的声音慢声慢气地说。我要你上来见见我的朋友哈瑞特和艾丽斯我要你上来参观参观她们的新居。哦，那声音说。然后密尔德里德说，她们有一幅新的大幅马蒂斯的画。上来看呀。我不想上去了，那声音说。

后来马蒂斯住在克拉马时珍妮特确实经常与他见面。格特鲁德·斯泰因和她一直是好朋友，至少在她们最初经常见面以来的那段时期是如此。

珍妮特跟克拉里贝尔·柯恩一样总是强调她一点也看不懂格特鲁德·斯泰因的作品然而又是读又是探索而且是若有所悟地高声朗读。

战后我们第一次去罗纳河谷 [1]，珍妮特和一位朋友乘类似一辆戈迪法的车也将前往。此事我在下面即将说及。

在这不安的几个月里我们还要忙于给密尔德里德·阿德里奇争取荣誉勋章。许多在战时出过力的人在战后都获得了荣誉勋章不过都是些团体的成员而密尔德里德·阿德里奇不是团体的成员。格特鲁德·斯泰因切盼密尔德里德·阿德里奇能获勋章。第一她认为密尔德里德应当获得，她的那些在美国人人皆读的著作为法国所做的大量宣传是谁也比不了的，其次她知道密尔德里德也想获得。于是我们开始游说。这不是轻而易举的事因

---

1 罗纳河在瑞士西南部和法国东西部。

为种种团体最有影响是不用说了。我们把各种不同的人发动起来。我们开始造表列出知名美国人的名单请他们签名。他们没有推辞，名单本身固然管用，但无实效。非常钦佩阿德里奇小姐的雅恰齐先生很愿帮助但他认识的人首先有自己的需求。我们至少引起美国军团[1]两位上校的关心但他们另有几人待通过。我们见过每一个人跟每一个人谈过引起过每一个人的注意每一个人都允诺却毫无下文。最后我们找到一位参议员。他很愿帮助但当时参议员们很忙，后来在一天下午我们见到这位参议员的秘书。格特鲁德·斯泰因驾驶戈迪法送参议员的秘书回去。

结果发现参议员的秘书一直想学开车而未成。格特鲁德·斯泰因开车送她回去经过人来车往的巴黎街道时跟司机一样轻松自如满不在乎，格特鲁德·斯泰因又是有名的作家因而给她极深的印象。她说她会去把他们可能放在文件架上的密尔德里德·阿德里奇的文件取出来。不久后一天早上密尔德里德所在的那个村的村长因公造访她。他对她说，你一定要记住，小姐，这种事往往是着手办了可不会有什么结果。所以你一定要做失望的准备。密尔德里德从容地回答说，Monsieur le maire[2]，既然我的朋友们着手此事他们就会努力去办成的。果然办成了。我们去圣雷米在到达阿维翁时有封电报告诉我们说密尔德里德已获勋章。我们高兴极了，密尔德里德·阿德里奇在去世之前一直不忘这荣誉给予她的自豪和愉快。

战后之初那不安的几年里格特鲁德·斯泰因写作勤奋。不像早年，连夜地写作，而是不论何处都写，在客人来访的间歇写，我去办事她等在街上的车里时写，充当模特儿时写。那时她特

1　退伍军人组织。
2　法语：村长先生。

别喜欢在停在挤满人的街上的车里写。

就是在那时她写了笑话《比梅兰克莎还好》。哈罗德·洛布当时正一人负责编辑《金雀花》说他愿意刊用她的跟《梅兰克莎》一样好的作品，梅兰克莎是《三个女人》中的一篇早熟黑女人的故事。

街上的响声和汽车的开动使她受到极大的感化。当时她也喜欢给自己出个句子作为音叉和节拍器然后按其节奏和调子来写。发表在《美国旅队》[1]上的《密尔德里德的想法》便是她认为最成功的这类实验品之一。另一篇是发表在《小评论》上的《女仆的出生地》《1920-1921年的道德故事》《美国变迁史》以及据她称是按她的想象创作的一百位个个是人物个个杰出的《一百位杰出人物》都是在这时写成的。后两文后来收进了《有用的知识》一书。

哈利·吉布回巴黎短住也是在这时。他渴望格特鲁德·斯泰因出一本表明她近年笔耕的著作。不是小册子，他常说，是大部头，能让他们为之下大力气的著作。这事你得办啦，他常说。她说，可现在还没有出版人愿意考虑，约翰·兰也不再起劲了。这没关系，哈利·吉布情绪激昂地说，问题的关键是他们应当考虑而你应当多出书，接着对我说，艾丽斯，你去办。我知道他的话对也应当办。但怎么办呢。

我跟凯特·巴斯谈起此事，她提出曾为她出版过一本小书的四海公司。我便开始与布朗先生通信，是位货真价实的布朗，这称呼是格特鲁德·斯泰因模仿威廉·库克在诸事不顺时的措辞。最后总算跟这位货真价实的先生谈妥。我们于1922年7月南行。

1　由阿弗雷德·克雷姆博格等人主办的一种年刊（1927-1936）。

我们开那辆福特的小车戈迪法出发，珍妮特·斯库德由兰太太陪同开一辆类似戈迪法的车随后。她们是去格拉斯买房子，结果在埃克斯昂普罗旺斯附近买了一幢。而我们去圣雷米则是安安心心地去观光一下我们在战时早已心爱的乡间。

开出巴黎仅一百多公里时珍妮特·斯库德按起了喇叭，这是事先说定的信号要我们停车等着。珍妮特开车赶上来了。她一本正经地说，格特鲁德·斯泰因总是管她叫美国步兵[1]，她老说世上只有两样绝对庄严的东西，那就是美国步兵和珍妮特·斯库德。格特鲁德·斯泰因总是说，珍妮特身上还充满了美国步兵的那种微妙劲儿那股帅劲儿那种孤单劲儿。珍妮特开车赶了上来，她一本正经地说，我们走的路不对，路牌上写的是巴黎－佩皮尼扬可我要去格拉斯呢。

当时我们开过罗恩不远而且突然发现我们累得不得了。我累了。

我们表示其余的人应继续前往格拉斯但他们说他们也想等一等于是我们都等。自1916年在马略尔卡岛的帕尔马以来这是我们第一次半路停车。最后我们慢慢向圣雷米开去他们则开往格拉斯而后又回来。他们问我们去干了些什么，我们回答说，没干什么就待在那儿。于是他们又上路并在埃克斯昂普罗旺斯买了地产。

珍妮特·斯库德，正如格特鲁德·斯泰因常说，购买无用的不动产真有股急先锋的劲头。在我们一路所停的个个小镇上珍妮特都想找一块她认为可买的地产但格特鲁德·斯泰因竭力反对并将她弄走。除格拉斯外她想到处买地产而她也曾去格拉斯买过。最后她在埃克斯昂普罗旺斯买房子和地产是在她一定

---

1 特指第一次世界大战时出征的美国步兵。

要格特鲁德·斯泰因去看看而格特鲁德·斯泰因又是拍电报又是打电话叫她不要买之后的事了。珍妮特是买了但幸好一年之后又脱了手。那一年我们平平静静地待在圣雷米。

我们原打算只待一两个月却住了一冬。除珍妮特·斯库德偶尔来往我们没遇见过任何人，见到的只有当地的乡民。我们去阿维尼翁买东西，我们不时去我们早已熟知的乡下但大多在圣雷米游逛，我们爬进阿尔比山，即格特鲁德·斯泰因写那年冬天时一再描写的那些小山，我们观看大批羊群由驮着水瓶的驴子带路往山里走，我们坐在远离罗马遗迹的地方也常去莱博。旅行不很舒适但我们还是住下。罗纳河谷又一次向我们施展它的魅力。

就是在这个冬天格特鲁德·斯泰因想到运用语法和诗歌形式以及或许可以称作风景剧的东西。

就是在这时她写了《阐述》，登在1927年的《过渡》杂志上。这是她第一次力图说明她的表达问题并试图予以解答。这是她第一次力图具体说明她的作品是何含意又为何那样写。很久以后她写了一些谈语法、句子、段落以及词汇等方面的论文，我已将它们辑为简朴版《如何写》。

就是在这年冬天在圣雷米她写了对年轻一代产生巨大影响的诗。她的《大写的大写》[1]由维吉尔·汤姆森[2]谱了曲。《相助或四种宗教》辑入《有用的知识》。这个戏一直引起她极大的兴趣，这是她的第一次尝试，使她后来写出了首先提出风景剧本这一见解的《歌剧与剧本》。这时她还写了《致舍伍德·安德森的情书》，也辑入《有用的知识》，《印第安男孩》后发表在

---

1 斯泰因的一首诗。

2 维吉尔·汤姆森（1896-1989），美国作曲家、评论家，多次为斯泰因作品作曲。

《评论家》[1]上，维奇坦派来一位南方青年亨特·斯塔格，他跟他的名字一样引人注目[2]，还有《七圣人》，她常用它来阐明她在牛津和剑桥做讲演所付出的努力，还有《在圣雷米与圣人谈》。

她那时写作，很慢很小心很专注，也心事重重。

最后我们收到几本第一版《地理与剧本》，冬天过去我们便回到了巴黎。

在圣雷米的这个漫长冬季中止了战争的不安和后来的战争的不安。发生了好些事，有友情也有不和还有许多别的事情但没有任何不安。

格特鲁德·斯泰因常说她只有两种真正的消遣，画和汽车。现在她或许会加上狗了。

战后不久一年轻法国画家发伯的作品引起她的注意，此人对桌上的静物和风景有一种天生的鉴赏力但毫无成就。下一个引起她注意的画家是安德列·马松[3]。马松在当时受胡安·格里斯的影响而格特鲁德·斯泰因对格里斯的兴趣是经久不变、必不可少的。她对作为画家尤其是作为画无色画的画家安德列·马松感兴趣也对他作品中的曲线构图感兴趣。马松不久就受到了超现实主义者的影响。

超现实主义者是皮卡比亚的世俗化正如德劳内及其追随者和未来主义者是毕加索的世俗化。皮卡比亚想到的并正认真对待的问题是线条应有乐声的振动而且这种振动应是以极其精细的方式表现人形与人面的结果，它精细得引起形成这种振动的线条振动起来。这就是他达到不具形体的方式。正是这种着眼于精确的见解影响了马塞尔·杜尚并使他创作了《下楼梯的

1 美国南方一本小刊物。
2 原名为：Hunter Stagg，意为"猎人·牡赤鹿"。
3 安德列·马松（1896-1987），法国超现实主义的主将之一。

裸体》。

皮卡比亚毕生致力于掌握并实现这一见解。格特鲁德·斯泰因认为或许他的问题现已接近解决了吧。超现实主义者跟世俗派一样把方法看作内容，相信线条发生振动故而这本身能激发他们的思想飞跃得更高。将成为振动线条的创作者的人知道振动线条还没有创作出来，如果创作出来了它本身也无法独立存在，有赖于对产生振动的那个物体的感情。对这种创作者及其追随者就说到这里吧。

格特鲁德·斯泰因写作，总对描述内部与外部现实的精确性怀有极其强烈的理性爱好。她以这种专注创造了一种单一化，结果破坏了诗与文中的有联想性的感情。她知道美、音乐、装饰等感情的结果绝非起因，甚至事件都不应是感情的起因也不应是诗与文的素材。感情本身也不应是诗与文的起因。诗与文应当或是外部或是内部现实的准确的再现。

正是这种关于精确的见解使格特鲁德·斯泰因和胡安·格里斯成为志同道合者。

胡安·格里斯也主张精确但他的精确是以神秘为根据的。作为神秘主义者他必须精确。在格特鲁德·斯泰因则必须理智，一种对精确的纯粹爱好。所以她的作品常被喻为数学家之作而且被某位法国评论家比作巴赫的作品。

天赋极高的毕加索对理智意义不很清楚。他的创作活动受到一种西班牙礼仪的支配，后来又受到黑人雕塑所表现的黑人礼仪（它具有一种阿拉伯基础亦即西班牙基础）的支配再以后便受到俄国礼仪的支配。他的创作活动占有极大的优势，他将这些伟大的礼仪转变为他自己的意象。

毕加索唯一希望疏远的一个人就是胡安·格里斯。他们的关系仅此而已。

如果说有段时期格特鲁德·斯泰因和毕加索可能比以前亲密些（是因为他的小孩生于2月4日而她生于2月3日，这两个日子在生日名册上都各占一行），那时她跟胡安·格里斯亲近便使他十分不快。一次在西蒙美术馆开过胡安的画展后他凶狠狠地对她说，告诉我你为什么为他的作品辩护，你知道你并不喜欢他的作品。她没搭理他。

后来胡安去世格特鲁德·斯泰因悲痛万分，毕加索前来待了一整天。我不知道说过些什么但我的确知道格特鲁德·斯泰因曾严厉地对他说，你没有权利来哀悼。他说，你没有权利对我说这话。你从来就不了解他的目的因为你没有这种目的，她愤愤地说。你知道得很清楚我有，他回答说。

格特鲁德·斯泰因写过的最动人的作品是《胡安·格里斯的生与死》。它发表在《过渡》上后来为在柏林举办他的回顾展而译成德文。

毕加索从不希望疏远布拉克。有一次毕加索跟格特鲁德·斯泰因一起交谈时他说，对，布拉克和詹姆斯·乔伊斯，Les incompréhensibles que tout le monde peut comprendre [1]。

我们回到巴黎遇到的第一件事就是海明威带着舍伍德·安德森的介绍信前来拜访。

那一个下午海明威给我的印象我记得很清楚。他是个非常漂亮的年轻人，二十三岁。正是在那之后不久才人人都是二十六岁的。变成了二十六岁的时代。在随后的两三年里所有的年轻人都是二十六岁。对于那年代和地方来说二十六岁显然是恰好的年龄。有一两个人不到二十岁，比如乔治·林斯，但正如格特鲁德·斯泰因向他们仔细解释的那样，他们不算。如果他

---

1 法语：他们是人人皆知的莫测高深者。

们是年轻人那就是二十六岁。后来，很久以后他们才二十一岁和二十二岁。

所以海明威是二十三岁，很有异国风味，两眼闪着热烈关心的神情而不怎么吸引人。他坐在格特鲁德·斯泰因面前听着看着。

后来他们交谈，谈了又谈，在一起谈了好多事。他请她去他们住的地方待一个晚上看看他的作品。海明威当时有而且一向有在陌生然而给人好感的地方找到公寓住房以及 Femmes de ménage[1] 和可口食物的才能。他住的这第一个公寓离山丘路不远。我们在那里消磨了一个晚上，他和格特鲁德·斯泰因仔细翻阅了他到当时为止所写的所有作品。他已着手写他那部必然要写的小说，还有一些后来由麦克阿尔蒙印成"交游版"的小诗。格特鲁德·斯泰因很喜欢这些诗，直来直去，有吉卜林[2]风格，但她觉得那小说很差。描述是很多，她说，却不是特别好的描述。从头再来，浓缩一下，她说。

海明威当时是一家加拿大报纸驻巴黎的记者。他表明他所谓的加拿大观点是不得已而为之。

他常同格特鲁德·斯泰因一起散步一起谈天。一天她对他说，喂，你说你和你妻子手头有点钱。如果你们简朴过日子钱够花吗。够，他说。嗯好，她说，那就简朴过日子。如果继续搞新闻工作你就只会见字不见物，这可不行，这当然是说如果你立志当作家的话。海明威说他确实想当作家。他同他妻子出外旅行过一次，不久后海明威便独自一人前来。他是在早上十点钟左右来的，一直待到吃午饭，又待了一下午，留下吃晚饭接着一直

1　法语：女管家。
2　拉迪亚德·吉卜林（1865-1936），英国作家、诗人。

待到晚上十点钟然后忽然说他的妻子怀孕了接着抱怨地说，而我，我太年轻不能当父亲。我们尽力安慰他然后让他回去。

他们夫妇再来时海明威说他已打定主意。他们要回美国他要苦干一年，他们依靠他挣的钱和他们手头所有来安家，他辞去报馆工作要当作家。他们走了恰好不出原来说定的一年时间便带着一个新生的婴儿回来了。报馆工作就此结束。

他们回来后认为要做的第一件事是给婴儿做洗礼。他们要格特鲁德·斯泰因和我当教母要海明威的一位战友当教父。我们各自的宗教不同而且大多不上教堂，实在弄不明白按何种宗教规矩给婴儿做洗礼。那个冬天我们，我们所有的人花了许多时间商讨此事。最后决定应按圣公会规矩做洗礼于是就去圣公会教堂。当教父教母的人差异很大，是怎么安排的我确实不知道，不过洗礼是在圣公会教堂里举行的。

作家或画家当教父或教母都不可靠是众所周知的。就是说时隔不久亲密程度肯定会冷下去。这种事我知道好几桩，可怜的波洛·毕加索[1]的教父教母已无踪影而且不用说我们也很久没看见过或听说过我们的教子海明威了。

不过我们在刚开始还是积极的教父教母，尤其是我。我为教子绣了一个小椅垫还给他织了一件颜色鲜艳的外衣。与此同时教子的父亲正一心工作好当个作家。

格特鲁德·斯泰因从不改动任何人的任何作品的细枝末节，她坚持的通则是作者愿作何种观察以及这种观察与按此观察而产生的写法之间的关系都由作者决定。观察不全面语言便单调，这很简单，错不了，她就坚持这样的主张。正是在这时海明威开始写后来收成集子的《在我们的时代》的短篇。

---

1 毕加索的儿子。

一天海明威前来，为福特·麦多克斯·福特[1]和《大西洋彼岸》而显得非常激动。福特·麦多克斯·福特几月前刚办起《大西洋彼岸》。多年前，要说还是在战前，我们就见过当年叫福特·麦多克斯·胡佛[2]的福特·麦多克斯·福特。他娶了凡俄莱特·亨特，凡俄莱特·亨特和格特鲁德·斯泰因坐在一起喝过茶并一起谈了许多。我坐在福特·麦多克斯·胡佛旁边，我非常喜欢他，我喜欢他写干燥寒冷的北风[3]和塔拉斯孔[4]的故事，我喜欢他在法国那保皇党之地被人跟踪的情形，因为他极像波旁家族的一员。我没见过波旁家族的人但福特在当时无疑是个波旁家族的拥护者也说不定。

我们早已听说福特在巴黎，但不巧我们未见面，不过格特鲁德·斯泰因看过几份《大西洋彼岸》觉得很有趣但也仅此而已并没去多想它。

海明威进来，非常激动，说福特要格特鲁德·斯泰因的作品给下期刊用，他，海明威想拿《美国人的成长》去连载并且立即就要开头的五十页。格特鲁德·斯泰因对此打算当然是感到十分兴奋，但除了我们已经装订的之外没有手稿抄本。那没关系，海明威说，我来抄。他和我果然抄了一份并在下一期的《大西洋彼岸》上发表了。是这部巨著中的一部分，即开头的一部分，其实也是现代文学的开端。第一次得以刊行，我们都为之高兴。后来，格特鲁德·斯泰因与海明威不和，她总怀着谢意地记着首先促成《美国人的成长》的一部分得以发表的人毕竟是海明威。她常说，我对海明威确实有些偏爱。他毕竟是第一个前来敲我

1　福特·麦多克斯·福特（1873-1939），英国小说家、评论家、诗人。
2　福特·麦多克斯·胡佛是他的真名。
3　法国地中海一带的北风。
4　法国传说中的怪兽。

门的年轻人而且他确实让福特最先刊用了《美国人的成长》的一部分。

我本人不怎么信海明威确实办了此事。我一直不知道内情但我肯定其中另有文章。我是这么感觉的。

格特鲁德·斯泰因和舍伍德·安德森对海明威这一话题很觉有趣。舍伍德上次来巴黎时他们就常谈起他。海明威是他们两人塑造的，他们两人为他们的这件心智之作既感到有几分得意又觉得有些惭愧。海明威在否定舍伍德·安德森及其所有作品时曾以他海明威及他的同代人一道正欲拯救的美国文学的名义，给舍伍德写过一封信，对舍伍德谈了他海明威对舍伍德的作品的看法，那看法绝非赞美。舍伍德来巴黎海明威当然很担忧。舍伍德当然毫不担忧。

我说过，他和格特鲁德·斯泰因总爱谈这个话题。他们都认为海明威胆小，格特鲁德·斯泰因坚持认为，他就像马克·吐温所描写的密西西比河上平底船上的人。他们都认为，什么样的作品是真正的海明威故事呢，不是他写的那些而是真正的海明威的自白。这种自白的读者将是另一种人而不是海明威现有的读者但它一定非常精彩。他们也一致认为他们喜欢海明威因为他是个挺好的学生。他是个很糟糕的学生，我反对说。你就不明白了，他们都说，有个做学生而不知道是在做学生的人当学生是使人喜欢的，换句话说，听从训练的人和任何听从训练的人就是好学生。他们都承认这是一种偏爱。格特鲁德·斯泰因又补充说，你们看他跟德兰一样。我当初不明白德兰何以取得这般成功，你们记得德退耶先生说他取得成功是因为他像个现代人又像个老古董。海明威也是这样，像个现代人又像个老古董。真正的海明威故事该会多好啊，他讲给自己听的故事该会多好啊，可是天啊他就是不讲。有一次他自己总算嘟哝过，事业，还有事业呢。

还是回头谈谈当时发生的事吧。

工作全是海明威承担的。他抄稿子改清样。我说过，改清样就像掸尘土，你从中得到的教益是任何阅读所无法给你的。海明威改清样使他受益不浅，并欣赏他学到的一切。就在这时他写信给格特鲁德·斯泰因说是她完成了《美国人的成长》这一著作并说他和他那一代人都愿尽全力设法使它出版。

他曾有可能办成此事。有一个人，我想是叫斯特恩吧，说他可以把稿子交给一家出版社。格特鲁德·斯泰因和海明威都相信此人能行，但不久海明威报告说斯特恩已不可靠，事情就此告吹。

在这期间或稍早些敏纳·洛伊带麦克阿尔蒙来我们这里，后来他常来也带他妻子也带威廉·卡洛斯·威廉斯[1]来。最后他愿以"交游版"出《美国人的成长》而最终他做到了。我来说说这件事。

在此期间麦克阿尔蒙已出版海明威的三首诗和十篇故事，威廉·伯德已出版《在我们的时代》，海明威渐有名气。他不久又认识了多斯·帕索斯和费茨杰拉德和布隆菲尔德和乔治·安梯尔[2]以及其他一些人而哈罗德·洛布又在巴黎。海明威已成为作家。他也爱好拳击，这要多亏舍伍德，斗牛则是听我说的。我一向喜欢西班牙舞蹈和西班牙斗牛，我喜欢把斗牛士与斗牛的照片拿给人看。我也喜欢把格特鲁德·斯泰因和我在头排而偶然拍下的那张照片拿给人看。那时海明威正教某个小伙子学

---

1 威廉·卡洛斯·威廉斯（1883-1963），美国诗人。
2 乔治·安梯尔（1900-1959），美国钢琴家、作曲家。

拳击。这小伙子不会打，可是无意中把海明威击倒了 [1]。我相信有时会有这种事。不管怎么说当时海明威虽是个运动爱好者却很容易累。他从他住的地方走到我们这里来就往往累得要命。但那时他已被战争磨得够呛。甚至现在他也很虚弱，正如埃莱娜所说所有的男子都虚弱。最近他的一位身体强壮的朋友对格特鲁德·斯泰因说，厄内斯特很虚弱，玩玩运动总要受伤，胳膊啊，腿啊，要不就是头。

那时海明威喜欢他的所有同代人唯独不喜欢肯明斯 [2]。他指责肯明斯见啥都抄袭，不是见谁都抄袭而是抄袭某一个人。深为《巨大的房间》[3] 所感动的格特鲁德·斯泰因说肯明斯没有抄袭，他是贫瘠、乏味然而有自己个性的新英格兰传统的天然继承者。他们对此看法不一致。他们对舍伍德·安德森也看法不一致。格特鲁德·斯泰因认为舍伍德·安德森有用一个句子来表达直接情感的天赋，这符合伟大的美国传统，认为在美国谁也写不出一个清楚而有激情的句子唯独舍伍德写得出来。海明威不信这，他不喜欢舍伍德的鉴赏力。鉴赏力与句子无关，格特鲁德·斯泰因争辩说。她又接着说青年作家中唯有费茨杰拉德写句子写得自然。

格特鲁德·斯泰因与费茨杰拉德的关系很是独特。格特鲁德·斯泰因深为《人间天堂》[4] 所感动。此书一问世她就读了，而那是在她不知道任何美国年轻作家之前。她说正是此作真正为公众造就了一代新人。她一直没改变这一看法。她认为《了

1　此系指加拿大作家莫·卡拉汉在回忆录《在巴黎的那个夏天》中的回忆，事实上是海明威不会拳击。
2　即 E.E. 肯明斯（1894-1962），美国诗人、画家。
3　肯明斯的作品。
4　费茨杰拉德的小说。

不起的盖茨比》[1]也是如此。她认为费茨杰拉德的许多同代著名作家被遗忘时仍将有人读费茨杰拉德。费茨杰拉德总是说格特鲁德·斯泰因说这话不过是让他感到她说的是真话而使他为难，他接着以他特别喜爱的方式说，她这做法是我听说过的最残忍的做法了。他们见面总是过得很愉快。他们最近见面时他们两人还有海明威相聚，过得十分愉快。

然后就是麦克阿尔蒙。麦克阿尔蒙引起格特鲁德·斯泰因兴趣的特点是多产，他能连续不断地写下去，但她抱怨说写得枯燥无味。

还有格伦威·韦斯柯特不过格伦威·韦斯柯特从未使格特鲁德·斯泰因发生过兴趣。情感美好却不尽情。

那时海明威的作家生涯已经开始了。有一阵子我们很少见到他，后来他又开始来我们这里。他常对格特鲁德·斯泰因细述他后来用于《太阳照样升起》中的那些对话，他们也不断地谈起哈罗德·洛布的性格。这时海明威正准备把他的一册短篇交给美国的几家出版社。我们有一阵子没有见过他之后的一个晚上他跟希普曼一起来了。希普曼这个有趣的小伙子到成年时可继承数千美元的金额。他还没有成年。等他成年了他将买下《大西洋彼岸》评论，海明威是这么说的。等他成年了他将赞助一家超现实主义的刊物，安德列·马松说。等他成年了他将在乡下买幢房子，约赛特·格里斯[2]说。事实上当他成年时便没有一个当时认识他的人知道他到底怎么处置这笔继承金了。海明威带他前来是要商谈购买《大西洋彼岸》的，顺便把他打算寄去美国的稿子带来了。他把稿子递给格特鲁德·斯泰因。他加进

1　费茨杰拉德的名作。
2　画家胡安·格里斯之妻。

这些短篇的一个有关思考的小故事里说《巨大的房间》是他读过的最伟大的作品。这时格特鲁德·斯泰因说，评论并不是文学。

在这之后我们很有一阵子没见到海明威，后来我们去见一个人，就在《美国人的成长》出版后不久，海明威在场，他走到格特鲁德·斯泰因跟前解释他为什么没能给此书写书评。正在这时一只大手落在他的肩上，接着福特·麦多克斯·福特说，年轻人，是我有话要跟格特鲁德·斯泰因说。福特继而对她说，请你允许我将我的新书题赠给你。可以吗。格特鲁德·斯泰因和我都非常高兴非常感动。

此后格特鲁德·斯泰因和海明威有好几年没见面。后来我们听说他已回巴黎并对一些人说他如何如何想见她。她出外散步时我常对她说，回来时胳膊上可别挽着海明威呀。果然有一天她回来时把海明威带来了。

他们坐下谈了很久。最后我听见她说，海明威，你终于是百分之九十的扶轮社[1]成员了。他说，你就不能说是百分之八十吗。不能，她抱歉地说，我不能。她常说，他过去毕竟有过不抱偏见的时候，而我想说他现在也如此。

在这之后他们时常见面。格特鲁德·斯泰因总是说乐于见他，说他很奇妙。如果他能写自己那该多好。在最后一次交谈时她责怪他毁了他的许多竞争对手并让他们长眠地下。海明威说，我从没存心毁过谁只有一个人除外，而此人很坏所以是应该的，如果说我还毁了别的什么人我自己并不知道，所以我没有责任。

一次是福特说起海明威，说他来拜我为师赞扬我。这使我惴惴不安。海明威也曾说过，我把已经不高的激情再压低些再压低些，突然来个大爆炸。如果只有爆炸而无其他那么我的作

---

1 主张培养服务精神的群众团体。

品便会令人激动得谁也受不了啦。

然而格特鲁德·斯泰因总是说，是啊，不管我说什么，我知道我是有些喜欢海明威的。

一天下午简·赫普来了。《小评论》刊登了《女仆的出生地》和《致舍伍德·安德森的情书》。简·赫普坐下后我们便开始谈起来。她留下吃了晚饭又待了一晚，快到天亮时，那辆整夜都开着灯等人开回去的福特牌小车已无法开动送简回家了。格特鲁德·斯泰因当时而且一直非常喜欢简·赫普，她对玛格丽特·安德森[1] 的兴趣就差多了。

又到了夏天，这次我们去了科特达祖尔[2] 跟毕加索一家会合。就是在这里我第一次见到了毕加索的母亲。毕加索长得格外像他的母亲。格特鲁德·斯泰因跟毕加索太太[3] 因无共同语言而很难交谈，但所谈也足以使她们自娱了。她们谈到格特鲁德·斯泰因刚认识毕加索时的毕加索。他那时是漂亮之至，格特鲁德·斯泰因说，光彩夺目得好似罩着一道光环。哦，毕加索太太说，如果你认为他那时很漂亮那么我向你保证跟他小时候的长相相比就算不了什么啦。他是个天使也是个漂亮的魔鬼，谁见了都要好好瞧瞧。可现在呢，毕加索有点愤慨地说。啊，现在，母子两人一起说，啊现在没留下那种美貌了。不过，他母亲补充说，你很可爱而且是个很完美的儿子。他只好以此为满足了。

就是在这时以自己永远三十岁而自豪的让·科克托在写一本小小的毕加索传记，他给毕加索一封电报要他告知出生日子。毕加索回电报说，去问清楚你自己的出生日子。

毕加索和科克托之间的轶事是多而又多。毕加索跟格特鲁

---

1 在纽约办《小评论》的编辑（1886-1973）。

2 在法国的昂蒂布。

3 指毕加索的母亲。

德·斯泰因一样，如果有人要他做件突如其来的事他便容易被弄得烦乱不堪，而科克托特别善于此道。毕加索对此事很是憎恶并全力报复。前不久就出过一件说来话长的事。

毕加索在西班牙的巴塞罗那，他的一个在报馆当编辑的朋友来采访他，这家报纸不是用西班牙语而是用加泰罗尼亚语[1]刊行的。毕加索知道将以加泰罗尼亚语刊登的这次采访大概不会以西班牙语刊登，因而感到十分高兴。他说让·科克托在巴黎将会非常走红，走红得你能在任何时髦的理发师的台子上发现他的诗作。

我说过他对这次采访感到十分高兴而后便回到了巴黎。

巴塞罗那的某个加泰罗尼亚人把报纸寄给了在巴黎的某个加泰罗尼亚朋友，这个在巴黎的加泰罗尼亚朋友又把它转给了一个法国朋友而这个法国朋友把它发表在一家法文报上了。

毕加索和他的妻子一起对我们讲了后来发生的情形。让·科克托一发现这篇东西便要见巴勃罗。巴勃罗拒不见他，叫女仆说他常外出，好些天有电话来都没法回。科克托在一次对法国报界的采访中声明那次狠狠伤害了他的采访原来是向皮卡比亚的采访而不是向他的朋友毕加索的采访。皮卡比亚当然予以否认。科克托恳求毕加索公开否认。毕加索谨慎行事闭门不出。

毕加索夫妇外出的第一个晚上是去剧院，坐在他们前面的是让·科克托的母亲。第一次幕间休息时他们走到她跟前，周围全是他们认识的朋友，她说，亲爱的，得知公布那次恶劣采访的不是你时，我和科克托的欣慰心情你是很难想象的，快告诉我不是你干的。

正当毕加索的妻子说，我作为母亲不能让另一位母亲受害，

1　西班牙东北地区的方言。

我说当然不是毕加索而毕加索便说，对对，当然不是，就这样公开收回了前言。

正是在这个夏天格特鲁德·斯泰因喜欢上了昂蒂布海岸上碎浪的流动而写了《完成了的毕加索画像》《卡尔·凡·维奇坦画像》《以妻子有头牛结尾的书：爱情故事》，此书后来由胡安·格里斯作了精美的插图。

罗伯特·麦克阿尔蒙确定出版《美国人的成长》，这年夏天由我们校清样。像往常一样我们在这年夏天之前就想在昂蒂布见到毕加索夫妇。我已看过《美食家指南》，还在一些可以吃得舒服的地方发现了贝莱镇上的帕诺莱旅馆。正如格特鲁德·斯泰因的哥哥所言，贝莱是其镇名也是其特性。我们是在八月中旬前后到贝莱的。在地图上它简直像高耸在山上，格特鲁德·斯泰因不喜欢悬崖，所以当我们驾车驶过峡谷时我便紧张不安地一再抗议，幸好最后地势豁然开朗，我们到了贝莱。旅馆很不错，虽然没有花园而我们原先是以为有花园的。我们一直住了好几天。

帕诺莱太太是个圆圆脸的友善女人，她对我们说我们显然要住下去，那为什么不按日或按周算房费呢。我们说愿意。这时毕加索夫妇想知道我们的情况如何。我们答复说我们已在贝莱。我们发现贝莱是布莱雅·萨法南[1]的出生地。现在我们是在比利宁享用从布莱雅·萨法南的房子里搬来的家具，那房子归这幢房子的房主所有。

我们还发现拉马丁[2]曾在贝莱上过学，格特鲁德·斯泰因说只要是拉马丁住过一段时期的地方，人都吃得舒服。卡拉米亚夫人[3]也是这一地区的人而且在当地到处都有她丈夫的后代。这

---

1 布莱雅·萨法南（1755-1826），法国政治家、美食家。
2 阿尔丰斯·德·拉马丁（1790-1869），法国诗人、政治家。
3 珍妮·卡拉米亚（1777-1849），法国的社交界名人。

些事我们是逐渐发现的但我们现在很愉快，我们住了下去，很晚才离开。第二年夏天我们要校《美国人的成长》的清样，于是及早离开巴黎去贝莱。多好的夏天啊。

《美国人的成长》长一千页，大版面，印得很密。达郎梯尔[1]告诉过我，它有五百六十五万字。写于1906年到1908年，除在《大西洋彼岸》上发表的几部分外，尚未出版全书。

书里的句子越写越长，有时长达几页，而排字工人都是法国人，一出错漏掉一行要把它再补上，是非常费事的。

我们常在早晨带着折椅、午餐和清样离开旅馆，整天跟法国排字工人的差错周旋。清样大多要校四遍，最后我的眼镜摔坏，我的眼睛也累了，由格特鲁德·斯泰因一人完成。

我们常换工作场地也找到过很美的地方但是我们遇到的排字工人的错误是一页又一页没完没了。有一个小丘我们最喜欢，在这里我们可以看见远方的勃朗峰，我们称之为勃朗峰夫人。

我们常去的另一个地方是在一处乡村十字路旁的一条小溪形成的小水塘附近。颇像在中世纪，在那里发生的事何其多，其方式是非常质朴的中世纪的方式。我记得有一次一个乡下人赶着几头牛来到我们跟前。他非常有礼貌地说，女士们，我出了什么事吗。啊是的，我们回答说，你脸上有血。哦，他说，你们知道我的这几头牛下山时滑倒，我去拽它们，我也滑倒了，我不知道我是不是出了事。我们帮他洗去血迹，他又往前赶路。

就是在这个夏天格特鲁德·斯泰因开始写两篇长篇，《小说》和后来导致对语法和句子做一整套深思的《自然现象》。

它最先导致《对叙述的了解》，此文后由塞津出版社出版。这时她开始描述风景时好像她看到的任何东西都是自然现象，

1　达郎梯尔，法国第戎的印刷商。

自身存在的东西，而且她发现这种运用方式非常有趣而最终引导她后来写出了"歌剧与剧本"系列文章。我要尽量写得平淡一些，她常这样对我说。后来不时有些困扰，所以不太平淡。她认为她已完成由我现在正用打字机打的最后一篇《沉思诗章》，是她在平淡方面所取得的真正成就。

还是回头接着刚才的话题谈。我们回到巴黎，清样快校完，简·赫普在巴黎。她很激动。她有个非常好的计划，我现在已忘记是什么内容，不过格特鲁德·斯泰因为此计划而感到无比高兴。它与另出一版《美国人的成长》的计划有些关系。

此事牵涉的关系错综复杂使得麦克阿尔蒙很是不快也不是没有道理的，《美国人的成长》是出版了但是麦克阿尔蒙同格特鲁德·斯泰因却不再是朋友了。

格特鲁德·斯泰因在很小的时候她哥哥有一次对她说她是在二月出生的所以跟乔治·华盛顿一样，容易冲动而迟钝。其结果当然是纠纷甚多。

同年春天的一天我们去参观新开的春季沙龙。简·赫普曾常向我们讲起一个年轻的俄国人，她对他的作品很感兴趣。我们坐在戈迪法里驶过一座桥时我们看见了简·赫普和那个年轻的俄国人。我们看了他的画作，格特鲁德·斯泰因也很感兴趣。他当然来看望过我们。

在《如何写》里格特鲁德·斯泰因写过这么一句话，绘画经过其伟大的时期之后现已恢复成为一种次要艺术了。

她很想知道这一艺术的先导者会是谁。

事情是这样的。

那个年轻的俄国人很有趣。他说他画的是并非色彩的色彩，他画的是蓝色，他画的是三个脑袋在一起。毕加索曾画过合而为一的三个脑袋。不久这个俄国人便画一个合而为一的三个人形。仅他一人吗。在某种意义上可以这么说，尽管有一批人。格特鲁德·斯泰因认识这个俄国人后不久这批人在一家美术馆开过画展，我想是德鲁埃美术馆。这批人中有那个俄国人，一个法国人，一个很年轻的荷兰人和俄国的两兄弟。除那个荷兰人外都大约是二十六岁。

格特鲁德·斯泰因在这次画展上遇到乔治·安梯尔，他要求前来看望她，他前来时把维吉尔·汤姆森带来了。格特鲁德·斯泰因并不觉得乔治·安梯尔特别有趣尽管她喜欢他，但她发现维吉尔·汤姆森非常有趣尽管我不喜欢他。

这些我在后面再谈。还是回头谈绘画。

在这批人中那个俄国人切里特切夫的作品最有活力也最成熟最有趣。他当时已对那个人称贝贝·贝拉德而真名叫克里斯琴·贝拉德[1]的法国人抱有敌意并说此人是抄袭大王。

雷内·克里佛曾是所有这些画家的朋友。后来他们当中有一人在毕埃尔美术馆单独开画展。我们前去参观时在路上遇见雷内。我们都停下，他愤激不已。他说话时情绪激烈乃是他的特色。这些个画家，他说，一幅画卖几千法郎，按钱论值而自命不凡，而我们作家的素养比他们加倍的高我们的活力也大得多却无法谋生而不得不乞求并且耍心眼去劝诱出版商出版我们的著作；但是总会有那么一天，雷内像预言家似地说，仍是这些画家会来找我们再启发他们而我们便冷淡地注视他们。

雷内当时是而且从那时以来一直是个热诚的超现实主义者。作为法国人他过去和现在都要有一种理智的和基本的理由来说明他那激昂情绪之正当。他作为最新的战后一代是无法从宗教或爱国精神中找到这种理由的，对他这一代来说战争已经摧毁

1　贝拉德（1902-1949），法国画家、设计家。

了作为一种爱好的爱国精神与宗教。超现实主义便一直成了他的正当理由。超现实主义为他阐明了他生活于其中也爱在其中的那种混乱的否定态度。他那一代中只有他真正成功地表现了这一点，在他早期的作品中有少许表现，在他的最后一部著作《狄特罗的大键琴》中则表现得十分充分并且带有代表他的素养的那种愤激。

格特鲁德·斯泰因对作为一个小团体的这几个画家并不感兴趣而只对那个俄国人有兴趣。这兴趣渐渐有增无减而使她困扰。她常说，即使形成一次艺术与文学的新运动的种种影响在继续而且正形成一次艺术与文学的新运动，为了把握这些影响并创造和再创造这些影响，就必须拥有一种非常占优势的创造力。那个俄国人显然没有这种创造力。但有一种明显的新的创造思想。从哪里来的呢。青年画家在埋怨格特鲁德·斯泰因对他们的作品改变了看法时，她常对他们说，不是我改变了看法，而是那些画消失在墙里了，我再也看不见它们，它们自然就出了屋门。

我在前面已说到，这时乔治·安梯尔带维吉尔·汤姆森来我们的住处，维吉尔·汤姆森同格特鲁德·斯泰因成了朋友并且经常见面。维吉尔·汤姆森曾为格特鲁德·斯泰因的一些作品谱过曲，有《苏西·阿萨多》《普里齐奥希拉》和《大写的大写》。格特鲁德·斯泰因很喜欢维吉尔·汤姆森谱的曲。他无疑是很懂萨蒂的但他对韵律学有他自己的理解。他对格特鲁德·斯泰因的作品有很深的了解，他常在夜里想有些东西他不理解，但大体上他对他确实理解的东西是满意的。她爱听他为她的文所谱的曲。他们常常见面。

维吉尔房间里有许多克里斯琴·贝拉德的绘画，格特鲁德·斯泰因常去看画。她完全说不清她对这些画的看法。

她和维吉尔·汤姆森不断地谈论这些画。维吉尔说他不懂画但他觉得这些画很奇异。格特鲁德·斯泰因对他说起她对这场新运动的困惑感，说起那个俄国人不是这场运动背后的创造力。维吉尔说他很同意她的这一看法并深信名叫克里斯琴的贝贝·贝拉德是创造力。她说答案可能是这样但她拿不准。她常说贝拉德的画近似佳作而非佳作。正如她常向维吉尔解释的那样，圣公会对歇斯底里患者和圣徒是严加区别的。这在艺术世界里也适用。歇斯底里患者的敏锐性具有创造性的一切外表，但真正的创造性所具有的则是另一种全然不同的特有力量。格特鲁德·斯泰因愿意相信从艺术上说贝拉德是个歇斯底里患者而不是圣徒。这时她又以旺盛的精力再次开始写人物画像，如她所说，为阐明她的想法，果然写了那个俄国人和那个法国人这两人物画像。同时她通过维吉尔·汤姆森认识了名叫乔治·赫纳特的年轻法国人。他同格特鲁德·斯泰因很是相投。他喜欢她写作的笔调继而喜欢那意念喜欢那些句子。

他屋里有很多画像是他的一些朋友给他画的。其中有一幅是那俄国两兄弟所画，一幅为一年轻的英国人所画。格特鲁德·斯泰因对这些画像并不特别感兴趣。不过那个年轻的英国人画的一只手她虽不喜欢但却记得。

这时大家都在忙自己的事。维吉尔·汤姆森要格特鲁德·斯泰因为他写一部歌剧。圣徒中她最喜欢的两位圣徒是阿维拉的圣特丽莎和伊格纳修斯·洛约拉，她说就为他写这两位圣徒的歌剧。她动了笔，整个春季都辛勤工作，最后完成《四圣人》给维吉尔·汤姆森去谱曲。他谱了曲。就词曲两方面看这都是一部十分有趣的歌剧。

这几个夏季我们仍去贝莱的那家旅馆。我们已非常喜欢这地方，常去罗纳河谷，喜欢那地方的人那地方的树和那地方的牛群，于是开始找住宅。一天我们看见河谷对面有我们梦想的住宅。去问问那里的农夫那是谁家的房子，格特鲁德·斯泰因对我说。我说，胡闹，那是邸宅，有人住。去问问那里的农夫吧，她说。我勉强去问了。那农夫说，对对，也许出租，是个小姑娘的房子，她家的人都死了，现在住在那里的是驻扎在贝莱的那个团的一位中校，不过我知道这个团就要开走了。你可以去找地产代理人。我们去了。他是个很和气的老农，总是叫我们 allez doucement，即慢走。我们便慢慢走。我们得到的允诺是如果中校离开我们便可住进去，我们隔着河谷就能看见它，再近不过了。三年前中校去了摩洛哥，我们住进去，仍然从河谷对面看它，我们越发喜欢它。

当我们仍住在旅馆时，有一天纳塔丽·巴内[1]来此吃午饭，带来一些朋友，其中有克莱蒙托纳公爵夫人。格特鲁德·斯泰因跟她非常相投而且这相识导致许多有趣的事，这些稍后再述。

回过去谈画家。歌剧写完之后离开巴黎之前我们碰巧去邦让美术馆看画展。在那里我们遇到那俄国两兄弟中叫热尼亚·伯曼的那个，格特鲁德·斯泰因对他的画并非没有兴趣。她随他去他的工作室把他的画作统统看了。他的才智似乎比肯定未曾开创现代运动的那另外两个画家的才智更纯正，现代观念是他创始的也说不定呢。她当时喜欢对任何愿意听的人讲她那一套，同样对他也讲了她那一套，问他这观念是不是他创始的。他聪明而含蓄地微笑一下说是他创始的。她无从肯定他的想法不对。他来比利宁看望我们，她迟迟缓缓地说，虽然他是个很优秀的画家，但他还太差不足以是一位创始一种观念的画家。于是又开始探索。

---

1 格特鲁德·斯泰因的女友。

又是在离开巴黎之前在同一个美术馆，她看见一幅画，画的是一位诗人坐在瀑布旁边。谁画的，她说，回答是，一个年轻的英国人，叫弗朗西斯·罗斯[1]。哦，对，我对他的作品不感兴趣。这幅画要多少钱，她说。很便宜。格特鲁德·斯泰因常说一幅画要么值三百法郎要么值三十万法郎。她花三百法郎买下这幅画我们便出外度夏了。

乔治·赫纳特已决心当编辑，已开始编"山脉版"。这个版本实际上是我们大家的朋友乔治·马拉梯尔开始编的，但他决定去美国并成了美国人，于是乔治·赫纳特接手编。出版的第一本书是《美国人的成长》长达六十页的法译本。是由格特鲁德·斯泰因和乔治·赫纳特合译的，格特鲁德·斯泰因对此感到十分愉快。接着是一本格特鲁德·斯泰因写的《十人画像》，作插图的有艺术家本人的肖像画也有由艺术家画的别人的肖像画，贝拉德画的维吉尔·汤姆森和贝拉德的自画像，切里特切夫的自画像，毕加索的自画像以及毕加索画的纪尧姆·阿波利奈尔与埃里克·萨蒂的肖像画，那个年轻的荷兰人克里斯琴斯·托尼的自画像和托尼画的伯纳德·费的肖像画。

大家又各奔东西了。

格特鲁德·斯泰因在冬天常把她的白卷毛狗"篮子"带到兽医那里洗澡，她便到曾去买过那个英国人的浪漫画的美术馆，顺便等"篮子"身上的毛干掉。她每次回来都带回更多的这个英国人的画作。这事她说得不多不过画却有了不少。有些人开始向她谈起这个年轻人并表示愿意介绍他。格特鲁德·斯泰因谢绝。她说不必，她对认识年轻人已觉厌烦，她现在更愿意了解新兴的画作。

1　此人后来写过关于斯泰因的回忆，斯泰因认为谎话连篇。

这时乔治·赫纳特写了一首诗《幼年》。格特鲁德·斯泰因原想为他译出此诗不料却写了一首关于此诗的诗。这在开始时使赫纳特过于高兴但事后又使他很不高兴。格特鲁德·斯泰因后来把此诗定名为《友谊在友谊之花凋落之前凋落》。跟大家都有关联。这批人散了伙。格特鲁德·斯泰因心烦意乱，后来为安慰自己，便把这一切写进了一个有趣的短篇故事《从左到右》，由伦敦的哈帕书店出版。

在这之后不久的一天，格特鲁德·斯泰因叫来勤杂工并叫他把弗朗西斯·罗斯的画都挂起来，在这前后大约已有三十多幅。格特鲁德·斯泰因叫人干完后她心里非常烦乱。我问她，既然这么干使她如此心烦又为何这么干呢。她说没法子，她就是想这么着，但是挂上这三十来幅画而使房间变了样又很叫人心烦。事情就这样搁置了一段时间。

还是回头谈刚出版《美国人的成长》后的情形。当时《雅典娜神殿》[1]上有一篇对格特鲁德·斯泰因的著作《地理与剧本》的评论，署名埃迪斯·塞特威尔[2]。评论很长而且带点优越的关切态度，但我很喜欢。格特鲁德·斯泰因没管它。一年后《伦敦时髦人物》上又有一篇埃迪斯·塞德威尔的文章，说自从她在《雅典娜神殿》上发表那篇文章一年来她什么也没读只读了《地理与剧本》，她想说她发现的此书是何等重要而优美。

一天下午我们在埃尔默·哈顿家里见到《伦敦时髦人物》编辑托德小姐。她说埃迪斯·塞特威尔不久要来巴黎而且极想见见格特鲁德·斯泰因。她说埃迪斯·塞特威尔很怕生，来不来很犹豫。埃尔默·哈顿说由他来作陪。

1　文艺评论刊物，创办于 1828 年，19 世纪的许多英国大作家为其撰稿。
2　埃·塞特威尔（1887-1964），英国女诗人。

她给我的头一个印象我记得很清楚，这是个从未有过的印象。个子很高，稍微有点向前倾，往后退向前走都显得迟迟疑疑，那鼻子之高贵为我见过的任何人的鼻子所不及因而使她显得格外漂亮。在当时以及后来格特鲁德·斯泰因跟她本人交谈时，我喜欢她理解诗歌之细致与全面。她同格特鲁德·斯泰因立即成了朋友。这友谊跟一切友谊一样曾有过障碍，不过我深信从根本上说格特鲁德·斯泰因和埃迪斯·塞特威尔是朋友而且享有成为朋友的乐趣。

　　这时我们经常见到埃迪斯·塞特威尔，后来她回了伦敦。1925年秋格特鲁德·斯泰因收到剑桥文学学会主席的来信，邀请她在翌年初春去学会讲演。被这主意弄得心神不安的格特鲁德·斯泰因立即回信说不能去。不久埃迪斯·塞特威尔来信要她把不能去改为能去。说格特鲁德·斯泰因去讲演是至关重要的事又说牛津正期待她对剑桥的邀请表示同意，因为牛津也要请她去讲演。

　　显然毫无办法只有说行于是格特鲁德·斯泰因说行。

　　即将去讲演之事使她十分不安，她说和平比战争更恐怖。相比之下甚至灾难也算不了什么。她的情绪十分低落。幸好早在一月，那辆福特牌小车老出毛病。好一些的修车场对用旧了的福特车不怎么当回事，格特鲁德·斯泰因常把它开到蒙马特区的一家车行，修车工修车时她便坐在那里。如果她把车留下自己离开，车上很可能所剩无几而开不走了。

　　一个阴冷的下午她去陪着她的福特车坐着。她坐在另一辆用旧了的福特车的踏板上看着自己的车被拆成一块一块然后组装起来，这时她便开始写东西。她在那里待了几个钟头，回到家车虽修好，人却冻坏了，已经写出《作为解释的作文》全文。

　　讲稿写成后，下一个麻烦事就是讲了。大家都给她出主意。

谁上我们这里来她就读给谁听，也有人读给她听。普里查德正巧在巴黎，他和艾米丽·查德伯恩一起提建议也一起当听众。普里查德给她示范怎样以英国方式读讲稿，但艾米丽·查德伯恩力主用美国方式，格特鲁德·斯泰因则为难得无方式可言。一天下午我们去纳塔丽·巴内家。那里有一位年纪很大十分有趣的法国历史教授。纳塔丽·巴内请他告诉格特鲁德·斯泰因怎样做讲演。他的回答是，能说多快就说多快，别抬头。普里查德曾说过，能说多慢就说多慢，别低头。反正我给格特鲁德·斯泰因买了一套新衣服和一顶新帽子，早春之时我们去了伦敦。

这是 1926 年的春季，英国检查护照仍然很严。我们的护照当然没事但格特鲁德·斯泰因不愿回答官员提的问题，所以使她苦恼而且她已不觉得这次讲学的前景有何喜可言。

我拿着两人的护照下船见官员。一个说，啊，格特鲁德·斯泰因小姐在哪里。我回答说，她在甲板上，不愿下来。她不愿下来，那人也说了一遍，对，这没什么，她不愿下来，那人做了必要签署。总算到了伦敦。埃迪斯·塞特威尔为我们安排了宴会，她兄弟奥斯伯特也为我们安排了宴会。奥斯伯特给了格特鲁德·斯泰因极大的安慰。人可能会紧张的种种情形他都了如指掌，因而他在旅馆里坐在格特鲁德·斯泰因旁边把他和她可能受的种种怯场之苦告诉她时，她便得到了很大的安慰。她很喜欢奥斯伯特。她常说他像个国王的大叔。他具有英国国王的大叔必有的那种给人好感显得体贴不需负责又有些不安的沉着镇定。

我们终于在下午到了剑桥，用茶之后跟学会的主席以及他的几位朋友一起进餐。令人十分愉快，用罢即去讲演厅。各种听众都有，有男有女。格特鲁德·斯泰因很快就镇定下来，讲演进行得十分顺利，然后男听众问了许多问题热情很高。女听众什么也没说。格特鲁德·斯泰因不明白是不许她们说还是她们就是不说。

第二天去牛津。我们在那里同年轻人阿克顿共进午餐然后去讲演。格特鲁德·斯泰因讲演时感到自在多了而且这一次她非常愉快。正像她后来所说，我简直像歌剧里的首席演员。

讲演厅满座，许多人站在后面，讲演结束后的讨论进行了一个多小时而无一人离开。很令人兴奋。他们问了各式各样的问题，他们大多想知道格特鲁德·斯泰因为什么认为她写过的这类东西是正确的。她回答说这不是哪一个人怎么认为的问题，毕竟她已这样写了二十年左右而且现在他们想听她的讲演了。这当然不是说他们也认为她的方法是行得通的，它证明不了什么，但从另一方面说它确实可能暗示着什么。他们大笑。然后跳起一个人，后来才知道他是学监，说《七圣人》里他很喜欢有关绕着月亮的圆环那一句也就是圆环跟月亮走那一句。他承认这是他读过的最具对仗美的句子之一，可是那圆环确实依然跟着月亮走吗。格特鲁德·斯泰因说，当你看着月亮月亮周围有个圆环而且月亮在动，难道圆环不跟着月亮动吗。他回答说，似乎是跟着动。如果是这样，她说，你怎么知道它不跟着动呢。他坐下了。他旁边的一个人，是位导师，跳起来问了一些别的事。这两个人问了好几次，挨次跳起来。然后那第一个人跳起来说，你说事事都相同事事总不相同，怎么会这样呢。仔细想想吧。她回答说，你们两位，挨次跳起来，这是相同的，但是你们一定承认你们两位总是不相同的。有道理，他说，讲演就此结束。我们走出去时有一个人感动得向我吐露说自从他读过康德的《纯粹理性批判》以来，他获得的最美妙的体验就听这次讲演。

埃迪斯·塞特威尔，奥斯伯特和萨切弗雷尔[1]都在座都很高

---

1 奥斯伯特之弟。

兴。他们喜欢这次讲演也喜欢格特鲁德·斯泰因用以说赢诘问者的那种和善方式。埃迪斯·塞特威尔说萨切[1]回家一路上都为这事笑个不停。

第二天我们回巴黎。塞特威尔兄妹曾要我们留下接受采访继续活动。但格特鲁德·斯泰因觉得已享受到了足够的荣誉与兴奋。她总解释地说，这并不是说她愿意感到足够了。正如她常辩解的那样，艺术家毕竟是不需要鉴定的，只需要鉴赏。如果艺术家需要鉴定就不成其为艺术家了。

几个月之后利奥纳德·伍尔夫[2]把《作为解释的作文》列入霍茄斯随笔丛书出版。也在《日晷》上刊登了。

密尔德里德·阿德里奇为格特鲁德·斯泰因在英国取得成功感到万分高兴。她是个十足的新英格兰人，她认为得到牛津与剑桥的承认比得到《大西洋月刊》的承认更重要。我们回来后去看她，她一定要给她再讲演一遍，要听听全部经历的详情。

密尔德里德·阿德里奇遭逢厄运。她的年金突然停止而我们长久以来不知此事。一天美国图书馆馆长道森·约翰斯顿告诉格特鲁德·斯泰因，说阿德里奇小姐曾写信请他出面取走她的全部图书，因为她即将离开她的住宅。我们立即前往，密尔德里德告诉我们她的年金已停。似乎是提供年金的某位妇人年老昏聩在某个早晨叫她的律师终止她已向好些人提供多年的年金。格特鲁德·斯泰因叫密尔德里德·阿德里奇不要着急。经凯特·巴斯接洽，卡内基基金会寄来五百元，威廉·库克给她一张空白支票补足亏空，她的另一位来自罗德岛普罗维登斯的朋友挺身而出，《大西洋月刊》也着手筹款。她很快便安稳无

1　萨切弗雷尔的爱称。
2　利奥纳德·伍尔夫（1892-1969），英国作家。

事了。她后悔地对格特鲁德·斯泰因说，你不让我风风雅雅地去济贫院而我本来是可以风风雅雅去的，你却把这里变成了济贫院，只有我这一个院民。格特鲁德·斯泰因安慰她说她一人独居也可以风风雅雅。格特鲁德·斯泰因常对她说，密尔德里德，没人会说你费了力却没有得到快乐。密尔德里德·阿德里奇的晚年安然无恙。

威廉·库克于战后在俄国第比利斯待过，跟那里红十字会的分发工作保持过三年的联系。在密尔德里德最近生病期间，一天傍晚他和格特鲁德·斯泰因去看望密尔德里德，回来时的晚上有大雾。库克的敞篷车虽小但车灯非常亮，足以穿透大雾。有一辆小车跟在他们后面以同速前进，库克开快他们也开快，他开慢他们也开慢。格特鲁德·斯泰因对他说，你的车灯特别亮算他们走运，他们的车灯不亮，他们沾你的光了。对，库克十分好奇地说，我也正跟自己嘀咕这事呢，你知道在有契卡的苏俄待过三年之后，连我这个美国人也觉得有点可疑，不能跟自己嘀咕这事，以肯定我们后面的这辆车不是秘密警察的车。

我说过雷内·克里佛来过我们这里。来我们这里的所有年轻人当中我最喜欢雷内。他有法国魅力，这种魅力处于最佳状态时甚至比美国魅力更迷人，迷人得不能再迷人了。马塞尔·杜尚和雷内·克里佛可能是这种法国魅力最完美的例证。我们很喜欢雷内。他年轻、热烈、有病、有革命性、温柔、敏感。格特鲁德·斯泰因和雷内相互很喜欢，他写给她一些非常讨人喜欢的英文信，她常责骂他。早先是他最先跟我们说起伯纳德·费。他说此人是克莱蒙费朗大学的年轻教授并要带我们去他家。一天下午他果然带我们去了。伯纳德·费大出格特鲁德·斯泰因所料，二人完全无话可谈。

我记得那年冬天和翌年冬天我们有过多次宴会。我们为塞特威尔兄妹举行过宴会。

　　除了已把约瑟芬·贝克[1]带来巴黎的邻居雷根先生的黑人之外，卡尔·凡·维奇坦带好些黑人来我们这里。卡尔带保罗·罗伯逊[2]来我们这里。保罗·罗伯逊引起格特鲁德·斯泰因的兴趣。他了解美国价值标准和美国生活因为只有身在它之中又不属于它的人才能了解美国价值标准和美国生活。但只要有别人进屋来他就绝对成了黑人。格特鲁德·斯泰因不喜欢听他唱圣歌。她说，圣歌已不再是你唱的歌了，为什么要唱呢。他没回答。

　　一次有个南方女人，很漂亮的南方女人在场，她对他说，你在哪里出生的，他回答说，新泽西，她说，不是南方，多可惜，他说，我不可惜。

　　格特鲁德·斯泰因断定黑人不是受迫害之苦，是受无价值之苦。她常争辩说非洲人并不原始，拥有很古老然而很狭隘的文化而且仍保留着。结果什么也没有出现也不会出现。

　　自从很久以前时兴打褶衬衫以来，这是卡尔·凡·维奇坦第一次从远处来。他和格特鲁德·斯泰因在那些年一直保持着友谊和通信。现在他真的来了，格特鲁德·斯泰因有些窘困。他来后他们便更要好了。格特鲁德·斯泰因对他说她一直挺窘困。我不窘困，他说。

　　来我们这里的许许多多其他年轻人当中有个布拉维格·因布斯。我们喜欢布拉维格，尽管格特鲁德·斯泰因也说他的目的是讨好。是他把艾略特·保罗带到我们这里来的，艾略特·保罗则带来了《过渡》月刊。

　　我们喜欢布拉维格·因布斯但我们更喜欢艾略特·保罗。

1　约瑟芬·贝克（1906-1975），生于美国的法国艺人。
2　保罗·罗伯逊（1898-1976），美国黑人歌唱家。

他很有趣。艾略特·保罗是新英格兰人但又是撒拉逊人[1]，就像你有时在法国一些村子里所见，那里的撒拉逊人依然残留着某十字军祖先的扈从们传下来的素质。艾略特·保罗就是这样的人。他具有的成分不是神秘而是短暂，一点一点出现然后慢慢消失，尤金·朱拉斯和玛丽亚·朱拉斯[2]也出现了。这两个人一旦出现便持续地出现下去。

艾略特·保罗当时在巴黎的《芝加哥论坛报》工作，正着手写关于格特鲁德·斯泰因作品的系列文章，这是最先对其作品进行的认真而通俗的评论。同时他打算把年轻的记者和校对员培养为作家。他突然打断布拉维格的话并说你就以第一本书《教授之妻》开始吧，于是就这样让布拉维格开始了。他对其他人也是这样。别人对手风琴不在行就不拉而他拉，他学并为格特鲁德·斯泰因演奏她最爱听的小曲《孤松的形迹》，歌词是我的名字叫六月，来得快去得快，由布拉维格用小提琴伴奏。

《孤松的形迹》作为一首歌对格特鲁德·斯泰因的吸引力经久不衰。密尔德里德·阿德里奇的唱片里有它，我们和她一起在惠里消度下午时格特鲁德·斯泰因必把《孤松的形迹》放在唱机上一遍一遍地放。她爱这首歌本身，战争期间《孤松的形迹》作为一本给美国步兵看的书，其魔力曾使她着迷。当住院的步兵特别喜欢她时就往往说，我读过一本了不起的书，你知道吗，叫《孤松的形迹》。他们总算在尼姆的露营地弄到了一本，便成了每一个病号床边的读物。在几天的时间里，他们读的不多她有时也只懂一段，但他们说起这本书时总是声音嘶哑，而当他们向她表示深切之情时便把这本又脏又破的书借给她。

---

1 原指抵抗十字军的阿拉伯人，现泛指伊斯兰教徒或阿拉伯人。
2 《过渡》月刊的编辑。

她是什么都读的，当然读过这本书，给难住了。它其实无故事可言，既不刺激也不惊险但写得极好而且大多是山景描述。后来她回想起，有个南方妇女说过南军中的山地人在内战期间挨次等着读维克多·雨果的《悲惨世界》的情形，这也是一本惊人之作，因为里面也没有什么故事而是许许多多的描述。然而格特鲁德·斯泰因承认她喜欢《孤松的形迹》这首歌是跟士兵爱那本书以及艾略特·保罗用手风琴为她演奏这支曲子是一回事。

一天艾略特·保罗激动不已地进来，他平日也激动但不显露不表现出来。这一次他却显露表现出来了。他说他想向格特鲁德·斯泰因征求意见。有人建议他编辑巴黎的一个刊物，他正犹豫不决。格特鲁德·斯泰因当然完全赞成。她说，我们的东西总得有地方刊登啊。作者为自己也为不认识的人写东西，可是没有敢冒风险的出版者，作者又怎么接触那些不认识的人呢。

她很喜欢艾略特·保罗所以不愿他冒太大的风险。一点风险也没有，艾略特·保罗说，好几年的经费是有保证的。那好，格特鲁德·斯泰因说，当编辑非你莫属是确定无疑了。你不自高自大，你了解自己的欣赏力。

《过渡》办了起来，这对大家当然非常重要。艾略特·保罗对要在《过渡》上刊用的文章都慎重挑选。他说他怕它变得过于大众化。他常说，订户超过两千我就辞职。

他挑了格特鲁德·斯泰因写于圣雷米的最早阐明自己的作品《阐述》发表在《过渡》创刊号上。后来是《以妻子有头牛结尾的书：爱情故事》。他对这个故事一直表现出极大的热忱。他喜欢《一英里之遥》，它是写格特鲁德·斯泰因所喜爱的画，后来又为《过渡》约了写遗弃的中篇小说《如果他想》。他的明确打算是逐渐使公众了解那些引起他的兴趣的作家，我已说过，他对所需的文章都慎重挑选。他一直对毕加索很感兴趣也逐渐对胡安·格里斯产生很大的兴趣，在格里斯去世后出了曾在《大西洋彼岸》评论上以法文刊载的胡安·格里斯为绘画辩护的译文，出了格特鲁德·斯泰因的哀悼之作《胡安·格里斯的生与死》以及她的《一个西班牙人》。

艾略特·保罗慢慢消失而尤金·朱拉斯和玛丽亚·朱拉斯出现。

《过渡》越来越厚了。应格特鲁德·斯泰因的要求，《过渡》转载了《软纽扣》，登了她全部作品的最新书目后来又登了她的歌剧《四圣人》。刊用她的这些作品，她感到非常愉快。最后几期《过渡》上没登她的作品。《过渡》垮了。

格特鲁德·斯泰因爱引用的小刊物都因倡导诗无韵而垮了，其中最没经验最不成熟的大概是《布鲁斯》。它的编辑查尔斯·亨利·福特已来巴黎，他跟他的《布鲁斯》一样没经验不成熟而且还诚实，这也是一件愉快的事。格特鲁德·斯泰因认为年轻人当中只有他和罗伯特·寇特斯对词语有独到的见解。

在这期间牛津和剑桥的人常来花园街。其中的一位带来了佩森与克拉克公司的布如厄。

布如厄对格特鲁德·斯泰因的作品有兴趣，虽然没答应什么但他和她商量了由他的公司出版她的作品的可能性。她写完一个短篇《小说》，当时正在写另一个短篇《露西的教堂真可爱》，她把它写成一个充满浪漫美与自然景色的小说，很像一幅版画。她应布如厄之求，就此小说写了摘要用作广告，他打来越洋电报表达了他的热忱。但他希望先着手出她的短篇集子并表示如果是这样他便准备把她写美国的全部短篇收齐，取名《有用的知识》。这完成了。

做生意爱冒险的巴黎画商多得很，做生意爱冒险的美国书商却没有。在巴黎有为赞助印象派画家而两次破产的画商迪郎 - 吕埃勒，有沃拉德买塞尚的画，有萨戈买毕加索的画，有坎韦勒买所有立体派画家的画。他们尽其所能地赚钱，他们不断地买货并不为立即脱手，他们坚持这样做直到引来爱好者。这些冒险者爱冒险是因为他们觉得应当这么做。也有另外一些人没这么做并且完全破产了。进行冒险在更爱冒险的巴黎画商当中乃是传统。出版商不冒险我想是有一大堆理由的。出版商中只有约翰·兰冒险。他去世时或许不算非常之富但日子过得好，去世时也算比较富的。

我们希望布如厄是这样的出版商。他出了《有用的知识》，结果完全不是他预期的那回事，没有继续出下去也没有逐步为格特鲁德·斯泰因的著作引来爱好者，拖延而后说不行。我看这是无法避免的。然而问题正在这里而且会继续是问题。

我自己现在开始考虑出版格特鲁德·斯泰因著作的事。我要她为我的版本取个名字，她笑笑说，就叫简朴版。于是就叫简朴版。

我只知道要做的事是让书出版后发行，即销售。

我逢人便谈如何完成这两件事。

起初我想可以找个人跟我一起干，但这想法很快便不中我的意而决定单干。

格特鲁德·斯泰因想让这第一本书《露西的教堂真可爱》像本教科书用蓝色装帧。书的出版一旦安排好接着就是发行问题。在这方面我得到许多建议。从结果看有的好有的不好。巴黎作家们的朋友兼安慰者威廉·布赖德里[1]叫我订阅《出版商周刊》。这无疑是个明智的建议。这帮助我了解了我这新业务的一

1　威廉·布赖德里（1878-1939），美国作家、编辑，在巴黎当文学代理人。

些门道，但真正的困难是找书商。哲学家兼朋友拉尔夫·丘奇说对书商要自始至终有恒心。这建议倒好但怎么找书商呢。这时有位好心的朋友说她可以替我抄一份某出版社的书商旧名单。名单给了，于是我开始寄出我的报单。刚开始报单使我高兴不已。但我很快就断定事情不太对头。倒也确实收到来自美国的订单，收到书款也不很费事，我感到振奋。

在巴黎搞发行既容易些也难些。把书放进所有出售英文书的巴黎书商的橱窗里是容易的。这使格特鲁德·斯泰因那种孩子似的高兴几乎成了极度的兴奋。她以前没见过一本自己的书放在书店橱窗里，只有《十人画像》的法译本除外，她整天在巴黎游逛，看放在橱窗里的《露西的教堂真可爱》，回来便说给我听。

书卖出去了，那年我有六个月不在巴黎所以把巴黎的差事交托一个法国人。起初情况很好但最后便不怎么好了。人总该会一行才是。

我把第二本书定为《如何写》，对《露西的教堂真可爱》的装订并不完全满意，虽然它确实像教科书，但我决定在第戎出第二本书，并且印成埃利居维版式。装帧又是难题。

我以同样方法出售《如何写》，却发现我的那份书商名单已经过时。有人叫我接着写信。这事由艾伦·德·普瓦去干。有人告诉我应当有评论。也是艾伦·德·普瓦援救。说我应当做广告。做广告势必花费过大；我得把钱留着印书，因为我的计划越来越大。请人写评论是一大困难，对格特鲁德·斯泰因著作的幽默性介绍多得很，正像格特鲁德·斯泰因安慰自己时所说，人们确实引用我，这说明我的字句攫住了他们，尽管他们不知道。严肃的评论很难约到。有许多作家写信给她表示钦佩，不过即使在他们能这样做的时候也不写书评。格特鲁德·斯泰因爱引用布朗宁[1]曾在一次宴会上认识一位著名文人的轶事。此人走近布朗宁大读特读他的诗歌并大加赞美。布朗宁听后说，你打算把你刚才说的印刷出版吗。当然没有回答。至于格特鲁德·斯泰因的情况，倒有几位著名的人是例外，即舍伍德·安德森、埃迪斯·塞特威尔、伯纳德·费以及路易斯·布隆菲尔德。

我还出了一版一百本《友谊在友谊之花凋落之前凋落》。销得很快。

我对《如何写》的编辑工作更为满意，不过总存在书的装订问题。在法国几乎不可能搞到像样的商业性装帧。法国出版商只用纸作书皮。我为这事伤透了脑筋。

某晚我们去作家们的极有身份的朋友乔治·玻佩家参加晚宴。我在那里遇到莫利斯·达朗梯尔。《美国人的成长》就是他出的而且他常为此书及此书的编辑工作感到自豪。他已离开第戎在巴黎附近用手摇印刷机搞印刷而且印的书非常之好。他是个厚道人我自然向他说了我的难处。他说，听我说，我能解决。我打断他的话，我说你得记住我可不愿增加书价。格特鲁德·斯泰因的读者毕竟都是作家，大学生，图书馆员以及没什么钱的年轻人。格特鲁德·斯泰因要的是读者而不是收藏家。她虽不情愿但她的书已经常成为收藏家的收藏品了。他们出高价买《软纽扣》和《玛贝尔·多吉画像》，这并不使她高兴，她希望她的书是为人所读而不是归人所有。是，是，他说，我懂。是真的，我打算这么办。你的书我们用自动铸字排版机排版比较便宜，由我负责，我用质量好又不太贵的纸张，以手摇印刷机来印你的书，会印得非常之好，我不用任何封面而像《美国人的成长》那样以上等纸装订，跟那一模一样的纸，我叫人做小匣

---

1 罗伯特·布朗宁（1812-1889），英国诗人。

子把书放进去正合适，做得很好的小匣子，就这样。售价不会高。对，你就瞧吧，他说。

我的雄心越来越大，现在想搞三套丛书，先搞《歌剧与剧本》，再搞《马蒂斯，毕加索与格特鲁德·斯泰因和两个短篇》，最后搞《长诗两首和短诗多首》。

莫利斯·达朗梯尔一向说话算话。他出了《歌剧与剧本》，印得好售价也不高，现在正要出《马蒂斯，毕加索与格特鲁德·斯泰因和两个短篇》这第二本。我现在有了一份最新的书商名单，我又继续干下去。

我说过我们去英国讲演回来后开过很多宴会，开宴会的理由实在多得很，塞特威尔兄妹从远方来过，卡尔·凡·维奇坦从远方来过，舍伍德·安德森再次来过。此外还有很多开宴会的理由。

就是在这时格特鲁德·斯泰因跟伯纳德·费再次见面。这次他们有许多事相互告知。格特鲁德·斯泰因发现接触他的见解使人兴奋令人鼓舞。他们逐渐成了朋友。

我记得有一次进屋时听见伯纳德·费说他一生遇到的三位头等重要的人是毕加索，格特鲁德·斯泰因和安德列·纪德，她十分坦率地对他说，很对，但为什么包括纪德呢。大约一年之后提到这次谈话时他对她说，我现在也拿不准你当时的看法不对。

那年冬季舍伍德·安德森来巴黎，使人高兴。他感到高兴，我们喜欢他。他正被捧为名流而我得说他是个出没不定的名人。我记得有人曾请他参加笔会。纳塔丽·巴内和一个留着长胡子的法国人愿作他的保证人。他要格特鲁德·斯泰因也参加。她说她非常喜欢他但不喜欢笔会。纳塔丽·巴内远道而来问他。格特鲁德·斯泰因在外面带着狗散步，被拦住了，她推托身体不适。第二天舍伍德来了。怎么样，格特鲁德·斯泰因问道。他说，唔，那聚会不是为我举行的，是为一个自大的女人举行的，她简直像一节出了轨的货车。

我们在工作室里装了电热器，正像我们的芬兰女仆所说，我们变时兴了。她怎么也弄不懂我们为什么不更加时兴一些。格特鲁德·斯泰因说如果你的思想超前当然就不爱时髦而会在日常生活中循规蹈矩。毕加索接着说，你以为米开朗基罗会为送给他一件文艺复兴时期的家具而感激吗，不，他要的是一枚希腊金币。

我们装了电热器，舍伍德来了，我们为他开了个圣诞聚会。电热器有点气味，热量非常之大，我们都高兴，因为这次聚会很有意思。舍伍德打着一条很新的领带，跟平时一样显得漂亮。舍伍德·安德森确实衣着漂亮而他的儿子约翰却仿效别人。约翰及其姐是跟父亲一起来的。舍伍德仍在巴黎时，儿子约翰是个局促害羞的男孩。舍伍德离开的第二天约翰来了，安安逸逸地坐在沙发扶手上，那样子很漂亮而且他早知会这样。看外表毫无变化，但是他变了而且他早知道会这样。

正是在这次交往中格特鲁德·斯泰因和舍伍德·安德森一起有过那些关于海明威的有趣交谈。他们非常相投。他们发现他们两人曾经而且继续把格兰特[1]看作他们的美国大英雄。他们两人没觉得林肯怎么样。他们一直而且仍然喜欢格兰特。他们甚至打算合写一本格兰特的生平。格特鲁德·斯泰因仍愿考虑这种可能性。

那时我们是搞过很多聚会。克莱蒙托纳公爵夫人常来常往。

1　尤利西斯·辛普森·格兰特（1822-1885），美国南北战争时的北方军总司令，第十八任美国总统。

她和格特鲁德·斯泰因很相投。两人在一生所受的教育和趣味方面完全不同却喜欢对方的感悟力。也只有她们两人仍然留着长发。格特鲁德·斯泰因总把头发端端正正扎在头顶，这是她从未改过的一种古希腊发式。

　　克莱蒙托纳夫人有一次来聚会到得很晚，客人几乎都走光了，她剪了头发。你喜欢这种发式吗，她说。我喜欢，格特鲁德·斯泰因说。克莱蒙托纳夫人说，如果你喜欢我的女儿也喜欢——她确实是喜欢的——那我就满意了。当晚格特鲁德·斯泰因对我说，我看我也得这样。剪，她说。于是我就剪。

　　第二天晚上我还在剪，一天下来又多剪了一些，舍伍德·安德森进来时，只剩一顶便帽就能盖满的头发了。啊，你觉得怎么样，我担心地说。我喜欢，他说，她看上去像个僧侣。

　　我说过，毕加索见此模样时生气了好一会儿说，我的画呢，片刻之后才接着说，都在都在。

　　我们现在有了庄宅，就是我们仅在河谷对面看见过的那个庄宅，我们在迁离前发现了白卷毛狗"篮子"。是附近一个小型狗展上的一只小狗，蓝眼睛，粉红鼻子，白毛，它跳到格特鲁德·斯泰因怀里。我们开着一辆新福特车带着一只新来的小狗去我们的新居。有了这三样我们高兴极了。"篮子"现在是只挺大挺笨的卷毛狗了，却还是爬到她的膝上趴着。她说她听它喝水的那种有节奏的声音使她觉察到句子与段落的区别，她说段落是带感情的而句子则不带。

　　伯纳德·费来此同我们住在一起。格特鲁德·斯泰因和他在外面花园里谈起种种事情，谈生活，美国，谈他们自己和友谊。他们当时加深了的朋友关系是格特鲁德·斯泰因一生当中的四种永久性朋友关系之一。为了格特鲁德·斯泰因他甚至容忍"篮子"。最近皮卡比亚送给我们一只墨西哥小狗，我们叫它拜伦。伯纳德·费只因拜伦而喜欢拜伦。格特鲁德·斯泰因开他的玩笑说他当然最喜欢拜伦因为是美洲狗[1]，正像她当然最喜欢"篮子"因为"篮子"是法国狗。

比利宁使我见到一位新来此的老相识。一天格特鲁德·斯泰因去河畔散步回来，从口袋里掏出一张名片，说我们明天跟布隆菲尔德夫妇一起吃午饭。在海明威早先常来的那些日子格特鲁德·斯泰因已跟布隆菲尔德和他的妻子稍有认识，后来又跟布隆菲尔德的妹妹稍有认识，想不到现在要跟他们一起吃午饭。为什么，我问，因为他对花园很在行，格特鲁德·斯泰因满面春风地回答说。

我们同布隆菲尔德夫妇一起吃了午饭，他对花园对花对土壤确实很在行。格特鲁德·斯泰因和他起初是作为园艺爱好者相互喜欢，接着作为美国人相互喜欢，继而作为作家而相互喜欢了。格特鲁德·斯泰因说他跟珍妮特·斯库德一样美国味十足，跟美国步兵一样美国味十足，不过没那么当真。

一天，朱拉斯夫妇带出版商佛曼来我们这里。他跟许多出版商一样很热心对《美国人的成长》很热心。可长得很啦，有一千页呢，格特鲁德·斯泰因说。可不可以缩短，他说，四百页左右。可以，格特鲁德·斯泰因说。那就缩短我出版，佛曼说。

格特鲁德·斯泰因想好后便动手。她花了夏天的一部分时间缩短篇幅，布赖德里和她还有我都觉得缩减得很好。

这时格特鲁德·斯泰因对艾略特·保罗讲了这个建议。他在这里时没出问题，可当他回去那帮人不让他干，艾略特说。那帮人是谁我不知道但他们确实没让他干。艾略特·保罗说得对，虽经罗伯特·寇特斯和布赖德里努力，但无结果。

1　似指他是美洲史教授。他曾将《艾丽斯自传》译成法语，于1934年出版。

这时格特鲁德·斯泰因在法国作家和读者中的名气越来越大。《美国人的成长》一些片段的译文和《十人画像》的译文都使他们感兴趣。就是在这时伯纳德·费写了文章谈及在《欧洲评论》上发表的她的作品。他们还发表了她用法文写的唯一作品，是写那只叫"篮子"的狗的短篇解说词。

他们对她的后期作品和前期作品都很有兴趣。马塞尔·布里翁在《交流》上撰文认认真真地评论她的作品，把她的作品同巴赫的作品作比较。自那以后，每有她的作品问世，他便在《新文学》上撰文评述。他特别为《如何写》所感动。

也是在这时伯纳德·费正为《十位美国小说家》一书翻译《三个女人》中的"梅兰克莎"片段，将用他发表在《欧洲评论》上的文章作为导言。一天下午他来我们这里，把"梅兰克莎"的译文大声读给我们听。克莱蒙托纳夫人在场，深为他的译文所感动。

不久后的一天她说要来我们这里，因为她想跟格特鲁德·斯泰因谈谈。她来后说，现在到了该使你为更多的读者大众所知的时候了。我本人认为有更多的读者大众是好事。格特鲁德·斯泰因也认为有更多的读者大众是好事，但是此路不通。不，克莱蒙托纳夫人说，能通的。我们来想一想。

她说必须着手翻译一本大部头，也就是一本重要著作。格特鲁德·斯泰因提出《美国人的成长》并告诉她，已为一美国出版商准备好大约四百页篇幅。这就行，她说。走了。

最后，并没拖延多久，《紫罗兰》的波特鲁先生见到格特鲁德·斯泰因，说决定出此书。找译者有点困难，但总算有了着落。伯纳德·费承担翻译由巴隆·塞利耶协助，今春问世的就是这一译本，今年夏季她说，我早知道这是一本极好的英文著作，但很平均，唔，我不能说更好却也跟法译本一样好。

去年秋天我们从比利宁回到巴黎的那一天我跟平时一样要忙于好些事，而格特鲁德·斯泰因到朗尼路的百货店买钉子去了。她在那里遇见智利画家格瓦拉和他的妻子。他们是我们的邻居，他们说，明天过来喝茶吧。格特鲁德·斯泰因说，我们刚从外地回来，等一阵子吧。一定来啊，密拉都·格瓦拉说。接着又说，有一个人你们会乐意见见的。是谁，格特鲁德·斯泰因带着毫不减少的好奇心问。是弗朗西斯·罗斯爵士，他们说。好吧，我们来，格特鲁德·斯泰因说。在此之前她已不再反对跟弗朗西斯·罗斯见面了。我们见了面，他当然立即跟她一起来到我们住的地方。正如想象的那样，他激动得面红耳赤。毕加索，他说，看了我的画说过些什么。他第一次看时，格特鲁德·斯泰因回答说，他说至少不像别的画那样荒唐。以后呢，他问。以后他总是走到角落把画翻过来看但什么也没说。

　　自那以后我们常见到弗朗西斯·罗斯但格特鲁德·斯泰因对那些画并未失去兴趣。这年夏天他画了我们从河对岸第一次看见的那座房子和《露西的教堂真可爱》中大受赞美的瀑布。他还画了她的像。他喜欢它我喜欢它但她无法确定是否喜欢，不过如她刚才所说，她也许喜欢。这年夏天我们过得很愉快，伯纳德·费和弗朗西斯·罗斯都是有趣的客人。

　　从美国写来一些吸引人的信因而最先认识格特鲁德·斯泰因的年轻人是保罗·弗雷德里克·博尔斯。格特鲁德·斯泰因说他在夏天既讨人喜欢又通情达理可是在冬天既不讨人喜欢又不通情达理。那年夏天阿隆·柯普兰[1]跟博尔斯一起来看望我们，格特鲁德·斯泰因非常喜欢他。博尔斯告诉了格特鲁德·斯泰因而且使她很高兴的事是：博尔斯在夏天照样既不讨人喜欢又

1　阿隆·柯普兰（1900-1990），美国作曲家。

不通情达理时柯普兰曾恐吓地对博尔斯说，如果你现在二十岁三十岁时不努力，没人会喜欢你的。

有个时期许多人和出版商要格特鲁德·斯泰因写自传而她总是回答说，不可能。

她开始拿我开玩笑说我应当写自传。你想想看，她说，你能赚一大笔钱啊。然后她开始为我的自传想了好些书名。《我在名人身边的一生》《我和天才们的妻子相处》《我跟格特鲁德·斯泰因相处的二十五年》。

后来她开始变得很严肃地说，说正经的，你应当写自传。最后我答应说如果我在夏天能有时间我就写。福特·麦多克斯·福特在编辑《大西洋彼岸》评论时曾对格特鲁德·斯泰因说过，我是个很不错的作家很不错的编辑很不错的商人但我发现很难做到同时是三者。

我是个很不错的女管家很不错的园丁很不错的女裁缝很不错的秘书很不错的编辑很不错的狗医生而且这些事我得同时一起干所以我发现实在难以再加上当个很不错的作家了。

大约六个星期前格特鲁德·斯泰因说，我看你没打算写那本自传了。你知道我会怎么干。我替你写。我要把这自传写得跟笛福的《鲁宾逊·克鲁索》[1]一样明白易懂。她写了。这本自传就是。

1995年9月11日（星期一）译完　武昌

1　通译《鲁宾逊漂流记》。

后记

　　我打算译《自传》时拜读过申慧辉女士选译的《自传》章节。它跟徐迟先生大约五十年前译介过的斯泰因作品竟然相隔近半个世纪，其间似不曾见过（这很可能是因为我孤陋寡闻）其他斯氏译本问世。我不知道她有无译《自传》全书的计划，又不便直接问她，于是拜托《世界文学》的李文俊兄侧面打听，得知她确无译全书的打算而且对别人译全书持理解与欢迎态度。我决定译《自传》全书时拜读过她写的有关斯泰因的文章，极有研究，我自当请她写序。1995 年或 1996 年交稿之时，斯泰因逝世已满五十年，无任何版权问题。上海一家大出版社同意出版我的译本并寄来具有合同性质的公函。看来只等交稿就行了。不见得……

　　一天，我去看望徐迟先生，谈起我在译《自传》，他十分称赞，当即找出他早年译的《解放是荣耀的》给我看，并说愿意为《自传》和译本写点什么。我告诉他，我已请北京的一位年轻学者写一序，他如果愿意可从不同角度再添一序，因为像斯泰因这样的作家是"担当得起"两位学者的评述的。他欣然同意。我如实向那家出版社报告，以为是报喜。人家说（其实未必能代表出版社的看法）这是搞"名人效应"。没想到是报了忧。我想，斯泰因是名人，徐迟是名人，他们相互"效应效应"有何不好（与我何干）！稿子给了北京。

申女士来信要我交稿子，我才发现译稿缺第五章和第六章（我至今还想不起来是怎么丢失的），而我在三月要去美国。在美国重译第五章和第六章，通校全稿花了三个多月；《自传》从动笔到完稿（当然是断断续续，包括重译第五章和第六章）历时近两年；工可谓慢但活并不细。

斯泰因喜欢用长而不繁的长句。我译这类长句的原则是尽可能保持此特点而不拆成短句，除非有损于原意或有碍于中文。斯泰因常用一般含意的语言手段来表达她特别赋予它的独特含意。比如，interested、amused、pleased、delighted这类小词她似乎爱不释手而且常用常新，很难掌握其确切意味，只好"死译"。此法虽笨，多少有点安全系数，却也不是绝对安全的。我可以向读者保证译文中一定有一些我领会错了的地方。请读者指正。

感谢申女士。谢谢她代为查阅资料，有几个问题遂获解决。

借虚构的他人来写自己的这种手法已不少见。托克拉斯却不是斯泰因虚构的。斯泰因是借真实的（非虚构的）的他人（即《自传》中的"我"）之名写托克拉斯自传，又让托克拉斯口口声声以格特鲁德·斯泰因这一正式全称来谈格特鲁德·斯泰因如何如何——这种手法便新颖多了。

确有托克拉斯其人。全名是艾丽斯·巴贝特·托克拉斯（Alice Babette Toklas）。她原籍波兰；她的父亲叫费迪南·托克拉斯，母亲叫艾玛·列芬斯基。她于1877年4月30日出生在美国加州（她住在法国时，证件上的出生日期是1877年6月30日，恐系法国当局有误）。1893年秋季考入华盛顿大学学音乐。她比斯泰因小三岁，却比斯泰因多活二十一年。《新共和》编辑吉尔·哈里森为在 1967 年 4 月 30 日庆祝托克拉斯的九十寿辰，准备汇编一书相赠（其中部分内容摘自她的书信）。她却在 3 月 7 日去世，离九十寿辰只差五十多天。她的遗嘱（用法文写的）中说把她写书（如《托克拉斯食谱大全》《铭记在心》等）所获的稿费留给她的祭司，少数留给友人。她要葬在拉雪兹神父墓地以便跟斯泰因在一起（斯泰因是葬在拉雪兹神父墓地的），但要把她的生卒年月刻在墓碑反面，表明仍是斯泰因的好友和助手……

7 月 27 日，是格特鲁德·斯泰因去世的日子，她永远离开花园街 27 号已整整五十年了。愿她的 a rose is a rose is a rose is a rose 永远鲜艳。

张禹九

1995年10月30日（星期三）于武昌沙湖边

1996年7月27日（星期六）修改于美国马里兰